国家社科基金
GUOJIA SHEKE JIJIN HOUQI ZIZHU XIANGMU
后期资助项目

国家社科后期资助项目资助(项目批准号 17FFX018)
教育部哲学社会科学研究专项(党的二十大精神研究)
河北大学一流学科建设项目资助
河北省高校人文社科重点研究基地“国家治理法治化研究中心”资助

革新刑法理论　完善环境犯罪立法

牛忠志　著

山东大学出版社
SHANDONG UNIVERSITY PRESS
·济南·

图书在版编目(CIP)数据

革新刑法理论　完善环境犯罪立法/牛忠志著.—
济南:山东大学出版社，2023.7

ISBN 978-7-5607-7775-7

Ⅰ.①革…　Ⅱ.①牛…　Ⅲ.①破坏环境资源保护罪—
研究—中国 Ⅳ.①D924.364

中国版本图书馆 CIP 数据核字(2023)第 013864 号

责任编辑　孟宪亮

封面设计　王秋忆

革新刑法理论　完善环境犯罪立法

GEXIN XINGFA LILUN　WANSHAN HUANJING FANZUI LIFA

出版发行　山东大学出版社

社　　址　山东省济南市山大南路 20 号

邮政编码　250100

发行热线　(0531)88363008

经　　销　新华书店

印　　刷　济南乾丰云印刷科技有限公司

规　　格　720 毫米×1000 毫米　1/16

17.75 印张　305 千字

版　　次　2023 年 7 月第 1 版

印　　次　2023 年 7 月第 1 次印刷

定　　价　69.00 元

国家社科基金后期资助项目
出版说明

后期资助项目是国家社科基金设立的一类重要项目，旨在鼓励广大社科研究者潜心治学，支持基础研究多出优秀成果。它是经过严格评审，从接近完成的科研成果中遴选立项的。为扩大后期资助项目的影响，更好地推动学术发展，促进成果转化，全国哲学社会科学规划办公室按照“统一设计、统一标识、统一版式、形成系列”的总体要求，组织出版国家社科基金后期资助项目成果。

全国哲学社会科学规划办公室

前　言

本书是以作者的博士论文《环境犯罪的立法完善》为基础申报并获批的国家社科基金后期资助项目"革新刑法理论 完善环境犯罪立法"(项目批准号17FFX018)和教育部哲学社会科学研究专项(党的二十大精神研究)"贯彻落实习近平刑事法治思想,推进新阶段国家刑事法治建设"(编号2022D廿J042)的研究成果,并得到了河北大学一流学科建设项目、河北省高校人文社科重点研究基地"国家治理法治化研究中心"和河北大学高层次创新人才科研启动经费项目的资助。

在申报立项阶段,为适应项目的申报对博士论文作了大幅度修改,对一些观点进一步推敲、斟酌,包括因应有关法律的修订和新的司法解释而作的内容更新,因题目的调整与文章结构变动而作的修改、补充,因笔者的刑法学知识、理念和观点的不断积累、扬弃、修正或改变所导致的对原博士论文的修改和补充等。

本书立项之后针对评审专家意见,注重但不限于以下几方面的修改和完善:(1)有专家评审意见建议,要加强对刑法关于环境犯罪的立法不足的梳理。现行立法是本书的研究起点,本书吸取专家意见,结合现行立法尽可能地找准、找全所存在的问题,并把问题分类,对于哪些是可通过刑法教义解释学加以解决的、哪些只能通过立法修改来解决做到心中有数。(2)有专家评审意见建议加强对环境权的解析。本书对这一部分加以充实:单设一章,补充内容,深入分析,扩展篇幅至17千字。(3)有专家评审意见认为,有的地方表述存在没有说到位,或者语义不详的情况,需要进一步加工,一些提法不客观。本书对这些问题全文检校,引述尽量客观,对其他学者的观点之评价尽可能地全面,把"通说"改称为"传统刑法理论",以增强其可接受性,自己的观点表达到位、措辞准确以免引起误解。(4)有专家评审意见要求加强环境危险犯问题的研究。本书将环境危险犯问题单设一章加以研究,深化问题的分析,加强观点的逻辑论证,篇幅扩充至19千字。(5)有专家评审意见认为,增设环境犯罪法定刑的设计只是单纯书以规定,缺乏论证法定刑设计的原因。本书补充了法定刑设计的理由。从环境犯罪内部的法定刑攀比，以及新设犯罪与其相似犯罪的法定刑攀比，给出了法定设计的参照系，以补强说理性。同时，作者密切关注有关的最新的立法成果（如2021年12月24日第十三届全国人民代表大会常务委员会第三十二次会议通过《中华人民共和国湿地保护法》），并注意汲取近年来国内外有关犯罪论体系和环境犯罪、环境刑法的研究成果；在字词句等方面，包括语言、文字、标点符号、句法、章法，进行了必要的润饰和修改，并及时更新和补充了有关的参考文献。

本书运用刑法教义学立场，采用目的解释、实质解释和系统解释等方法研究现行刑法中规定的环境犯罪的成立条件和法定刑配置。同时，对那些刑法教义学所不能解决的问题，经过反复斟酌提出了立法完善建议。概括起来，本书的主要观点如下。

（一）关于环境犯罪的内涵与外延

“困难在于界定。”许多学术争议的起因在于对研究对象的基本概念的不同理解。因此，界定环境犯罪概念的内涵与外延便是本书研究的逻辑起点。

概念的界定取决于言说的场域和研究目的，故同一问题在刑事立法学与在注释刑法学、犯罪学上含义不同。在刑事立法学意义上，犯罪是具有严重的社会危害性（在社会危害性的量和质上都区别于一般违法）而被犯罪化或者应当犯罪化，受刑事制裁（把制裁限定为刑事制裁）的行为。显然，这一犯罪概念与注释刑法学上的犯罪概念不完全相同，前者宽于注释刑法学意义上的“犯罪”，不仅包括已经被刑法犯罪化的环境危害行为，还包括“具有严重的社会危害性”而应该加以犯罪化的危害环境行为。

1.关于环境犯罪的内涵。鉴于本书研究的目的不仅在于正确解释现行立法，同时也要在此基础上提出必要的立法完善建议，故不能局限于刑法教义学视域。这里的环境犯罪除了现行立法所规定的环境犯罪之外，还包括由于具有严重社会危害性而应当加以犯罪化的环境犯罪——应当以刑事制裁这一严厉措施来应对的环境危害行为。具体而言，这里的环境犯罪是以现行刑法规定的“破坏环境资源保护罪”为基本内容，再加上应然角度上的“应当加以犯罪化的环境危害行为”，故可表述为：环境犯罪指具有严重的社会危害性且应该受刑事制裁的危害环境的行为。“危害环境的行为”是指危害环境权利或者危害环境权利并进而危害传统法益，达到了具有应该受刑事制裁的社会危害性的程度的行为。这里的“危害”包括对环境权利或者传统法益的实害和危险两种情形。这里的“严重的社会危害性”是已然的行为阶层和危险人格所代表的再犯可能性之危害性的统一。

2.关于环境犯罪的外延。可以从狭义、广义和最广义三种不同视域，来理解本书所指的环境犯罪。

(1)狭义的环境犯罪，即刑法分则第六章第六节规定的“破坏环境资源保护罪”。

(2)广义的环境犯罪，即现行刑法规定的所有与环境保护密切关联的犯罪。除了狭义的环境犯罪，还包括刑法规定的与环境资源保护密切关联的犯罪。虽然这些犯罪也危害了环境权益，但环境权益在该罪中被评价为“次客体要件”而规定在“破坏社会主义市场经济秩序罪”“妨害社会管理秩序罪”和“渎职罪”等有关章(节)之中，主要有分则第三章第二节“走私罪”规定的“走私废物罪”“走私珍贵动物、珍贵动物制品罪”“走私国家禁止进出口的货物、物品罪”等，第三章第八节“扰乱市场秩序罪”中的“非法转让、倒卖土地使用权罪”等，“妨害社会管理秩序罪”一章中的“妨害动植物防疫、检疫罪”，“渎职罪”一章中的“环境监管失职罪”和“非法批准征收、征用、占用土地罪”等。

(3)最广义的环境犯罪，即除了刑法已经规定的环境犯罪外，还包括刑事立法应该加以犯罪化的环境危害行为。

鉴于存在以上不同的环境犯罪外延，所以需要结合特定的上下文来确定其在不同场合究竟指的是狭义还是广义，抑或是最广的含义。

(二)对环境犯罪立法现状的分析和评价

本书运用刑法教义学的研究方法对各个环境犯罪的犯罪构成和刑事责任详细加以解析，按照“破坏自然环境保护的犯罪”“破坏动物资源保护的犯罪”“破坏农用地与矿产资源保护的犯罪”“破坏植物资源保护的犯罪”以及“与环境资源保护密切相关的犯罪”的分类进行讨论。

1.总体来看，我国环境犯罪立法与国家经济的转型、升级相伴，为国家的可持续发展保驾护航，呈现出不断地犯罪化和刑罚化的态势。“不断地犯罪化”，使惩处环境犯罪的法网日益严密；“不断地刑罚化”则不断调整罪刑关系，加大了对环境危害行为的惩处力度。现行刑法已经编就了惩治环境犯罪的刑事实体法网。刑法是对犯罪现象的反应，犯罪事实催生刑法。这一立法趋势是由我国环境保护的艰巨任务、环境政策和宽严相济的基本刑事政策所共同决定的。

2.关于环境犯罪立法的不足，包括犯罪构成的设计和刑事责任的配置两个方面。

(1)我国刑法对环境犯罪的犯罪构成设计存在不足，主要有：第一，一些环境犯罪罪名仍然没有把环境法益作为直接的保护对象，而是以传统法益为直接保护对象，附带地保护环境法益。第二，现行立法贬抑了环境法益的价值序位。在犯罪行为侵害具有多重属性的法益载体时，具体犯罪的类罪归属取决于处于优先地位的法律价值（被评价为犯罪的主要客体要件）。环境权是第三代基本人权，环境犯罪是危害第三代基本人权的犯罪，所以在价值序位上应该靠前安排。但是，现行刑法囿于时代限制把一些主要危害环境的犯罪规定在分则的其他章节中，这种对环境危害行为社会危害性不恰当的判断，是过时的判断，需要与时俱进地重新审视，如“走私珍贵动物、珍贵动物制品罪”“走私国家禁止进出口的货物、物品罪”“走私废物罪”等。第三，立法存在较为粗疏的情况。一是对于污染环境的危害行为，不但没有区分故意污染环境行为与过失污染环境行为，而且对于污染空气、土壤、水体、海洋的危害行为也没有因污染的对象而分别立法，从而导致了很多理论争议和司法困境；二是法网不严，对一些重要环境资源要素疏于保护，例如对于草原、湿地资源的刑法保护还不够等。

（2）通过对各种刑罚（包括主刑和附加刑）在狭义环境犯罪上的设置情况进行分析表明，环境犯罪刑罚的配置不均衡。对环境犯罪的法定刑配置与侵犯财产罪的横向比较表明，前者的法定刑档次设置偏少，最高档次主刑、基本犯最低刑罚、最高档次附加刑等都相对较轻。

（三）犯罪本质之“四维法益说”的提出及其对环境犯罪的应用

之所以提出犯罪本质的“四维法益说”，是因为，一方面，传统的社会危害性理论虽然根本上不是错误的，但因过于抽象而难以把握；另一方面，德日的法益说虽然有其优点，但与中国刑法规定不吻合，因而需要改良才能移植到我国，以使之可持续地存在和发展。

1.“四维法益说”的提出及其与德日法益说、传统社会危害性理论的关系。现代科学证实，“四维”属于多维范畴，是确实存在的。“一维”是指一个参数，“四维”改良则意指在四个参数上展开对德日法益说的改良，是以当代刑法理念为基础对德日法益说的改良。即在宪法上为法益的适正性寻求根据，实现其由“前置法的部门法法益”向“刑法法益”的提升（比如将民法法益这一私法法益提升为公法法益），给刑法法益加入量的限定，一些情形下还需要把刑法法益的内涵继续往前延伸至“抽象危险”。“四维法益说”的刑法哲学根基是当代刑法理念，其规范根据是我国现行刑法。“四维法益说”不是对德日法益说的彻底抛弃，而是以德日法益说为基础的改良；不是对传统社会危害性理论的彻底背离，而是顺着德日法益说的思路将犯罪的社会危害性进一步具体化和多维充实，使其不再过分抽象和难以把握。“四维法益说”与由传统的社会危害性理论改良而来的“依法应受刑罚惩罚的社会危害性说”具有贯通性。

2.基于“四维法益说”的环境犯罪本质。(1)环境权的刑法保护有宪法根据。环境权利是第三代基本人权,我国宪法中虽然没有明确的环境权术语,但对于具体的环境权利,如在舒适环境中生活、自然资源的可持续利用等,都有类似规定。(2)环境犯罪的立法目的应当确定为“为了制裁和预防环境犯罪,保障环境权,维护国家的环境整体法秩序”。(3)环境法益一定要受到一定程度的危害。我国刑法规定的环境犯罪都有量的限定,因为犯罪是具有严重社会危害性的行为,是在环境民事违法或者环境行政违法的基础上具有严重的危害性,因而需要动用刑事制裁加以惩治的行为。(4)环境犯罪对环境法益的危害,包括对环境法益的实害和危险两种情形。

(四)关于环境犯罪本质之环境法益的基本观点

环境权是一组权利,被认为是第三代基本人权,其包括两方面的内容。

1.环境权的主体范围。传统的人类中心主义伦理观已经给人类带来了灾难,日益被众多的国家所抛弃。生态中心主义的非人类中心主义伦理观,则走向另一个极端,这种类型的伦理观仅仅可以作为道德观,而不能作为支撑法律的社会意识形态,故不具有法律意义。弱的人类中心主义的伦理观,即现代人类中心主义伦理观具有合理性和可行性(其中的可持续发展观是被全世界各国接受的伦理观)。法律有别于道德、伦理,在法律、法学视域内,人类对于人类之外的其他东西,包括动物、植物等的道德关怀是有限度的,不应将人类之外的东西提升为法律主体。鉴于此,环境权的权利主体只能是人或者人的集合;不宜承认除人类之外的生物(包括高等动物)或者非生物自然存在的价值主体地位;也不应把环境权利主体扩展至“后代人”,所谓后代人的权利,实际是人类的长远利益和整体利益。实现局部利益与整体利益的妥善协调、当前利益与长远利益的妥善协调,足已解决“后代人”的环境利益问题。

2.环境权的内容。我国现行宪法和环境保护法虽然都没有明确规定“环境权”这一法律术语,但规定了具体的环境权利内容,如清洁水权利、清洁空气权利,水资源、植物资源、动物资源的可持续利用权利,环境监督管理权利等。同时规定了权利主体违反该法的“法律责任”,规定了公民、企事业单位、国家机关等主体利用资源、环境保护的诸多权利和义务。法律主体所享有的权利被环境危害行为侵害时,就可以转化为环境犯罪的犯罪客体要件,即环境法益。

（五）犯罪构成要件理论的革新与环境犯罪的共同犯罪构成

犯罪是具有严重社会危害性的行为，是客观危害、主观恶性和行为人的社会危险性格的统一。这一界定坚持了人格行为理论。人格行为理论发轫于刑事新派理论，并被后期旧派代表人物德国学者毕克迈耶所接受，成型于日本的团藤重光。团藤认为，犯罪行为是行为者的人格主体的实现。基于这种认识，贯彻"四维法益说"需要将传统的犯罪构成四要件进行立体化修正并加入行为人社会危险性格的考量指标，也即实现犯罪成立条件行为阶层与行为人阶层的有机统一。在行为入罪条件方面，其要义是对犯罪构成四要件的各个要件从形式和内容、质和量、静态与动态、纵向和横向等多个维度"加宽、加厚、加长"。具体而言，有四个方面。(1)把犯罪客体要件修正为刑法保护的而为犯罪行为所侵害或者威胁的社会关系及其载体的统一，以使之"有血有肉"，看得见、摸得着，增强其实体性和可测量性。(2)在危害行为的定义中加入行为"强度"的限定和"犯罪工具"，既满足了我国刑法对犯罪规定既定性又定量的特点，也强调了危害行为的实施离不开利用犯罪工具的时代性。(3)主体要件中，在纳入刑事责任能力的基础上，把行为人的社会危险性人格也纳入，以形成动静结合的主体要件内容。(4)主观要件中，注意对行为人主观恶性的"量"的衡量要素，赋予犯罪动机以选择要件地位。为切实全面贯彻规范责任论，在刑法第 16 条增加因"期待可能丧失或者减弱"而相应刑事责任宽宥的规定。在对行为人的危险性人格评价方面，把行为人的危险性人格的要素纳入犯罪成立条件。由此，犯罪构成（犯罪的成立条件）＝犯罪四要件子系统＋表明行为人的危险性人格要素子系统，即由行为阶层与行为人危险性人格阶层组成的"立体化的两阶层体系"。

（六）危险犯形态理论的革新和环境危险犯的立法设置

1.关于危险犯的理论革新要点。在我国，危险犯呈现出的是一种犯罪既遂模式，区别于"德日的危险犯"，后者是在危害行为不具有可罚性的意义上所使用的术语。

定义危险犯需要首先清楚这里的"危险"是"对什么的危险"，即"危险的内容是什么"。犯罪行为的发生过程是：预备行为（对本罪的保护法益具有抽象危险性）——着手之后的实行行为——实行行为进一步对本罪的保护法益有了具体危险——设立本罪的保护法益受到实害。在立法阶段，立法者有时选择把预备行为独立化为一个新的犯罪，此即抽象危险犯；有时选择把实行行为的完成作为既遂标准，此即行为犯；有时选择把实行行为对本罪的保护法益产生了一定程度的危险之出现作为既遂标准，此即具体危险犯；有时把对本罪的保护法益实害结果之出现作为既遂标准，此即实害犯。于是，按照犯罪的实施进程，既遂的不同形态可分为抽象危险犯、行为犯、具体危险犯、实害犯。抽象危险犯和具体危险犯虽然合称为危险犯，其实差别很大，危险犯还可分为故意危险犯与过失危险犯。

2.鉴于环境犯罪是人们生产和生活的副产品，但我们不可能不进行生产和生活以禁绝环境危害的存在，在已经把环境权益作为犯罪客体的前提下，便不宜设置环境危险犯。所以，环境犯罪只宜设置具体危险犯（包括故意的和过失的）。

（七）环境犯罪之个罪设定的完善

1.主张把环境犯罪作为独立一章加以规定。把走私类环境犯罪包括“走私废物罪”“走私珍贵动物、珍贵动物制品罪”以及“走私国家禁止进出口的货物、物品罪”都纳入环境犯罪一章中。考虑环境权是第三代基本人权，故建议将环境犯罪置于刑法分则第五章“侵犯财产权罪”之后。

2.基于革新的刑法理论和前述关于环境犯罪基本理论的论述，对现有环境犯罪提出了修改和完善建议。有些环境危害行为需要犯罪化，建议在刑法典中明确规定破坏湿地罪、破坏草原罪、噪声污染罪，并设计了罪状和法定刑。

（八）法律责任理论的革新和环境犯罪法律责任的完善构想

1.犯罪行为在产生刑事责任的同时，也可能产生一定的行政法律责任或（和）民事责任。责任法定原则、责任自负原则、谦抑原则、程序保障原则、禁止重复评价原则和不得遗漏评价原则、违法事实与法律责任的均衡配置原则等都是立法者配置法律责任时必须遵守的。一方面，这三种法律责任有各自的存在根据，因而不能互相替代；另一方面，刑事责任与行政法律责任、民事责任之间在“一定的范围内”“一定程度上”存在“此消彼长”的“互相渗透”的关系。

奉行人格责任理论是坚持人格行为理论的当然逻辑结论。人格责任理论主张，刑事责任有“主次”两个层次：第一位的行为责任（报应责任）和第二位人格形成责任。坚持人格责任理论是前述在犯罪问题上坚持人格行为理论的逻辑延伸。在此基础上，需进一步厘清以下几个术语的关系：非刑罚处理方法包括保安处分和非刑罚处罚方法，刑事制裁措施包括刑罚和保安处分，非刑罚处罚方法包括民事制裁措施和行政法律制裁措施。不宜把刑法第 36 条和第 37 条所规定的民事制裁措施或者行政法律制裁措施当作解决刑事责任的手段。这些手段既不属于刑罚，也不属于保安处分，其性质就是“非刑罚处罚方法”。保安处分包括对人的保安处分和对物的保安处分，前者如刑法第 17 条第 5 款规定的“因不满十六周岁不予刑事处罚的，责令其父母或者其他监护人加以管教；在必要的时候，依法进行专门矫治教育”，第

18条第1款规定的“……但是应当责令他的家属或者监护人严加看管和医疗;在必要的时候,由政府强制医疗。”后者如刑法第64条规定的强制没收。

2.关于环境犯罪之刑事制裁的完善,总的方向是应当改变环境犯罪的刑罚配置轻于其他相关犯罪的基本现状,具体包括主刑的完善、附加刑的完善(其中建议把现行刑法规定的职业禁止解释为附加刑之资格刑)等。建议增设短期自由刑和罚金刑的易科制度、犯罪复原制度等。

本书的形成和顺利出版,缘于笔者自2001年硕士毕业后从事刑法学教学与研究20多年的艰苦探索和智慧的积淀。在此,要感谢母校西南政法大学刑法学科的老师,尤其是恩师朱建华教授对我的悉心培养;感谢我曾经供职的山东科技大学与现供职单位河北大学的有关领导、管理人员和学院同事们,以及国内法学界和司法实务界的师长、同仁、朋友对我长期以来的关照、支持和帮助;感谢山东大学出版社孟宪亮编辑的认真编校和一丝不苟的推敲、润色,等等,实难全部列陈。在此,一并表示最诚挚的感谢!

与理工科研究成果需要有扎实的实验数据支撑的道理一样,人文社科研究成果需要多个主体立于不同的视角观察、琢磨、讨论、商榷和质疑。本书汇集了课题组同仁、各位评审专家、咨询专家、学界同仁的集体智慧,虽然笔者倾尽本科毕业三十年来对刑法学知识孜孜不倦的所学、所悟和创新,力求紧跟最新立法、占有最新研究成果和资料,但是,水平有限,加上撰稿时间仓促,书中错讹之处在所难免,敬请学界同仁和读者不吝批评指正。笔者将以本书为新起点,在未来的岁月里,不改初衷,继续关注环境犯罪和环境刑法问题,加倍努力钻研,是以自勉。

牛忠志

2023年1月22日

于河北大学法学院

序　一

环境问题是人类科学技术发展中的一个悖论。一方面，随着科学技术的进步，人类对自然资源有了前所未有的开发和利用能力，生产生活排放的废物不断增加，逐渐打破了自然界的生态平衡，并且这种失衡状态日趋严重；另一方面，消除污染，减少或替换资源的消耗，恢复被破坏的环境和优化已失衡的生态，又要依靠科学技术的进一步发展。我国是后发国家，过去几十年，虽然从理论上我们也认识到环境保护的重要性，但事实上在很大程度上走了一条环境保护让位于经济发展、“先污染后治理”的老路。党的十八大把生态文明建设纳入中国特色社会主义事业“五位一体”的总体布局，环境保护和生态文明建设迈入新阶段，环境法治也蓬勃发展。

在这一背景下，伴随我国刑法对环境犯罪的修改、相关刑事司法解释对环境犯罪新罪名的法律适用做出新的规定，我国刑法学界也加强了对环境犯罪的研究，许多新的理论视角和实务问题被相继提出。河北大学法学院教授、博士生导师牛忠志同仁的国家社科基金后期资助项目结项成果《革新刑法理论　完善环境犯罪立法》是这方面的最新专著。本书以革新相应的基本理论为前提和基础，并以其革新后的理论作为分析工具展开研究，立意高远，体现了作者的学术个性和抱负。全书对现行刑法中规定的环境犯罪运用刑法教义学思维，采用目的解释、实质解释和系统解释等多种解释方法来研究各种环境犯罪的成立条件和法定刑配置，并在此基础上指出现行立法的瑕疵和缺陷及其完善方向。尽管刑法教义学方法能够在一定程度上将现行立法的瑕疵予以弥补或者抹平，但对于教义学所不能解决的立法缺陷，则需要从立法论的角度来加以解决，这种研究进路总的来说是可取的。我一直不苟同那种认为一项研究只能从司法论或只能从立法论来进行的观点，问题的关键是研究者要思路清晰，不能把二者混同。

具体而言，本书在以下几个方面给我留下了较为深刻的印象。

一是对我国环境犯罪立法得失的检视。作者认为，我国刑法对环境犯罪立法存在的不足包括犯罪构成的设计和刑事责任的配置两个方面。就犯罪构成的设计而言，主要体现为现行立法没有全面、充分地肯定环境法益的价值：一是某些环境犯罪的设置（如非法处置进口的固体废物罪、擅自进口固体废物罪等）仍然没有把环境法益作为直接保护对象，而是以传统法益（生命健康权、财产权等）为直接保护对象，对人类的环境法益只是附带地保护。二是当犯罪行为侵害多重法益时，具体犯罪的类罪归属取决于处于优先地位的法律价值（即传统意义上被评价为犯罪的主要客体要件），但现行刑法却把一些既危害环境又妨害经济管理秩序的犯罪规定在分则的其他“章”或“节”中，如分则第三章破坏社会主义市场经济秩序罪中的走私珍贵动物、珍贵动物制品罪，走私废物罪等，现在看来这种立法定位已经滞后，因为走私珍贵动物、珍贵动物制品罪，走私废物罪等的社会危害，主要已不再是对国家经济的危害，而是对环境法益的危害。三是现行环境犯罪的立法较为粗疏，如对于污染环境危害行为，没有区分故意污染环境行为与过失污染环境行为，对于污染空气、土壤、水体、海洋等不同的对象也没有考虑污染对象的特殊性而分别立法，从而导致不少理论争议和司法难题；又如，现行刑法没有明示对草原的保护，对湿地的保护也是空白等。就刑事责任的配置而言，作者认为，现行立法的不足主要有二：(1)环境犯罪刑罚的配置不均衡，法定刑档次设置偏少；(2)缺乏灵活性和个性化的刑罚制度，如短期自由刑和罚金刑的易科制度、损害复原宽宥制度（法益恢复激励制度）等。

二是对犯罪本质的深化认识及其对阐述环境犯罪本质的应用。作者认为，传统的社会危害性理论并不存在根本上的错误，只不过过于抽象而难以把握，所以需要形而下的延伸；德日的法益说虽然有其优点，但与中国刑法规定不吻合，不能简单移植。有鉴于此，作者试图将德日法益说与我国的社会危害性理论相结合，提出了四维法益说：在宪法上为法益的适正性寻求根据；实现由“前置法的部门法法益”向“刑法法益”的提升（如在犯罪场合下将民法法益这一私法法益提升为公法法益）；明确刑法法益的量的限定；在某些情形下还要把刑法法益的内涵继续往前延伸至“抽象危险”。本书将四维法益说运用到对环境犯罪本质的分析，剖析了环境权刑法保护的宪法根据（危害行为侵犯了宪法所规定的环境权才有可能犯罪）；明确了环境犯罪的立法目的是“制裁和预防环境犯罪，保障环境权利，维护国家整体环境保护法律秩序”（犯罪必须是行为人严重违反义务因而对环境权益的侵犯达到了动摇或者有可能动摇国家整体环境保护法律秩序的程度）；强调环境法益在受到“严重程度”的危害时才进入刑法的保护（行为人危害环境的行为是否动摇国家整体环境法秩序应该有量的限定）；环境犯罪对环境法益的危害样态可体现为对环境法益的实害、具体结果危险、行为本身的危险和行为本身的抽象危险四种情形（对应实害犯、具体危险犯、行为犯和抽象危险犯）。

三是以对我国传统犯罪构成理论所作的立体化革新来分析环境犯罪的成立条件。作者辩证地看待德日阶层犯罪论体系和我国传统的犯罪构成四要件理论，坚持人格行为理论和人格责任理论，认为犯罪行为是行为人的人格主体的实现，犯罪是具有严重的社会危害性的行为，是客观危害、主观恶性和行为人的社会危险性的有机统一，并在此基础上分析了人格行为理论和人格责任理论与四维法益说所具有的内在统一性。由此，将传统的犯罪构成四要件进行立体化修正，在此基础上再加入对行为人的危险性人格评价。对传统的犯罪构成四要件的立体化修正之要义是对犯罪构成四要件的各个要件从形式和内容、质和量、静态和动态、纵向和横向等多个维度上“加宽、加厚、加长”：一是把犯罪客体要件修正为刑法保护的而被犯罪行为所侵害或者威胁的社会关系及其载体；二是在危害行为的定义中加入行为“强度”的限定和“犯罪工具”，既满足中国刑法对犯罪规定既定性又定量的特点，也强调危害行为的实施往往离不开利用犯罪工具；三是行为人的刑事责任能力要结合行为人的社会危险性人格来判断，而不能静止地考察；四是主观要件注意对行为人主观恶性的“量”的衡量要素，赋予犯罪动机以选择要件地位，为全面贯彻规范责任论，建议增加关于因“期待可能丧失或者减弱”而相应的刑事责任宽宥的规定。关于行为人的危险性人格评价，作者认为要把行为人的危险人格要素纳入犯罪成立条件。由此，犯罪构成(犯罪的成立条件)＝立体化的犯罪四要件子系统＋表明行为人的危险人格要素子系统。本书对环境犯罪成立条件的阐述，正是运用上述犯罪成立条件理论所作的尝试。

四是关于环境犯罪独立设章以及个罪设定的完善建议。本书主张把环境犯罪作为独立一章加以规定，并把走私类环境犯罪，包括走私废物罪，走私珍贵动物、珍贵动物制品罪，走私国家禁止进出口的货物、物品罪等从其他章(节)调整过来纳入本章。与此同时，出于对环境要素全面保护和环境质量全面改善的考虑，作者主张明确确立破坏湿地罪、破坏草原罪、噪声污染罪，并设计了相应的罪状和法定刑。我注意到，关于破坏湿地罪的建议，作者的一个理由是要与2021年颁布的《中华人民共和国湿地保护法》相衔接。确实，环境犯罪作为典型的行政犯，需要及时跟进其他部门法的最新立法动态并思考其对刑法的影响，这也与我的立体刑法学理念相契合。其实，作者对刑事责任、行政责任和民事责任三者在一定范围内、一定程度上此消彼长、互相配合的观察，以及注重在环境犯罪治理中对非刑罚处罚方法的运用等，都与立体刑法学的主张有不谋而合之处。

由上可见，本书视野开阔，内容丰富，既有刑法基础理论的探索与铺垫，又有对环境犯罪的切入与运用。作者在研究中有较强的主体性意识，不人云亦云，提出了一些有创新性的观点。尽管有些观点还值得推敲，有的论证也还有待深化，但瑕不掩瑜，何况“千人之诺诺，不如一士之谔谔”。总体而言，开卷有益，本书在刑法基础理论和环境犯罪上的研究都给人启发，并使人产生联想。

我本人早在1994年就在《法学研究》上发表过《我国环境犯罪初步研究》的论文，其中也提出过将环境资源犯罪单独成章的建议；2004年还在中信出版社出版了专著《环境资源保护与环境资源犯罪》，该书对法律责任的论述就综合了刑事责任、行政责任和民事责任这样一种多元视角。后来由于研究主题的变换，没有继续跟进这方面的研究。近年来，随着刑法修正案对环境犯罪修正的内容越来越多，环境犯罪的刑事司法领域也出现一些新课题，又激起了我对环境犯罪的研究兴趣。但与二三十年前的时空观相比，现在研究环境刑法已经发生了很大变化，对安全与危险的理解和关注也不一样了，所以需要加深对刑法时代性、适应性的认知。记得几年前，我曾为河北大学冯军教授领衔的一部环境犯罪专著写过书评，今又应河北大学牛忠志教授之邀，为其大作作序。忠志教授多年来给我的印象一直是积极向上、奋斗不止，近年来看到他不断发表一些高水平的学术论文，接二连三地出版专著，还先后成功申获两个国家社科基金项目。这些成果的取得是天道酬勤的印证，既励己也励人。所以接到他的作序邀请时，唯恐却之不恭，无奈近期各种工作一波又一波地袭来，只好今晚熬个夜，拉拉杂杂写出前面这些话。想到这些粗糙的文字将在本书的前面最早接受读者的检验，不由得内心忐忑和惶然。

权以为序。

刘仁文*

2023年5月6日凌晨2点(癸卯年立夏日)于京西寓所

* 刘仁文，中国社会科学院法学研究所二级研究员、刑法研究室主任、博士生导师，中国刑法学研究会副会长，中国犯罪学学会副会长，最高人民法院特邀咨询员，最高人民检察院专家咨询委员。

序　二

牛忠志教授邀请我为其以博士学位论文为基础申报的国家社科基金项目的结题成果《革新刑法理论 完善环境犯罪立法》(专著)作序,作为他硕士研究生与博士研究生的指导老师,自然应当应允。通过对著作文稿的阅读,明显感到现在的成果较之原来的博士学位论文,无论是框架结构还是具体内容都有很大的变化和实质的进步,具体而言,创新或者独到见解之处主要有以下几个方面。

一是对环境犯罪进行了狭义、广义与最广义的划分,对不同语义下的环境犯罪的范围进行了界定,定义各自语义下环境犯罪的内涵与外延,从而为分析研究不同语义下的环境犯罪奠定了前提。

二是对环境犯罪按照其犯罪对象进行分类、分析其犯罪构成和刑事责任,总结我国环境犯罪的立法现状,认为我国有关环境犯罪的立法呈现出不断犯罪化和刑罚化的态势,肯定现行刑法已经编就了惩治环境犯罪的刑事实体法网,同时还分析了我国环境犯罪立法在犯罪构成设计方面和刑事责任配置方面存在的不足。这为本书提供了研究的靶子。

三是以犯罪本质之"四维法益说"为依据,以立体化的犯罪构成为分析工具对环境法益应然内涵和现行刑法规定环境犯罪的犯罪构成特征展开论证。其中,关于环境权利,将环境权上升到基本人权,指出环境权是一组权利,属于第三代基本人权,认为环境权利主体只能是人或者人的集合(组织、社会、国家、全人类),不能是高等动物等其他东西;环境权的内容包括实体权利和程序权利,至少包括清洁水权利、清洁空气权利等以及水资源、植物资源、动物自然资源等的可持续利用权利、环境监督管理权利等。关于环境危险犯所侵害的环境法益的具体内容不应该是传统的生命健康权或者财产权利,而应该是以人类的可持续发展为内容的自然资源合理利用权和享受适宜的生活环境权等。关于犯罪成立条件，立足于当代刑法理念，主张包含了行为人危险品格的立体化的犯罪构成，有助于解释我国刑法愈来愈多的"多次行为"入罪的立法趋势。

四是结合环境犯罪的发生过程，在对抽象危险犯、行为犯、具体危险犯、实害犯的立法标准进行分析判断后，考虑到环境犯罪是人们生产和生活的副产品，因而主张对于环境犯罪只应设置行为犯、具体危险犯和实害犯，而不宜设置抽象危险犯。

五是本书资料翔实，研究视野宽阔，占有最新的研究素材。如研究的视野不是就事论事，而是先对相应的刑法理论加以革新，再以之为分析工具展开研究，这样则不落就环境犯罪而环境犯罪的窠臼。又如，《刑法修正案(十一)》、《最高人民法院、最高人民检察院关于办理破坏野生动物资源刑事案件适用法律若干问题的解释》(法释〔2022〕12号)的内容都有体现。结合刚刚颁布的《中华人民共和国湿地保护法》的规定，主张在刑法典中明确确立破坏湿地罪罪名，并论证了该罪的犯罪构成等。

当然，由于每个人对环境犯罪的立场观点不同，对本书提出的观点也未必都赞成。比如，我认为，以下观点或许值得进一步推敲，一是关于环境犯罪的过失具体危险犯的设置问题。作者提出了设置环境犯罪具体危险犯的主张，认为环境犯罪只宜设置具体危险犯(包括故意的和过失的)。这一观点尚需进一步论证，因为根据我国刑法总则的明文规定，对于基于过失而实施的行为，不管是基于疏忽大意的过失还是基于过于自信的过失，对可能发生的危害社会的结果或者轻信能够避免的危害社会的结果，必须是"以致发生这种结果的"，才能成立过失犯罪。这里的"以致发生这种结果"，是实害要求还是具体危险要求，不无争议。考诸我国刑法对具体过失犯罪的规定，即便是对于危害后果极为严重的失火、过失爆炸、过失投放危险物质之类的严重危及公共安全的过失行为，也只有在造成致人重伤、死亡或者使公共财产遭受重大损失的严重后果时才构成相应的过失犯罪，而对过失危害环境的行为，设置比上述过失犯罪更为严格的要求，是否合理或者是否平衡，则不无疑问。二是关于普通意义上的危险犯可分为故意危险犯罪与过失危险犯罪，疑问同上。理论上固然可以承认过失危险行为的存在，不管是抽象的过失危险还是具体的过失危险，但落实到立法上，是否应该设置普通意义上的过失危险犯？如果设置，其导致的刑法关于过失犯罪的总则规定如何理解，值得进一步论证。

自认识牛忠志教授以来，从硕士到博士，再到后来的博士后，他给我的感觉是一直积极向上、勤勉不止，无论是论文、专著还是课题等都收获颇丰。在此，我希望他百尺竿头，更进一步，为中国刑法学研究、环境犯罪研究作出更多的贡献，为中国式刑事法治建设增砖添瓦。

是以为序。

朱建华*

2023年2月18日

* 朱建华，西南政法大学法学院教授，博士生导师，中国刑法学研究会理事。

目　录

导　论

一、选题价值和研究现状

环境问题是工业革命以来随着科技的发展而产生的，是科技既发达又不十分发达的产物。在古代社会，科技不发达、生产力低下，人类对自然的影响没有超过自然的自净能力，故不能打破自然平衡。近代以来，科学技术飞速发展，人类改造自然、征服自然的能力大大提高，人类的活动对自然环境的污染和对资源的开发、利用超过了自然的自净能力，以至于打破了自然界平衡状态，产生了环境问题。现代社会，人类对自然的过度役使和蹂躏，使得人类与自然环境的矛盾空前激化，环境污染和环境破坏甚至造成了人类生存的危机。大自然正以百倍的疯狂，惩罚着为所欲为的人类，将人类推到了死亡的境地。在此，我们不必细述 1930 年至 1968 年间曾经发生在发达国家的“八大公害事件”，也不必列举发生在 20 世纪 70 年代中期到 80 年代中期的“新八大公害”等众多的环境事件给人类带来了多大的灾难，这些似乎太遥远或者已经成为过去。我们只需要留意我们身边发生的环境变化——气候变暖、雾霾侵袭、物种加速灭绝、酸雨蔓延、淡水资源危机、能源短缺、森林资源锐减、水土流失、土地荒漠化、土地盐碱化、沙尘暴频繁来袭、生活垃圾成灾、有毒化学品污染等，即可窥知环境问题与你我的密切联系。我们或许难以感觉到中国豚鹿、中国犀牛、扬子鳄和中华鲟鱼等这些已经灭绝或者即将灭绝的动物产生的不利影响，却无法躲避全球变暖、酸雨、沙尘暴、水体/大气污染、城市垃圾、噪声等给生活带来的烦扰和影响！下列几则报道肯定会进一步密切人们与环境问题的联系：（1）一个企业开了 3 年半，工业总产值 6 亿多元，上缴税金 1 000 多万元，而已造成的污染损失却高达几十亿元，受损的人民群众达 2.6 万人。[①]（2）康菲漏油事故导致的海洋污染危害巨大。2012 年

① 参见周生贤.坐宝马、喝污水，是对现代化的极大讽刺[N].人民日报，2008-11-27(10).

1月25日，中华人民共和国农业部、康菲石油中国有限公司（以下简称康菲）、中国海洋石油集团有限公司分别公告：康菲出资10亿元，用于解决河北省、辽宁省部分区县养殖生物和渤海天然渔业资源损害赔偿和补偿问题。但是，仅仅是对渔民的赔偿，专家称："10亿不一定够，诉讼将继续。"[①]（3）2011年12月10日，"首届中国湖泊论坛暨第九次江苏科技论坛"在南京开幕，中国科学院院士陈宜瑜在主旨报告中指出，全国湖泊的首要问题就是"有的湖泊消失、萎缩了""近50年来，中国消失的湖泊多达243个，其中，江苏消失的湖泊有11个"。"除了湖泊的消失外，萎缩干涸也是个大问题，最严重的是西北的湖泊，再就是长江中下游。"湖泊的变化给生物多样性也带来了重大影响，最具代表性的是长江流域多数湖泊土著鱼类受外来物种入侵、江湖阻隔和过捕滥捞等因素影响而濒危。"滇池在20世纪50年代记载有土著鱼类26种，到2000年后分布于湖体的仅有4种，在2007～2010年的两次调查中仅发现1种。同样，在云南的泸沽湖，原来有4种土著鱼类，但引进外来鱼类后，在2007～2008年两次调查中仅发现1种。据调查数据对比分析，作为我国第三大淡水湖的太湖，鱼类资源种类由20世纪60年代的106种下降到目前60～70种，洄游性鱼类几乎绝迹。"[②]（4）《武汉晨报》报道："湖北一村落10多亩稻田突发地陷 喷十米高黑水柱。"2012年1月14日下午，湖北省孝感市云梦县隔蒲潭镇么屋村六组发生土地塌陷，塌陷面积约10多亩，距该组最近的房屋出现了裂缝。目击者称，当时"稻田里不断涌起黑水，直往天上喷"，"水柱有10多米高，大片稻田瞬间成了一口黑潭"。据悉，么屋村六组是中盐宏博采卤区。[③]（5）2012年年初发生的广西龙江河镉污染事件，截至2012年2月2日统计，龙江河宜州拉浪水库至三岔段共有不同规格的133万尾鱼苗、4万公斤成鱼死亡。（6）2013年恶劣的雾霾频繁来袭，"雾霾"成为该年度关键词。这一年的1月，4次雾霾过程笼罩30个省（区、市），在北京，仅有5天不是雾霾天。报告显示，中国最大的500个城市中，只有不到1%的城市达到世界卫生组织推荐的空气质量标准；与此同时，世界上污染最严重的10个城市有7个在中国。2014年1月4日，国家减灾委员会办公室、中华人民共和国民政部首次将危害健康的雾霾天气纳入2013年自然灾情进行通报。2014年2月，习近平总书记在北京考察

① 北方网新闻编辑郑津.专家谈康菲赔偿渔民：10亿不一定够 诉讼将继续[EB/OL].(2012-02-03)[2015-04-06].http://news.enorth.com.cn/system/2012/01/26/008542226.

② 张珍珍.我国近50年来243个湖泊消失[N].半岛都市报，2012-01-16(8).

③ 郝保明.湖北一村落10多亩稻田突发地陷 喷十米高黑水柱[N].武汉晨报，2012-01-15(6).

时指出：应对雾霾污染、改善空气质量的首要任务是控制 $PM_{2.5}$，要从压减燃煤、严格控车、调整产业、强化管理、联防联控、依法治理等方面采取重大举措，聚焦重点领域，严格指标考核，加强环境执法监管，认真进行责任追究。① 2016 年 12 月 16 日，入冬来最持久雾霾天气来临，多个城市已达严重污染，预计污染还将持续 4 天，直到 21 日后半夜才会自北向南减弱。19 日夜间将进入此轮雾霾最严重的时段，将影响包括京津冀、山西、陕西、河南等 11 个省市在内的地区。

“环境问题把人类推到死亡的边缘”，这一判断绝非危言耸听，环境问题日益严重的局面要求我们必须引起足够的重视。环境资源的保护和合理利用离不开法律调整，当然也离不开作为保障法的刑法之介入。虽然我国环境恶化的势头得到了遏制，但是破坏环境资源和污染环境的大案要案还时有发生，环境问题依然是社会的焦点问题。所以，客观上需要继续加大包括刑法在内的法律对破坏环境资源危害行为的打击力度。就刑法而言，刑法对环境资源的保护不力有许多原因，如环境行政执法的地方保护主义，人们的环保意识、法治意识淡薄等，此外刑法制度的供给不足无疑也是一个重要因素。

自 20 世纪 80 年代后期以来，刑法学界和环境法学界的众多学者逐步开始关注环境资源保护的刑法规制问题，在环境犯罪和环境刑法研究方面取得了令人欣喜的成绩。总括起来，主要的观点有：(1) 加强环境资源的刑法保护，扩大环境犯罪的范围，包括降低现有环境犯罪的入罪门槛和增设新的环境犯罪罪名；(2) 摒弃传统的人类中心主义价值观，将环境权作为环境刑法保护的法益；(3) 去除环境犯罪的行政从属性，强化环境犯罪的自然犯属性；(4) 将重大环境污染事故罪分解为具体的污染罪；(5) 应把无过错责任引入污染环境犯罪；(6) 主张给予环境危险犯（甚至是过失环境危险犯）以立法确认；(7) 环境犯罪的刑事责任方式应该多元化；(8) 环境犯罪的立法和理论研究应该国际化。

上述观点将为本研究提供必要的基础素材和思想启迪。但是，目前对环境犯罪和环境刑法的研究也存在诸多不足，具体表现为：(1) 有的研究仅限于形而上，局限于宏观问题，缺乏具体的、形而下的研究，其结论的应用性不强，如只研究环境犯罪的一般构成要件或者只研究环境刑法的基本原理。(2) 有的研究者过于理想化，其研究的结果难以在实践中贯彻和适用，如基于生态中心主义的环境犯罪完善的各种观点（尤其是主张赋予

---

① 习近平.立足优势深化改革勇于开拓在建设首善之区上不断取得新成绩[N].人民日报，2014-02-27(1).

自然要素法律主体地位的主张）、绝对责任的引入、去除环境犯罪的行政从属性，将环境犯罪视为具有刑事犯地位等，其可行性值得考量。（3）有的研究由于基本知识不扎实，所得结论缺乏科学性，给人以误导。例如，不注意区分中国的四要件犯罪构成与德日的三阶层犯罪构成在不同犯罪体系下各个关联概念的差异而简单地进行套用，把犯罪既遂条件与犯罪成立条件简单地等同，在犯罪的客观要件部分阐述犯罪形态问题，对于现有的学术观点不深入思考就人云亦云，以讹传讹，如对（环境）危险犯就存在很深的误解。

社会现实中的环境问题催生环境犯罪和环境刑法，环境污染和资源超负荷开采使用的社会现实呼唤加强理论研究，完善相应的立法。当前，环境犯罪和环境刑法已经成为“刑法学中最具创意、最富活力的生长点”。客观条件方面，经过几十年的发展，当今我国已基本摆脱贫穷的经济状况，国家整体脱贫进入小康社会，开启了建设社会主义现代化国家的新征程，迈入了新的发展阶段。国家摆正了经济发展与环境问题的关系，确立了以可持续发展为核心的环境政策。主观条件方面，公民的民主权利意识随着社会物质生活条件的改善而不断增强，许多民众已经认识到了环境权的基本人权地位。随着我国法治进程和制度文明的快速发展，刑法学理论也不断发展以适应法治建设的需要。世纪之交，在我国，以苏联为蓝本的传统刑法理论，受到了德日刑法理论和英美刑法理论的强势“侵袭”和强烈冲击，尤其是在犯罪论体系上，德日阶层模式的犯罪论理论对犯罪构成四要件理论构成巨大的挑战。目前，中国刑法学理论也进入了一个大碰撞、大博弈、大发展的新时期。

总之，生态安全和经济安全是总体国家安全观的重要内容，而生态安全又是经济安全的基础。改革开放以来，我国急于改变落后贫穷的现状，以经济建设为中心，开足马力谋发展，在一定程度上对环境保护和生态安全问题有所忽视，环境污染严重、自然资源也常被掠夺式地开发利用。林地、草原被破坏，湿地被侵、遗传资源疏于保护、外来物种入侵等危害生态安全的事情时有发生，以致水土流失、沙漠化、沙尘暴雾霾袭扰、自然灾害频发、生物多样性受到严重威胁等问题突出。经验与教训迫使我国不得不选择可持续发展的国家发展战略。在此基础上我国又把生态文明建设提高到与经济建设、政治建设、文化建设、社会建设同样的高度，“五位一体”总体布局统筹推进。所以，一方面，环境资源问题突出，急需合理、科学的环境刑法之强有力的保护；另一方面，支撑环境刑法立法不断完善的刑法理论也在迅速发展。在这样的时代背景下，本书在诸位学界先进者之研究的基础上，首先革新我国的刑法理论，并基于革新的理论来研究环境刑法的立法完善问题，提出关于环境犯罪立法的完善构想，为立法科学化建言献策。这是一个富有挑战性的崭新课题，具有十分重要的理论意义和实践价值。

二、研究目标和研究方法

在革新刑法理论的基础上，运用刑法教义学方法能动地解释法律；同时，分析环境犯罪现行规定的不足，完善我国环境犯罪的刑法规制，实现刑法基本理论的创新和环境刑法的立法完善，是本书的双重目标。没有基本理论的创新，对具体问题研究便难能有实质性的突破。只有基础理论的创新，而不去落实，并将之用于具体问题的分析和解决，那么这种理论创新既不能被实证和检验，也遑论发挥出其应有的社会效益。因此，本书的思路是：对刑法理论的一些重要问题提出革新意见，将这些革新性见解加以运用，以分析我国现行刑法关于环境犯罪规定存在的问题，提出相对合理的解释结论和具有操作性的立法完善建议。

本书采用刑法教义学方法和传统立法建议导向的方法相结合、文献研究法和实证研究法相结合、定量分析法和定性分析法相结合、纵向比较方法与横向比较方法相结合、系统论研究方法和个案研究方法相结合的方式，运用演绎和归纳逻辑思维规律，多角度地、综合地对问题加以立体化透视。笔者非常注意将传统的研究方法和刑法教义学恰当结合并贯彻本书始终。传统的研究方法和研究思路是分析法律规范存在的不足，而后提出相应的立法完善建议，求诸立法的修改；而法教义学研究方法是把现行的实在法秩序作为坚定信奉而不加怀疑的前提，并以此为出发点展开法律解释工作，其逻辑思路是：立法至为智慧，没有不好的法律，只有没有解释好的法律，因而实在法是值得信赖和敬仰的，不是法律有漏洞而是解释者没有把法律解释好。近年来刑法教义学研究方法在我国比较时髦，究其原因有三。

一是在 2011 年第十一届全国人民代表大会第四次会议上吴邦国委员长宣布：中国特色社会主义法律体系已经形成。这意味着我国已建成了社会主义法律的基本框架体系，国家大规模立法的阶段基本结束。自此之后，我们追求的良法善治将主要不再依赖立法而是通过科学合理的法律解释来达成。

二是立法成本高且滞后。成文法有其内在的不可克服的局限性，就是法律颁行之后便落后于一直不停发展进步的社会生活，法律的稳定性要求、立法活动的一套严谨程序，决定立法不可能随时跟上形势发展，而且成本高昂。改革开放之后相当长的一段时期内，有许多法律制度空白需要填补，即使有了法律规定但也较为粗疏，这种局面决定了我国刑法学的研究方法是把问题诉诸立法，及时地提出相应的立法建议或者进一步完善立法的建议。在中国特色社会主义法律体系基本建成之后，刑法学的研究也需要相应地转型为“通过教义学的解释路径，快捷、经济地解决法律对社会生活的适应性问题”，不再局限于传统的以提出立法建议为导向的研究方法。

三是权威学者有力推动和人们“喜新厌旧”。尝鲜、创新是作为高级动物的人的本性，一些学者争当第一取经人和第一传经人，把盛产于德国的法教义学研究方法当作“圣经”取回并在国内推崇，使其变得神圣、高贵，超越传统研究方法，其他学者也跟风逐潮以便展示其跻身于学术前卫，这些因素合力促成鄙视传统、青睐新潮的学术风气。在笔者看来，吐故纳新，勇于开创是值得称道的。但需注意的是，一方面，传统的未必就是过时的，而且传统的也往往是有特色和不可或缺的；另一方面，无论是传统的研究和解释方法，还是刑法教义学的研究和解释方法，都有利有弊。既然刑法是立法者于立法之时在刑事政策指导下创制或者认可社会规范的产物，那么解释是法律适用者在法律适用之际受刑事政策指导发掘法律意蕴的结果。刑法是刑事政策不可逾越的藩篱，刑法也是刑法解释不可逾越的藩篱。无论是主观解释还是客观解释，概莫能外。刑法教义学研究方法尽管可以通过实质解释、系统解释、历史解释、扩张解释、目的解释等方式方法，最大限度地保持法律条文的张力和活力，但也绝非万能。比如，不管我们怎样能动地运用刑法教义学的解释方法，对法律规范的解释都不能超过语言的可能具有的含义，都不能违背常识、常理和常情，解释的结论都不能背离老百姓的健康情感，更不能在对法律的解释和适用上走向另一个极端：张冠李戴、指鹿为马，甚至混淆是非、颠倒黑白。正鉴于此，笔者认为刑法教义学能够解决的，就走法律解释之路；刑法教义学不能解决，只能诉诸立法修改途径来实现的，则提出立法完善建议。

第一章　环境犯罪的概念和特点

“困难在于界定。”许多学术争议的起因在于对作为研究对象之基本概念的不同理解。因此，科学界定环境犯罪概念的内涵与外延，是本书的逻辑起点。

第一节　不同语域中的犯罪概念

在对环境犯罪界定之前，必须弄清楚在不同语域中犯罪概念的差异。在“大刑法学”的视域中，不同的刑事法学学科由于其不同的逻辑起点所对应的犯罪概念存在差异。

一、实质与形式相统一的犯罪概念最为科学

所谓形式的犯罪概念，即仅指出“犯罪是为刑法所禁止的行为”，不揭示刑法为什么把这种行为规定为犯罪。德、法等欧洲国家的刑法立法表述和理论概括均属此类。典型的如 1810 年法国刑法典第 1 条的规定：“法律以违警刑所处罚之犯罪，称为违警罪；法律以惩治刑所处罚之犯罪，称为轻罪；法律以身体刑所处罚之犯罪，称为重罪。”我国理论界也有一些学者坚持形式的犯罪概念，“在注释刑法学中应当坚守形式理性，否定社会危害性理论。只有这样才能使罪刑法定原则真正得以实现”①，主张把犯罪表述为“凡是用刑罚威胁所确定禁止的行为”②。形式的犯罪概念与早期的罪刑法定原则强调形式的侧面相适应，有助于限制司法专横。其不足是不能限定犯罪的实质内容，不能限制立法权，甚至滑入“恶法亦法”的泥潭。

---

① 陈兴良.社会危害性理论——一个反思性检讨[J].法学研究，2000(1)：3-13.

② 王尚新.关于刑法情节显著轻微规定的思考[J].法学研究，2001(5)：19-26.

所谓实质的犯罪概念，即揭示了犯罪行为之所以被刑法规定为犯罪的理由和根据。从犯罪学、社会学和政治学角度给犯罪的界定多属此类。如马克思、恩格斯从阶级和阶级斗争的角度对犯罪的表述："犯罪——孤立的个人反对统治关系的斗争。"① "蔑视社会秩序的最明显最极端的表现是犯罪。"② 龙勃罗梭、加罗法洛等从犯罪学角度对犯罪的概括也是实质的犯罪概念。实质的犯罪概念阐释了犯罪行为之严重的社会危害性，回答了立法把某一行为犯罪化的问题。其不足是如果只坚持犯罪的实质内容就有可能扩张犯罪的范围，故无法限制司法权。

所谓实质与形式相统一的犯罪概念，即既揭示了犯罪的刑法禁止的属性又揭示了犯罪的社会危害属性。我国现行刑法第 13 条和俄罗斯刑法典第 14 条第 1 款都是从实质内容与法律形式的结合上给犯罪下了定义。这种概念从形式属性和实质内容两个方面来把握犯罪，既可以限制立法权，又可以限制司法权，因而值得提倡。

二、刑事立法学与注释刑法学、犯罪学意义上的犯罪概念

有学者指出，刑法学应该区分"立法概念"与"司法概念"。在立法政策的意义上，犯罪是应受刑罚惩罚的危害社会的行为；在司法准则的意义上，犯罪是指刑法规定应受刑罚惩罚的行为。立法上的犯罪概念是指具有严重的社会危害性、应当由刑法规定为犯罪、适用刑罚予以处罚的行为；司法上的犯罪概念是指符合刑法规定的犯罪构成条件、应当适用刑罚予以处罚的行为。这种立法与司法分立的犯罪概念，将承担起不同的功能，从而具有不同的任务与使命。③ 立法刑法学与司法刑法学的逻辑起点不同，司法刑法学的基本范畴是定罪论与量刑论，而立法刑法学的基本范畴则是立罪论与设刑论。立法刑法学遵从立法逻辑，司法刑法学遵从司法逻辑，司法概念隶属于注释法学和刑法教义学。

在刑事立法学意义上，犯罪是具有严重的社会危害性（在社会危害性的量和质上都区别于一般违法）而被犯罪化或者应当犯罪化并受刑事制裁（把制裁限定为刑事制裁）的行为。显然，这一犯罪概念与注释法学上的犯罪概念不完全相同：前者宽于注释法学意义上的"犯罪"。环境犯罪不仅包括已经被刑法犯罪化的环境危害行为，还包括应该加以犯罪化的"具有严重的社会危害性"的危害环境行为。

---

① 马克思恩格斯全集：第 3 卷 [M]. 北京：人民出版社，1960：379.

② 马克思恩格斯全集：第 2 卷 [M]. 北京：人民出版社，1957：416.

③ 王世洲.中国刑法理论中犯罪概念的双重结构和功能[J].法学研究，1998(5)：123.

犯罪学是以研究犯罪现象、解释犯罪原因、寻找预防和控制犯罪的方略、设计防控犯罪的对策为内容的学科，其具有认识犯罪规律、指导刑事政策、推动刑事立法前进、促进刑法发展的功能。犯罪学的研究成果为刑事立法和对犯罪进行综合治理提供实证资料依据。犯罪学中，犯罪是指严重危害社会的应该受制裁的行为。① 注释刑法学与犯罪学的犯罪概念既有相同之处，也有不同之处。相同点即“严重的社会危害性”，不同即“是否内含‘刑事违法’要素”。犯罪学的概念涵盖刑事立法学的犯罪概念，又不限于刑事立法学意义上的犯罪概念（比如犯罪学还常常将不符合主体条件的严重危害社会的行为纳入其犯罪的范畴）。

本书在对现行刑法所规定的犯罪进行法教义学解释的基础上，基于应然的视角，站在刑事立法学角度研究环境犯罪，提出立法建议，为刑事立法提供参考，故采用了先于刑法规范而存在的犯罪概念。

第二节　刑事立法意义上的环境犯罪内涵与外延

一、刑事立法意义上的环境犯罪内涵

1. 我国刑法学界的学者对环境犯罪有不同的界定

按照观点形成的时间，梳理于下：(1) 破坏环境资源保护罪是指违反环境资源保护法规，破坏自然环境和自然资源，妨害国家环境资源管理秩序，情节严重的行为。② 刑法上的环境资源犯罪是指根据我国刑法规定构成犯罪并依法应受刑事制裁的危害环境资源的行为。③ 环境犯罪是指自然人或者单位违反环境保护法规，故意或者过失地污染或破坏环境，造成或者足以造成环境污染或者环境破坏，依法需要追究刑事责任的行为。④ 上述定义的特点是忠实于现行刑法的规定，有的按照刑法第 13 条规定的套路来对环境犯罪加以界定；有的把本罪的客体定位为“国家环境资源管理秩序”。

(2) 环境犯罪是指违反环境资源保护法规，污染或破坏环境资源，造成或者足以造成环境资源受到污染或者破坏，或者致使他人生命健康或公

① 储槐植，许章润等.犯罪学[M].北京：法律出版社，1997：1-16.

② 李希慧.妨害社会管理秩序罪新论[M].武汉：武汉大学出版社，2001：490.

③ 刘仁文.环境资源保护与环境资源犯罪[M].北京：中信出版社，2004：191.

④ 吴献萍.环境犯罪与环境刑法[M].北京：知识产权出版社，2010：11.

私财产遭受重大损害的行为。[①] 该界定是从应用法学角度的界定，除了包含传统法益外还把生态法益列入，除了实害犯之外还囊括了环境危险犯。

（3）环境犯罪是指违反环境保护法规，破坏生态系统，情节严重，依法应受刑罚处罚的行为。[②] 生态犯罪，是指违法国家生态保护法律法规，在开发利用生态环境或者相当的生活中，实施破坏生态环境，严重危害生态安全的行为。[③] 环境犯罪即违反环境资源保护法规和刑法规定，破坏人类环境和其他生态环境，构成犯罪的行为。[④] 上述定义的特点是从应用法学角度界定，引入生态系统、生态环境以代替传统法益作为环境犯罪的客体。

（4）环境犯罪应该是指自然人或单位故意、过失或者无过失侵犯环境权益，造成难以预估的社会危害，破坏生态法益的犯罪行为。[⑤] 这一界定是从应然的角度对环境犯罪的界定，并且明确肯定了环境法益的客体地位。同时论者主张“无过错责任”之严格责任的环境犯罪，不赞成环境犯罪的行政法从属性。从应然的角度把环境法益作为环境犯罪的客体具有可取性，但不宜否定环境犯罪的行政法从属性，其“无过错责任”环境犯罪的正当性也值得拷问。

（5）一切违反环境保护法规，具有污染或者破坏环境的风险，需受刑罚处罚的行为是环境犯罪。[⑥] 这一定义的特点，一是从立法学意义上（即应然角度）给环境犯罪界定；二是引入风险概念，这里的风险包括实害和风险（论者的“风险犯”包括行为犯、累积犯、预备犯）；三是论者采“非人本主义的环境法益观”，既包括人的权利也包括非人生命体甚至大自然的权利。笔者认为，首先，在法律上采用非人本主义的环境法益观，既无必要，也不可行；其次，将具体危险犯、行为犯和抽象危险犯整合为广义的“风险犯”，还只是一家之言，恐难以被普遍接受。

2. 本书对“环境犯罪”内涵的界定

前述刑法学界对环境犯罪的界定，因视角不同，逻辑起点不同而存在一定的差异。凡是以现行刑法作为界定的逻辑起点的，都是注释法学视角（也即应用法学视角，或者法教义学视角）；凡是以揭示环境危害行为的严重社会危害性为逻辑起点进而落脚到应当由刑法加以调整的，则属于立足

① 王秀梅.破坏环境资源保护罪的定罪与量刑[M].北京：人民法院出版社，1999：62.

② 陈明华，王占启.海峡两岸环境犯罪的之比较[J].法律科学，2000(1)：116.

③ 刘晓莉、贾国发.生态犯罪立法论要[J].东北师范大学学报，2006(2)：30.

④ 蒋兰香.环境犯罪基本理论研究[M].北京：知识产权出版社，2008：29.

⑤ 赵星.环境犯罪论[M].北京：中国人民公安大学出版社，2011：176.

⑥ 张继钢.风险社会下环境犯罪研究[M].北京：中国检察出版社，2019：52.

于对环境犯罪立法完善的应然视角。

鉴于我国的犯罪与一般违法有严格区分，环境犯罪是在“一般违法”基础上的“严重违法”。因此，首先，环境犯罪必须以违反环境资源保护法规为前提，即环境犯罪具有“行政从属性”。其次，与一般的环境民事违法、环境行政违法相比，环境犯罪具有严重的社会危害性。这种社会危害性的内涵既包括对生命健康权和财产权等传统法益的严重危害，也包括对为人们所日益重视的生态价值（以“生态环境”和“生态系统”“生态法益”等术语来指代生态价值）的严重危害。

在界定时，有的指出了环境犯罪的客体，有的指出了环境犯罪的主观要件，有的强调环境犯罪的主体，有的体现了现行刑法对环境犯罪的分类，显示出不同学者对环境犯罪内涵的侧重不同。

从应用法学角度对环境犯罪进行界定，并展开相应的研究，是以对现行刑法的适用为主要目的而进行的。本书的研究目的不仅在于正确注释现行立法，更要在此基础上提出立法完善建议。所以，这里的环境犯罪不能局限于应用刑法学意义，即除了现行立法所规定的环境犯罪之外，还包括由于具有严重的社会危害性而应当加以犯罪化的环境犯罪——应当以刑罚这一严厉措施来应对的环境危害行为。

当代刑法学派承认了行为的社会危险性人格要素，犯罪的“严重的社会危害性”是已然的行为阶层和危险人格所代表的再犯可能性之危害性的统一。环境犯罪的内涵也同样包括“行为阶层的承载的已然社会危害性”和“危险人格所代表的再犯可能性之社会危害性”两个层面。

由此，本书主张，环境犯罪是以现行刑法规定的“破坏环境资源保护罪”为基本内容，再加应然角度上的“应当加以犯罪化的环境危害行为”，其概念可表述为：环境犯罪是指具有严重的社会危害性应该受刑事制裁的危害环境行为。这里的危害环境的行为是危害环境权利或者传统法益，并且达到了具有应该受刑事制裁的社会危害性的程度；这里的危害包括对环境权利或者传统法益的实害和危险两种情形。上述环境犯罪体现了行为刑法与行为人刑法的统一，实际上坚持了人格行为理论，这为本书在后文的刑事责任环节贯彻人格责任理论提供了前提，奠定了基础。

二、刑事立法意义上的环境犯罪外延

要想把握环境犯罪，必须准确把握“环境”外延。按环境的属性，可以将环境分为自然环境、人工环境和社会环境。自然环境包括大气环境、水环境、土壤环境、地质环境和生物环境等未经过人的加工改造的天然存在物。人工环境是指在自然环境的基础上经过人的加工改造所形成的环境，或人为创造的环境。社会环境是指由人与人之间的各种社会关系所形成的环境，包括政治制度、经济体制、文化传统、道德伦理关系等。那么，这里的“环境”应该怎样把握呢？基于刑法的保障法地位和环境犯罪的行政从属性，刑法意义上的“环境”不应宽于行政法上所指的“环境”。所以，应采用《中华人民共和国环境保护法》（以下简称《环保法》）第2条对“环境”的界定，即“环境”是指影响人类社会生存和发展的各种天然的和经过人工改造的自然因素的总体，包括大气、水、海洋、土地、矿藏、森林、草原、湿地、野生生物、自然遗迹、人文遗迹、自然保护区、风景名胜区、城市和乡村等，但不包括“社会环境”。

1. 环境犯罪存在着狭义的环境犯罪、广义的环境犯罪和最广义的环境犯罪等不同理解

狭义的环境犯罪，即刑法分则第六章第六节规定的“破坏环境资源保护罪”。对于这类犯罪，还可进一步细分。以对环境资源的危害方式的不同，把环境犯罪分为污染类环境犯罪和破坏资源类环境犯罪两大类。考虑到在一定的生态平衡体系中，无论是把环境中本来存在的要素（如各种资源及其关系）不适当地移除出去（破坏资源），还是把本来没有的杂质添加进来（如污染环境），也即无论是污染环境，还是对作为环境要素的资源的不当利用，最终都归结为破坏生态系统平衡，从而危害人类。所以，把环境犯罪划分为污染类环境犯罪和破坏资源类环境犯罪是适当的。污染类环境犯罪包括“污染环境罪”“非法处置进口的固体废物罪”“擅自进口固体废物罪”。破坏资源类环境犯罪包括破坏动物资源保护的犯罪（“非法捕捞水产品罪”“危害珍贵、濒危野生动物罪”“非法猎捕、收购、运输、出售陆生野生动物罪”“非法狩猎罪”）、破坏农用地与矿产资源保护的犯罪（“非法占用农用地罪”“非法采矿罪”“破坏性采矿罪”）、破坏植物资源保护的犯罪（“危害国家重点保护植物罪”“非法收购、运输盗伐、滥伐的林木罪”“盗伐林木罪”“滥伐林木罪”）。

广义的环境犯罪即现行刑法规定的所有与环境保护密切关联的犯罪。除了前述狭义的环境犯罪之外，还包括与环境资源保护密切关联的犯罪。虽然这些犯罪也危害了环境权，但环境权益在这些罪中被评价为“次客体要件”而规定在“破坏社会主义市场秩序罪”“妨害社会管理秩序罪”和“渎职罪”等有关章（节）之中。主要有：第一，分则第三章第二节“走私罪”规定的“走私废物罪”“走私珍贵动物、珍贵动物制品罪”“走私国家禁止进出口的货物、物品罪”等；分则第三章第八节“扰乱市场秩序

罪”中的“非法转让、倒卖土地使用权罪”等。第二，分则第六章“妨害社会管理秩序罪”中的“妨害动植物防疫、检疫罪”；第三，分则第九章“渎职罪”中的“环境监管失职罪”和“非法批准征收、征用、占用土地罪”等。这些犯罪直接危害了国家公务行为的职务廉洁性，故立法者基于反腐败的考量把这些环境渎职行为纳入渎职罪的范畴。不过，环境资源管理渎职行为往往同时助力于破坏自然资源、危害环境，因而也是为广义的环境犯罪。可见，狭义的和广义上的环境犯罪都只能是应用法学视角的范畴。

最广义的环境犯罪。除了刑法已经规定的环境犯罪外，即广义上的环境犯罪之外，还包括刑事立法应该加以犯罪化的环境危害行为。本书是在对现行刑法关于环境犯罪立法规定的基础上提出环境犯罪的立法完善建议，所以采最广义的环境犯罪。

2. 按照其他标准对环境犯罪的分类

有学者把环境犯罪分为污染环境犯罪、破坏自然资源保护犯罪、侵害动物类群犯罪、妨害环境管理犯罪、其他危害环境的犯罪。① 有的学者将环境犯罪分为污染环境犯罪、破坏自然资源的犯罪、环境渎职犯罪。② 上述第一种分类，虽然在逻辑上涵盖了所有广义的环境犯罪，但是，对破坏资源类犯罪分类过细，使从破坏自然资源保护罪细分出来的“各亚类”环境犯罪，与污染环境犯罪不对等了。第二种分类将污染环境犯罪与破坏自然资源的犯罪并列是可取的，但遗漏了其他类别的环境犯罪，因而在逻辑上不周延。

笔者认为，对事物的分类研究是把握事物外延的有效途径，可以按照不同的标准对环境犯罪加以分类。首先，根据行为方式将广义的环境犯罪分为污染环境类犯罪、破坏自然资源保护的犯罪以及其他有关环境资源保护的犯罪。其次，根据既遂的不同形态可分为环境犯罪行为犯、环境具体危险犯、环境犯罪实害犯。最后，按照犯罪的罪过形式，可把环境犯罪分为过失环境犯罪和故意的环境犯罪，有学者主张无过错的环境犯罪（即犯罪的认定不考察罪过）。对此意义上的所谓“严格责任犯罪”，笔者持反对立场。

---

① 赵秉志.环境犯罪及其立法完善研究[M].北京：北京师范大学出版社，2011：73-74.

② 雷鑫.生态现代化语境下的环境刑事责任研究[M].北京：知识产权出版社，2010：236-248.

第三节 环境犯罪的特点

在刑法教义学意义上，犯罪具有三个基本特点：严重的社会危害性、触犯刑法性和应受刑罚惩罚性。环境犯罪属于犯罪范畴，因而也具有上述三个基本特点。本书需要分析的是，在刑事立法意义上，环境犯罪之所以是环境犯罪还有其自身的特点。对此，有学者把环境犯罪的特征概括为社会性、价值性、间接性、复杂性、多元参与性和缓慢性。[①] 我国台湾学者认为，环境犯罪具有社会危害性、隐藏变动性、科学未定性、经济及相关性、国际互动性等特征。[②] 参考上述见解并结合实证调研，在此阐述环境犯罪的七个特点。

一、环境犯罪的社会危害性极大

“黄金有价，生态无价。”环境犯罪所带来的危害是无法用货币衡量的。例如，2004 年四川化工股份有限公司人为地把大量氨氮超标几十倍的工业废水排进了沱江，造成沱江干流特大水污染事故，沱江沿岸死鱼 50 万公斤，沿江的百万市民停饮自来水，直接经济损失 2.19 亿元（注意：这只是专家对直接经济损失的估计，不包括间接的经济损失和生态恢复的有关费用）。再如，康菲漏油事件造成的损失也是难以估量的。尽管康菲石油中国有限公司（即康菲中国）出资 10 亿元人民币，用于解决河北省、辽宁省部分区县养殖生物和渤海天然渔业资源的损害赔偿和补偿问题。康菲中国和中国海洋石油总公司从其承诺启动的海洋环境与生态保护基金中，分别列支 1 亿元和 2.5 亿元，用于天然渔业资源的修复和养护、渔业资源环境的调查监测评估和科研等方面工作。但是，可以预见，这 13.5 亿元是难以挽回对渤海湾区域海洋生态环境造成的损失的。

除了比较大的污染事件之外，一个看起来很小的资源破坏事件对生态的破坏，也可能十分严重。印度加尔各答大学的教授计算过一笔账：一颗正常生长 50 年的树的经济价值最多达 300 美元，但这棵树的生态效益，如每年可以产生氧气、蛋白质，同时可以减轻大气污染，可以涵养水源，还可以为鸟类及其它动物提供栖息环境等，折合货币价值为 158750 美元。

---

① 陈泉生.环境法原理[M].北京：法律出版社，1997：87-90.

② 郑昆山.环境刑法之基础理论[M].台北：五南图书出版公司，1999：17-18.

按照该教授的计算，这棵树所产生的生态价值之和是其经济价值的约 530 倍。[①] 由于笔者的知识范围有限，没有能力核实这位教授的计算是否准确，但是，可以肯定的是树木的生态价值应当远远大于树木的经济价值。

有鉴于此，需要我们正视环境犯罪的社会危害性。

二、环境犯罪产生的危害结果难以消除或恢复，环境危害呈现持续性

要想让某些环境在遭受污染和破坏后恢复到以前的状态，简直是不可能的。诸如重金属污染、地下水的污染、物种的灭绝、土壤的沙漠化等都是很难恢复或者根本无法恢复的。

例如，“666 粉”（分子式 $C_6H_6Cl_6$）是一种剧毒有机化学物质，曾经被用作一种农药，现在国家已经明令禁止生产、销售和使用。“666 粉”是一种蓄积性毒物，进入机体之后主要蓄积于中枢神经和脂肪组织，刺激大脑及小脑组织，引起器官的病变和坏死。科学检测表明，“666 粉”造成的污染已远及南极的企鹅、北极格陵兰的冰块和 2000 米以上山顶的积雪(通过鸟类和动物的迁徙带过去的)。由于具备稳定性、蓄积性和污染遍布性等特点，“666 粉”可以长期存在于环境之中，并通过食物、饮用水等危害人体，而按照目前的科技水平人类无法彻底消除“666 粉”的污染。

明白了这一特点，对环境问题开展源头治理、过程治理是上策，刑事打击虽然是必要的，却也是无奈的选择。

三、环境犯罪的危害机理复杂，危害结果具有潜伏性、滞后性

环境犯罪的危害机理复杂，具有潜伏性、滞后性，并导致了危害时空的隔隙性、环境犯罪因果关系的复杂性。

1. 危害环境行为具有潜伏性，危害结果产生的周期长

危害环境行为所造成的危害后果不具有即时性，往往需要相当长的时间才能显现出来。如 20 世纪发生在日本的骨痛病，其潜伏期一般为 2～8 年，长者可达 10～30 年。再如，日本的水俣病是日本氮肥公司自 1923 年起把没有经过任何处理的含汞离子废水排放到水俣湾中所导致的。该案中，从排放污水到后来的发病间隔 33 年。此即环境犯罪的危害行为与危害结果具有时空的间隙性。

2. 导致环境遭受污染或破坏的原因复杂多样，危害后果的发生可能基于多种因素或条件，机理复杂

---

① 李艳芳.我国生态安全的现状与法律保障[J].法商研究，2004(2)：73.

以污染物为例，绝大部分污染行为通过排放到环境里的污染物质与环境要素之间发生物理（扩散、挥发、渗漏、活性的增减）、化学反应或者生物化学反应等，破坏了生态环境。在这一过程中，污染物一般经由空气、饮用水和食物链等渠道进入人的机体内，最终危害人的生命健康。污染物运行过程中，既有物理运动，又有化学反应，更有人类至今没有弄清楚的生物化学反应，其作用机制极其复杂。这与传统的刑事犯罪，如杀人罪相比，其机理不知要复杂几百倍、几千倍，甚至几万倍。

3. 环境犯罪的危害行为与危害结果的跨地区性和跨国性

国家疆界或者行政区域的划分，多以河流、海峡、山脉等的自然地理布局和走势为基准，在环境污染情况下，被污染了的水域、空气将顺江、河而下或者随风而去，其结果是破坏环境资源行为所造成的危害往往溢出国门，飘洋过海，或者跨国越洲。曾经发生的海洋石油泄漏、核泄露、大气污染事件，都危害邻近的地区甚至是邻国，如“新八大公害”中的美国三里岛核电站泄露事故、苏联切尔诺贝利核电站泄漏事故以及瑞士巴塞尔赞多兹化学公司莱茵河污染事故等都跨越了国界，我国的哈尔滨松花江污染事件就波及俄罗斯和独联体的其他国家。

4. 环境犯罪的因果关系十分复杂

生态系统是一个整体，其中任何要素的变动，哪怕是极其微小的“量的增减”或者“质的改变”，都会对整个系统产生巨大的影响。污染物的排放或者资源的利用都会导致一系列的物理变化、化学反应和生物化学反应等，产生多个因果链条的连锁反应。在这里砍伐几棵树，或者毁坏了一小片草原或者植被，很可能就是将来发生沙尘暴或者泥石流的原因。就污染而言，不仅在污染行为实施之时，危害行为与危害结果具有明显跨地区性，而且前面已经论述的环境危害的潜伏性、滞后性则更加剧了环境危害行为与危害结果的间隙性，从而导致了环境危害因果关系的极端复杂性，呈现出一因多果、多因一果、多因多果的复杂情形。

环境犯罪的上述特点，决定了需要广开思路查找犯罪原因，在犯罪结果的归属问题上需要采用特殊的因果关系认定法则。

四、环境犯罪对传统法益侵害的间接性

在环境犯罪中，环境危害行为首先对人类的生态环境整体构成危害，继而再经由饮用水、食物、空气等环境要素作用于人类，环境犯罪对生命健康和财产权等传统法益的侵害具有间接性。例如，企业违法排污，其直接污染的是周边的水体、大气、土壤等环境要素，危害环境生态平衡。接

下来，由于人类的生产和生活与这些环境要素密不可分，污染物通过饮食、呼吸、皮肤接触等进入人体，对人类健康、生命和公私财产进一步产生危害。

鉴于此，准确衡量环境犯罪的社会危害性，只考量危害行为对传统法益的危害是不全面的，必须首先重视危害行为对人类环境权益的危害程度。

五、环境犯罪与经济发展、技术相生相伴因而不能杜绝

经济发展与环境问题是相伴而生的，环境危害与经济发展息息相关。环境犯罪是经济活动的副产品，并非纯粹的单独的“恶”。环境犯罪大多是日常生产和生活的附随行为，是各种创造社会财富、增进公众福利的生产活动过程的副产品。破坏资源型环境犯罪也是一样，单纯的破坏资源行为构成的犯罪不多，往往是对资源的过度、无序的开发利用——既促进经济繁荣，又破坏资源与环境，其中的破坏行为构成了犯罪。这一特点决定了人们对环境犯罪的态度的暧昧。

从科技应用的角度看，环境犯罪既是科技进步的产物，又是科技不十分发达的产物。科技的发达、生产力的提高增加了我们的生产能力，但是，科技的作用在一定时期总是有限的，不当的技术运用不但导致了自然资源的过度消耗，生产过程中还排放废水、废气、废物，污染了环境。所以，一方面，很多环境资源问题的产生是技术本身的副作用或技术的不成熟所致，如农药、化肥和含毒有害物质和难降解物质的化学品等；另一方面，技术本身（比如核技术和生物技术）就像一把高悬在人类头顶上的达摩克里斯剑，对其滥用、误用都将使人类反受其害。

环境犯罪多与经济发展、经济活动相伴而生，环境犯罪发生的贪利性十分明显。尤其是在环境污染场合，环境犯罪的主体对生产或者活动过程中产生的污染污物负担着一定的处理义务，但是为了降低生产成本，就不加处理地故意或者过失地直接排放污染物于自然环境之中，或者不愿投资以更新技术设备而使用落后的技术设备进行生产，造成了污染物的超标准排放或者导致了环境资源的破坏。

环境犯罪与经济发展、技术的相生相伴、形影不离，导致了“可容许理论”的产生与广泛应用，一定程度的环境危害是“被允许”的。正是环境犯罪与其他犯罪不同，是生产和生活活动的副产品，所以环境犯罪呈现继续（持续）性、反复性的特点。这一特点也决定了我们不能禁绝环境犯罪的发生，考虑到刑法的谦抑性，环境犯罪作为法定犯，必须以违反相应

的环境行政法、环境民事法等前置法为前提。没有经过相应的民事法或者行政法作前置的调整，再严重的危害环境行为都不能绕过前置法而直接地进入刑法的调整范围。所以，环境犯罪的行政附属性必须得到坚持。

六、环境犯罪的道德谴责性不强

按照加罗法洛的观点，自然犯具有强烈的道德谴责性，法定犯的道德谴责性较弱。环境犯罪属于法定犯。人们最初对环境危害具有很大的容忍性，只是随着社会的物质条件、精神和文化条件的不断提高，人们对生活质量的要求也越来越高，从而逐渐认识到环境危害行为的社会危害性。而且，现实中发生的环境犯罪常由经济利益驱动，往往并非纯粹的恶意加害，并且环境污染和环境开发利用与公众的福利休戚相关，如果将一切危害环境的行为均予以犯罪化并严格加以追究，则整个社会生产就会窒息，社会发展和进步便无从谈起。同时，对于环境危害行为的犯罪化并加以处罚，还受到公众环境知识水平、对环境危害的认同等因素的限制。环境犯罪的这种与经济发展、经济活动相伴而生的特性，以及环境犯罪对生命健康和财产权等传统法益侵害的间接性，是许多环境犯罪道德谴责性不强的主要原因。

七、环境犯罪的主体以单位犯罪为多

环境问题与经济活动和技术运用密切相联，导致环境危害事件的单位主体多于自然人主体。当今社会，人类的生产活动的社会化趋势日益加剧，由分散的小规模的个体生产逐渐转变为集中的大规模的社会生产。生产的社会化趋势导致了社会化的大生产，在生产社会化的前提下，“大生产”显然是指生产的社会化程度高、规模大。这是社会的进步，是社会分工越来越细的必然结局。生产的社会化和社会化的大生产，决定了环境犯罪的主体以单位犯罪为多，尤其是污染类环境犯罪或者大型的资源破坏性环境犯罪。

刑法理论对单位犯罪刑事责任机理的研究还不深刻，我国刑法对单位犯罪刑事责任的配置也有很多不足。深化单位负刑事责任的理论依据，完善单位犯罪的立法设计，对于推进单位犯罪居多的环境犯罪的刑事治理科学化，无疑是必需的。

第二章　犯罪本质理论的革新与环境犯罪的本质

第一节　犯罪本质理论的革新

一、当前我国刑法理论关于犯罪本质的见解

1. 关于犯罪本质的社会危害性理论

犯罪本质的社会危害性理论是我国刑法学界有关犯罪本质的传统观点。犯罪的基本特征有三：严重的社会危害性、刑事违法性与应受刑罚处罚性。这三个特征密切联系，其中严重的社会危害性是基本的属性，是刑事违法性和应受刑罚处罚性的基础。[①] 刑事违法性是严重的社会危害性的法律表现，应受惩罚性是行为严重的社会危害性、刑事违法性因而应承担的法律后果。因此，这三个基本特征都是必要的，是任何犯罪都必然具备的。这三个基本特征将罪与非罪区别开来。

由于我国 1979 年颁布的刑法（以下简称 79 刑法）规定有类推制度[②]，所以刑法规范实际上具有相对的开放性。因为，现实中，一个具有严重的社会危害性的行为事实，可以通过类推制度获得刑事违法性和应受刑罚惩罚性。由此，严重的社会危害性是刑事违法性和应受刑罚处罚性的基础，后面两个特征都是由严重的社会危害性派生或者延伸而来。在存在类推制度的前提下，司法的逻辑顺序等同于立法的逻辑顺序，行为的社会危害性对于刑事违法性和应受惩罚性具有基础地位和起点意义。但是，1997 年修订的刑法（以下简称 97 刑法）废除了类推制度，明文规定了罪刑法定原则，在这种情况下，犯罪的社会危害性已经为犯罪的刑事违法性

---

① 贾宇.刑法学(上册总论)[M].北京:高等教育出版社,2019:88-89.

② 1979 年颁布的刑法第 79 条规定:“本法分则没有明文规定的犯罪,可以比照本法分则最相类似的条文定罪判刑,但是应当报请最高人民法院核准。”

所限定，所以司法的逻辑顺序的逻辑起点是刑法规范有明文规定。现实中，一个具有“严重的社会危害性”的行为，在刑法分则没有明文规定的情况下，则不能推导出其具有刑事违法性和应受刑罚惩罚性。缘此，在现行刑法框架之下，犯罪所具有的严重的社会危害性受到了刑事违法性的限制，不再具有超越刑法规范的优越性。因应现行刑法明确确立的罪刑法定原则，犯罪本质的社会危害性理论应该修正为“依法应受刑罚惩罚的社会危害性说”。

2. 我国刑法学界对德日犯罪本质法益侵害说的引入

随着我国刑事法治的飞跃性发展，1997 年修订的刑法对罪刑法定原则的明确和全面确立，使刑事法治迈上了新台阶。我国的刑法理论也出现了一些新的变化，例如，2000 年，陈兴良教授撰文主张用法益说代替社会危害性理论，设想将社会危害性理论驱逐出去之后，为避免使注释刑法学中的犯罪概念变成一个纯粹的法律形式，则主张引入一个具有实质意义的概念：法益及法益侵害。具体建议是把犯罪客体还原为刑法法益，然后将刑法法益纳入犯罪概念，以法益侵害作为犯罪的本质特征，由此取代社会危害性概念。其理由是，法益侵害与社会危害性相比具有“规范性”“实体性”“专属性”等优越性。① 同时，张明楷教授撰文分析了新刑法的立法变化，得出了向客观主义倾斜的结论，并且认为新刑法更加亲和法益说。“法益是根据宪法的基本原则，由法所保护的、客观上可能受到侵害或者威胁的人的生活利益。这是一般性的法益概念。从法益的一般概念出发，由刑法所保护的人的生活利益，则是刑法上的法益。”② 这两篇文章对于法益说在中国逐渐被接受起到了强力推动作用，不过，这两篇文章都没有对法益说进行全面解析，也没有进行中国化的改造。

德国学者李斯特为法益说的奠定做出了巨大贡献。他认为，从实质上理解，犯罪是对受法律保护的个体或集体的重要利益的侵害或者危害，只有危害行为违反规定共同生活的目的之法制，破坏或危害法益时才是实体上的违法。③ 简而言之，犯罪的本质是对法益的侵害或者威胁。李斯特还主张，刑法法益与民法法益、行政法法益等，没有区别。刑法的特点不在于其调整对象的差别，仅在于其调整手段“刑罚”的特殊性质和特殊功能。这一法益观念成为德国不区分刑法法益与其他部门法法益的滥觞。

关键问题是，我国刑法第 13 条有“但书”规定，明确要区分犯罪与

---

① 陈兴良.社会危害性理论——一个反思性检讨[J].法学研究，2000(1)：3-17.

② 张明楷.新刑法与法益侵害说[J].法学研究，2000(1)：19.

③ 李斯特，施密特.德国刑法教科书[M].徐久生，译，北京：法律出版社，2006：202.

一般违法行为，于是，一些学者注意到简单移植德日的法益说与现行中国刑法并不吻合，因而企图对德日法益说加以改良。例如，鉴于“法益侵害说不能说明轻微行为的非犯罪性”，难以与中国刑法第13条“但书”相吻合的缺陷，张明楷教授认为坚持实质的犯罪论，对犯罪构成必须进行实质的解释，就可以将轻微侵害法益的行为或者侵害轻微法益的行为排除出犯罪构成之外。[①] 鉴于单靠对刑法条文的实质解释并不能担当将刑法法益从众多法益中区分出来的重任，张明楷教授又对德日法益说的改造提出了新思路：企图用比例原则对法益说进行补充和修正。认为，虽然比例原则并无超越法益保护原则的内容，但比例原则对法益保护原则的贯彻具有方法论的意义，亦即将比例原则引入刑法领域以补充法益保护原则。[②] 就比例原则与法益说的关系而言，实质的法益概念具有经验的实在性，是比例原则的适用前提，而且按照比例原则进行的具体审查，不可能离开法益概念与法益衡量，比例原则本身不可能独立确定刑罚处罚的合法界限，因而不可能取代实质的法益概念。[③]

新近有学者认为，刑法法益既是对前置法和刑法承载的宪法价值秩序之社会经验事实（利益）进行价值发掘和规范承认的产物，又是对前置法和刑法按照宪法比例原则的要求对法益进行规范层级调整和比例分配保护的结果。刑事立法规制的正当根基和规范边界在于对刑法法益保护的形式正义、实质正义和分配正义规则的坚守，而刑事司法规制的教义学适用指引则在于对前置法定性与刑事法定量相统一原则的秉持。[④] 笔者认为，上述见解是迄今为止中国最为前卫的对德日法益理论的借鉴和改造成果，值得赞赏。不过也存在两点不足：一是这种改造仍然没有摆脱违法一元论的轨道。因为如果承认“刑法法益”与其他部门法法益有质的不同，那么这里的“比例原则”便不成立。首先，德日国家坚持犯罪本质规范违反说的学者认为，法益无法为刑事立法和刑罚裁量划出有效又清楚的界限，转而求助于比例原则。与其他法律一样，刑事法律也必须遵守比例原则，也就是说，不仅刑事法律追求的目的必须正当，达到该目的的过程也必须在狭义上合理、必要并且合乎比例。尤其是必须尽可能使用温和的手段去实现立法者设定的目标。但是，“比例原则”不应该仅仅是一个比值，还必须

---

① 张明楷.法益初论[M].北京：中国政法大学出版社，2000：335.

② 张明楷.法益保护与比例原则[J].中国社会科学，2017(7)：88.

③ 张明楷.论实质的法益概念——对法益概念的立法批判机能的肯定[J].法学家，2021(1)：80.

④ 田宏杰.刑法法益：现代刑法的正当根基和规则边界[J].法商研究，2020(6)：75-88.

是“按什么”的比例。所以，比例原则无法摆脱法益的基础地位。其次，从中国的立法框架下，比例原则更难发挥作用。其实，关于犯罪本质问题，20 世纪 80 年代已经我国刑法学界展开大讨论，所形成的主流观点是：犯罪具有的严重社会危害性与其他违法行为的社会危害性相比，不仅具有量的不同，更在于质的不同。① 所以，“刑法法益”应当具有其本应该有的“个性”，从而与民法法益、行政法法益有本质的不同。二是“立法定性，司法定量”不是我国的刑事法治运行现状。因为我国刑法第 13 条“但书”规定，在立法上已经把刑法法益个性化，司法过程对刑法法益的衡量既定性又定量，而不是简单的把比例问题落实。论者疏忽了我国与德日国家刑法关于犯罪立法模式的差异性。

迄今为止，我国刑法理论对于移植的德日法益说存在一定程度上的改良趋势和一定的改良努力，值得肯定。但是，整体上来看，对德日法益说的改造还是不够的。所以，对德日法益说的中国化改造，将是未来我国刑法理论研究的重要任务之一。

二、关于简单移植德日法益说不适应的全面分析

从历史渊源上看，德国民法学界率先使用“法益”概念。之后，德国刑法学界运用这一概念提出了犯罪本质的法益侵害说。但根据德国刑法所规定，其犯罪在立法上只定性不定量，所以，在法律规范层面其刑法法益与民法法益、行政法法益就无法区分。但是，中国的刑法与德日不同（严格区分犯罪与一般违法），而且我国已进入社会主义现代化国家建设的新阶段，人权保障更加受到重视，鉴于此，我国对德日法益说的移植将面临几个问题。

第一，就法益的内涵而言，德国存在“实在法法益说”和“前实在法法益说”。不同的法益概念之下法益具有不同的功能，不同的法益概念之间存在不同功能（即方法论机能和刑事政策机能）的对立。如何使刑法法益既能保证其方法论的机能，又能使其刑事政策机能不丢失，这是刑法理论面临的一个难题。

第二，基于我国刑法立法规定，我国刑法法益与民法法益、行政法法益不仅具有质的不同，而且具有量的限定性。对待法益说的正确态度是：一方面，法益概念是近代以来德日刑法学重要概念，法益理论是德日刑法理论的重要内容，被认为是德国刑法学对世界的重要贡献。所以，中国刑

① 马克昌.犯罪通论[M].武汉:武汉大学出版社,1999:19-20.

法学界不能忽视，更不能排斥法益理论。另一方面，对德日的法益概念，中国又不能简单地移植。德日刑法理论主流的法益说是违法一元论下的法益说，但中国现行刑法与德日的这种情况不同。德日国家的“所谓违法，就是指行为违反法律，行为为法律所不允许”[①] 的观点，在中国立法框架下并不可行。

刑法与民法、行政法具有质的差别。首先，公法与私法在立法目的、价值取向、法律任务、制裁手段等方面有实质的区别。刑法是公法，民法是私法。公法以义务为本位，以维护公共利益为目标，私法以权利为本位，以赋予、保护市民的权利和利益为依归；公法调整国家、政府为一方法律主体的法律关系（比如犯罪不被认为是加害人与被害人之间的私事，而是挑战了国家所确立的法律秩序，由国家作为一方对加害人进行追诉和惩罚）；私法调整的是平等主体之间的财产关系以及与财产关系密切关联的人身关系。正如德国学者基尔克所言，公法和私法的区别，是今日整个法律秩序的基础，缘此，刑法法益与民法法益必须加以区分。其次，即使行政法也属于公法，但刑法与行政法的立法目的、价值取向、法律任务和法律责任等方面也有实质的差别。在中国，这种差别相比德日国家而言，显著得多。[②] 行政法旨在合目的性，效率价值居于首位；刑法旨在安定性，公正价值超越效率而居于首位。如果不区分刑法法益与民法法益、行政法法益，就不能体现刑法在整个国家法律体系中的保障法地位。既然刑法与民法、行政法有实质差别，那么刑法法益与民法法益、行政法法益在性质上就有差别而不能混同。这一点上，德日的违法性理论虽然不是主流观点，却代表着德日法益说的革新方向，也可以与我国对犯罪既定性又定量的特点相符合，故应该加以肯定。

在我国，刑法第 13 条“但书”的存在和刑法分则对各个犯罪所作的照应性的“量”的限定（即使分则的法条中没有明文规定，司法解释或者司法实践也都把量的规定解释在犯罪构成之中），这就使我国坚守了民事违法、行政违法等一般违法与犯罪严格区分的违法二元论。于是，刑法保护的法益与民法、行政法等保护的法益不仅具有实质的不同，并且在量上也有要求。以盗窃罪为例，典型的盗窃罪的构成，要求盗窃数额较大，如果某甲在北京盗窃了价值 2999 元的财物（没有达到数额较大的标准 3000 元），那么，某甲侵害的是民法法益；假如某乙在北京盗窃了价值 3000 元

① 张明楷.外国刑法纲要[M].北京：清华大学出版社，2012：137-149.

② 牛忠志等.民事违法与犯罪界分之我见[J].重庆文理学院学报（社会科学版），2010（6）：111.

以上的财物，在立法者看来乙的行为由于动摇了国家所确立的整个所有权法律秩序因而不得不需要动用刑罚来惩治，所以构成犯罪，此时某乙所侵害的是刑法法益。

刑法法益独特的质和量的限定性，表明刑法法益与民法法益、行政法法益等之间的关系，体现为前后关系或者称之为位阶关系，而不是像德日那样的并列关系。所以，将德日刑法理论中的"法益"不加限定而简单地移植到我国的刑法理论中，用以替代"刑法保护的而为犯罪行为侵害的社会关系"，只是迈出了移植进程的第一步。

在我国一般违法与犯罪严格区分的立法框架下，简单移植德日的法益说，则不能解释清楚为什么某种法益侵害被规定为犯罪，而另一种法益侵害却不规定为犯罪。① 如果说在德日国家由于其奉行的是违法一元论，所以刑法法益与民法法益、行政法法益等部门法法益并无前后的梯次关系而是并列关系，那么，基于我国一般违法与犯罪的严格区分，基于刑法的保障法地位、刑法最后手段原则和我国刑法第 13 条"但书"的规定，我国的刑法法益与民法法益、行政法法益等之间的关系，则体现为保障与被保障的关系（即前后关系）。这就决定了我国不能简单移植，必须加以改良，切实实现法益说的中国化，方能保证法益说在我国行稳致远，健康发展。

第三，风险社会正在来临，简单移植法益说面临新时代的拷问。现代刑法对法益的保护提前，出现了"环境""秩序"之类难以还原为人的生命、身体、自由、财产、名誉、感情等具体生活利益的抽象法益（即法益内涵的抽象化）。同时，刑法对一些传统的具体生活利益提前保护，以至于毋需等到发生侵害，只要有发生侵害的危险——哪怕只是抽象的危险就介入调整（保护法益的早期化）。当代，我国刑法同样面临多种新的风险，其调整范围不断扩张，《刑法修正案（八）》《刑法修正案（九）》《刑法修正案（十一）》增设了大量的危险犯，例如，危险驾驶罪，准备实施恐怖活动罪，强制穿戴宣扬恐怖主义、极端主义服饰、标志罪，拒不履行信息网络安全管理义务罪，非法利用信息网络罪，高空抛物罪，非法采集人类遗传资源、走私人类遗传资源材料罪，非法植入基因编辑、克隆胚胎罪，非法引进、释放、丢弃外来入侵物种罪等。出现这种局面表明刑法保护的范围超出了传统法益论的法益范围因而需作必要的拓展。

---

① 马克昌.比较刑法原理——外国刑法学总论[M].武汉：武汉大学出版社，2002：93.

三、德日法益说适应中国的“四维”改良之设想

在当今中国的刑法学转型时期，中国学者既要有世界眼光，同时更要坚守中国国情，开展精细的研究。① 对待德日的法益说，我们在积极接纳的同时也需进行必要的中国化改良。

（一）在宪法上为刑法法益的适正性寻求根据

德日国家的犯罪本质法益侵害说包含着合理成分——限制国家权力、保障人权，在立法阶段可以限制立法的恣肆，有助于刑法设立犯罪的正当性。在立法上，将某一行为犯罪化的前提是行为必须有对法益的侵害；在司法上，以法益说进行目的解释，对犯罪成立条件进行合目的性的实质解释，以确保犯罪圈的划定符合立法的目的。实践也证明，二战期间，由于德、意、日等法西斯不严格坚守法益侵害说，摒弃了刑法的人权保障功能，其结果是走向专制主义道路，践踏基本人权，把刑法作为其血腥镇压异己势力的工具，推行法西斯专制独裁，倒行逆施，开历史倒车。可以说，在世界范围内，坚持法益说和抛弃法益说的正反两方面的经验和教训要求我们要重视犯罪本质的法益说。

德日的法益理论一直存在“实在法法益”和“前实在法法益”（自然法意义上的法益）之争。坚持自然法意义上的法益，将理想中的应然状态的法益直接拿来作为法律保护的对象，必将使法益的外延扩张到难以把握的地步。坚持实在法法益论者立足于清醒的现实，认为自然法意义上的法益是理想的概念，对这样的法益进行保护是一个难以企及的目标。不要说刑法，即使是民法等权利之法也难以把自然法意义上的权利完全落实在实在法层面，因而主张“法益”必须限定为实在法层面的法益。坚持前实在法即自然法意义上的法益论者则担心，一旦把法益限定为实在法的法益，因为法律是统治阶级意志的产物，法益就是统治阶级根据其意志而由法律所确定的利益，这样的法益的内涵与外延就难逃统治阶级的“任性”。如果完全听凭统治阶级之任性，那么法益就丧失了对统治阶级所划定的犯罪圈的检定机能（刑事政策机能）。鉴此情景，如何能够使法益保有前实定法的法益概念的刑事政策机能，又不至于立法者在法益范围上“任性”，则是法益理论面临的一个挑战。德国学者从宪法高度为法益的内涵的正当性找到了根本法依据，这值得我们借鉴。

首先，从法益与利益、权利等概念区分的角度把握法益概念。利益对

① 参见陈泽宪.关于我国刑法学研究转型的思考[J].法学研究，2013(1)：3.

主体而言是“好”的东西，是一种存在论的描述；权利一词，根据不同的背景，既可以指存在论的天赋权利，也可以指实在法上的法定权利。广义地看，根据不同的背景，法益既可以指自然法上的利益，也可以是实在法所保护的利益。

其次，坚持实在法的法益观念，摒弃前实定法的法益观念。因为每一部法律永远不可能超于当时社会的物质生活条件，一部法律永远是那个时代的法律，故作为存在论的利益、权利，只有经过实在法的确认，成为实在法上的利益、实在法上的权利，才具有现实的意义。

再次，在承认法益是实在法的法益的前提下，如何克服统治阶级意志选择的任性，是一个重要课题。为此，需要在根本法的层面为法益找到合理性根据，以便保持法益的刑事政策的机能。虽然刑法法益也属于法益，但鉴于刑法的谦抑性，刑法法益不可混同于一般法益。德国学者萨克斯（W. Sax）和罗克辛（C. Roxin）主张将法益提升到基本法层面来把握，从宪法层面为法益找合理性根据。罗克辛主张应从宪法中寻找刑法法益的根据以便为法益划出边界，“有必要一开始就使刑法各个条文转到宪法性界限的限制之中”[①]。在这里，罗克辛把法益从自然法转向实在法，其创新在于为实在法法益寻找上位法的根据，来确保实在法法益不偏离服务于国民福祉的方向，把法益提升到宪法层面还能够使法益的刑事政策机能不丢失。这就是说，以宪法为根本法依据的实在法益观，既可以保证法益的方法论机能，也可以使法益保有对危害行为入罪与否正当性评价的刑事政策机能，这就有助于避免“恶法亦法”的强权逻辑。在宪法上为法益寻求根据，从基本人权和人类尊严的高度来限定法益的范围，就能保证法益的适正性，从而保持法益的刑事政策机能。

（二）实现由“法益”向“刑法法益”的提升

将“法益”纳入国家整体法秩序，在性质上实现由其他部门法法益到“刑法法益”的提升。

从实体法角度看，刑法法益是纳入国家整体法律秩序的法益。刑法是公法，不是私法。由于刑法是规定犯罪和刑事责任（主要是刑罚制裁）的法律，犯罪行为被立法者标定为犯罪人对国家法治权威的反抗和挑战，刑法的主要任务是解决犯罪人与国家之间的矛盾，而不是解决犯罪人与被害人之间的纠纷，所以刑法对法益的保护不是直接的，而是间接的。刑法的目的是维护国家整体法律秩序，保证其他部门法的有效性。德国权威学者

① 克劳斯·罗克辛.德国刑法学总论：第1卷[M].王世洲，译，北京：法律出版社，2005:9-15.

无论对犯罪的本质持什么观点，也都认为刑法对法益的保护“不是直接的，是间接和附带的”①。

不过，现实中，具体的法律秩序不是空洞的，而是实实在在的“客观存在”。具体的法律秩序由一定的权利义务关系网结而成。其中的权利实际上就是法益，并与其中的法定义务相对应。有的法律秩序在被破坏或者在被严重破坏的情况下，由于关系到国家整体法律秩序的存亡，那么，该种破坏行为通过立法纳入刑法的调整范围。德日的法益概念缺乏这种整体视角下对刑法保护对象的强调，这或者是由德日学者们的认识局限所致，或者是不同语言之间的翻译误差所致。微观视角下的具体某一个人或者某一群体的法益，即具体法律主体的权利（或者法益），不可能成为作为整个法律体系的保障法——刑法的保护目标。只有纳入国家整体法律秩序成为国家整体秩序的有机组成部分的具体法定权利（即“法益”），才能受到刑法的间接保护和附带保护。

首先是从刑法的特殊性质、立法目的和任务层面看刑法保护的法益与民法、行政法保护的法益不同。

刑法是规定犯罪和刑事责任（主要刑罚制裁）的法律。刑法地位取决于其刑法调整对象的特殊性和和刑事制裁（主要刑罚制裁）的特殊性：刑法是以犯罪行为及其刑事责任为调整对象的；刑罚作为最严厉的刑事制裁方法，是犯罪人承担刑事责任的主要方式。刑法以其严厉的制裁方式（主要是刑罚）惩治犯罪（严重的违法行为）以保障民法、经济法、行政法等其他部门法的有效性，是国家整个法律体系的保障法。如卢梭所言：“刑法在根本上与其说是一种特别法，还不如说是其他一切法律的制裁力量。”②

关于犯罪的阶级本质，马克思有过经典论述：“犯罪——孤立的个人反对统治关系的斗争，和法一样，也不是随心所欲地产生的，相反的，犯罪和现行的统治都产生于相同的条件。同样也就是那些把法和法律看做是某种独立自在的一般意志的统治的幻想家才会把犯罪看成单纯是对法和法律的破坏。”③ 恩格斯也阐述道：“蔑视社会秩序的最明显最极端的表现就是犯罪。”④ 犯罪的本质只有从是否危害有利于统治阶级的统治关系和法

① 尽管德国学者对犯罪的本质认识存在分歧（法益侵害说和规范违反说），但是都认识到了“刑法对法益的保护是间接的”：雅克布斯是规范违反说的领军人物，他主张犯罪是对规范有效性的否认，刑法的目的是维护规范的有效性，刑法对法益的保护是间接的；罗克辛虽然坚持法益侵害说，但同时他也深刻地认识到“刑法对法益的保护是间接的、附带的”。

② 卢梭.社会契约论[M].何兆武，译，北京：商务印书馆，1962：63.

③ 马克思恩格斯全集：第3卷[M].北京：人民出版社，1998：379.

④ 马克思恩格斯全集：第2卷[M].北京：人民出版社，1998：410.

律秩序，才能给予科学的说明。上述关于犯罪阶级本质的经典论述对于我们理解刑法的法律本质具有指导意义（政治是法律的灵魂，法律是政治的具体体现），有利于我们理解刑法的保障法地位，也有助于把握刑法法益不同于其他部门法法益的特殊性。

我国刑法第1条规定了刑法的目的，第2条规定了刑法的任务，展现了我国刑法的特殊性质、特有的立法目的和任务，从中可以实证刑法法益的特殊性质。刑法第1条规定“为了惩罚犯罪，保护人民……”这一表述中“为了”一词就是立法目的通常标志词，“惩罚犯罪”较好理解，关键是“保护人民”该怎样理解。法律条文并没有进一步明确保护人民的“什么”，从刑法的特殊性来看应该是保护人民的重要的利益（亦即重要的法益）。重要的法益具体外延怎样呢？刑法第2条规定我国刑法的任务是“用刑罚同一切犯罪行为作斗争，以保卫国家安全，保卫人民民主专政的政权和社会主义制度，保护国有财产和劳动群众集体所有的财产，保护公民私人所有的财产，保护公民的人身权利、民主权利和其他权利，维护社会秩序、经济秩序，保障社会主义建设事业的顺利进行”。请注意，该条规定刑法的任务最终落脚到“维护社会秩序、经济秩序，保障社会主义建设事业的顺利进行”，而不是“直接保护人民的利益”。该条实际上对人民利益作了限定：构成“社会秩序、经济秩序”的“人民利益”，与“社会主义建设事业的顺利进行”密切相关的“人民利益”。这一立法不仅与马克思、恩格斯关于犯罪本质的论断和卢梭的刑法观相吻合，而且表明刑法作为保障法是直接维护社会秩序、维护国家整体法律秩序的，而不是直接保护某一个权利主体的利益（法益）。可以说，该条从立法上确立了刑法法益的独立地位。

从对事物认识的历史进程上看，对事物既定性又定量的分析，要比只对事物定量分析或者只定性分析要深刻。这是不言而喻、无须证明的断言。所以，我国坚持违法与犯罪的严格区分，对犯罪的规定既定性又定量的立法模式，是先进于前述德日的违法一元论的立法现状的。对“犯罪规定既定性又定量”的立法模式，我们应该自信而不是自卑。尽管近年来日本学者提出了可罚的违法性理论，德国学者也逐步接受缓和的一元违法性理论，但是都没有彻底抛弃违法一元论，在对犯罪本质的认识上，与我国相比，德、日理论是落后的。况且，即使是可罚的违法性理论，如果要贯彻到立法层面，落实到刑法规范上，也是十分遥远的。以日本为例，日本的可罚性违法理论要想付诸法治实践面临着诸多障碍：不但要在理论上彻底战胜违法一元论，而且在立法上还要改变其刑法关于犯罪的规定“只定性不定量”的立法模式。这不是日本刑法理论所能完成的艰难任务。当代德国著名刑法学家罗克辛教授就刑法与法益的关系，认识到“刑法对法益的保护不是直接的，是间接的，是附带的”，如果说这一认识在德国还只是最近理论上新的认识，那么中国的刑法早已将这一认识立法化，并用于司法实践了。我们认为，千万不能以德日刑法贯彻违法一元论为“标杆”，倡导我们就应当取消刑法第 13 条“但书”的规定。国内有个别学者主张取消刑法第 13 条“但书”，实际上是在开历史倒车。

其次是关于“刑法法益”形成过程的描述。刑法是如何间接地、附带地保护法益，或者如何清晰地展示刑法法益与民法法益、行政法法益的递进关系呢?

民法、行政法等部门法位于一国法律体系的第一防线，第一次对社会关系进行调整，在法律主体之间产生相应的权利义务关系——法律关系，形成相应的法律秩序。之后，如果义务主体不履行义务，违反法律，破坏法律秩序，那么，首先由相应民法、行政法等部门法进行制裁或者实施法律救济。只有义务主体的行为严重破坏法律秩序，该部门法的制裁或者救济无效时才需要刑法的介入调节。刑法作为保障其他部门法有效性的综合法，在法律体系处于第二防线的地位：当“义务主体不履行法律义务，并且情节严重，以至于其他相应的法律部门的制裁措施根本不足以维持相应的法律秩序、救济相应的权利”时，在不得已的情况下，国家立法者才把这种严重的义务违反行为经由立法程序确定为犯罪，用刑事制裁手段来督责行为人履行相应的法律义务或者防止其他人效仿实施这种严重的义务违反行为，以维护国家的整体法律秩序。[①] 当且仅当这个时候，刑法才介入社会生活，民法、行政法保护的法益才升华为刑法法益并被纳入刑法保护范围。

下面以对所有权的侵害为例加以说明。我们知道，所有权是民法上的一项重要的权利，其内容是指所有人依法对自己财产所享有的占有、使用、收益和处分的权利。所有权是绝对权、对世权，权利主体之外的任何人都有维护权利人权利的义务，不得侵害权利人的权利或者妨害权利人的权利行使。假若现实社会中出现了有人以盗窃的方法非法占有他人的财产的情况，那么，首先就考虑使用民法或者行政法（如治安处罚法）的制裁手段对这种盗窃行为（侵权行为、违反治安管理的行为）进行制裁，以保护权利人的所有权。只不过民事制裁手段如恢复原状、返还原物、赔礼道歉、赔偿损失，或者行政法律制裁手段如罚款、拘留等措施的威力是有限

① 牛忠志.刑法目的的新论[J].云南大学学报(法学版),2006(5):18.

的，通常在盗窃数额不是“较大”的场合，这种制裁对于保护公民的所有权是奏效的。但是，如果盗窃的数额较大、巨大、特别巨大，我们仍然采用民事制裁或者行政法律制裁的方法，那么就根本抑制不住本人再次违反法律去实施盗窃行为，也难以阻吓其他人对盗窃行为的效仿。试想，如果一个人盗窃一百万元被抓住，适用民事制裁方法，判令行为人向被害人赔礼道歉、返还原物、恢复原状，或者赔偿损失等，即便是这些制裁手段统统加以适用，也难以预防本人再犯，更不能阻止其他人效仿。适用罚款、拘留的行政处罚方法，同样难以预防本人的再犯，也不能阻止其他人的效仿。更何况，现实社会中发生的盗窃案件，盗贼真正被抓住并受到法律制裁的只是一部分。所以，囿于民事或行政制裁手段的局限性，如果仅仅依靠民事或者行政制裁来维护国家的所有权制度和所有权法律秩序，那么，国家的所有权法律秩序注定是要崩溃的。所以，对于严重的侵害所有权的行为，国家必须动用刑罚手段加以制裁，才能保证国家的所有权法律秩序不至于因严重的盗窃行为（即严重的义务违反行为）的破坏而坍塌。

这一过程的分析，同时也揭示了在法治健全的理想状态下任何利益都首先由民法、行政法等部门法直接保护，由此将特定的“利益”上升为“法益”，当法益被违法行为侵害但不严重时，就由相应的部门法来直接保护。在此之前，刑法无需介入调整。只有在民法、行政法等部门法保护的法益受到严重侵害时，这些法律部门的制裁不足以维护已存在的法律秩序，刑法才直接以维护民法、行政法等部门法有效性的面目出现，维护国家整体法律秩序。在这一过程中，刑法同时间接地、附带地保护了相应的法益：刑法对国家法律秩序的保障是直接的，对法益的保护不是直接的，只是附带地保护法益，而且这时的“法益”已经成为国家整体法律秩序的有机组成部分，不再是简单的民法意义上的“法益”。这一过程还体现了刑法介入社会生活的第二防线地位（刑法与民法、行政法等部门法的关系不是并列的，而是递进的），以及刑法对已存在的法律关系调整的不得已性（先由其他部门法调整，不得已时才介入社会生活）。考虑到刑罚制裁的最严厉性和刑法的人权保障机能，刑法法益的独立地位更需要强调，因而刑法法益的特殊性也更加需要发掘：用“不得已性”和国家整体法律秩序来限定“法益”，使其他部门法保护的“法益”上升为“刑法法益”。

上述分析展现了刑法对国家法律秩序的直接维护，展现了刑法法益的形成过程，以及刑法法益与民法法益、行政法法益的递进关系，揭示了刑法法益与民法法益、行政法法益的既有共性又有显著个性的辩证关系。

刑法法益的特殊性还可以通过刑事诉讼法的性质和目的加以印证。刑事诉讼法是调整刑事诉讼活动的法律规范的有机统一体。刑事诉讼法的调整对象有二：一是公安司法检察机关进行刑事诉讼的活动；二是诉讼参加人参加刑事诉讼的活动。刑事诉讼活动是国家的公安司法检察机关在当事人以及其他诉讼参与人的参加下，依照法律规定的程序和要求，解决被追诉者的刑事责任问题的专门活动。这就告诉我们，刑事诉讼不是围绕如何弥补被害人因犯罪行为所遭受的法益损失而展开的。“刑事诉讼的根本目的在于维护国家的政治和经济制度，促进社会文明和进步；直接目的则体现为惩罚犯罪和保障人权两个方面。”[①] 可见，刑事诉讼的目的与民事诉讼的目的根本不同，民事诉讼的目的是解决当事人之间的民事纠纷，保护当事人的合法权益，旨在“填平”被损失一方当事人的损失。

（三）给刑法法益加入量的限定

与德日刑法对犯罪的规定相适应，德日的法益说具有只定性不定量的特点。但这种特点不适合中国刑法。在总则方面，我国刑法第 13 条“但书”规定“情节显著轻微危害不大”的行为不是犯罪，与此要求相适应，中国刑法法益说之中的“法益”必须是形式与内容的统一，具有质与量的规定性。只有危害行为侵害的法益达到了一定的质和量的规定性，被侵害的民法法益、行政法法益等才能转化为国家整体法律秩序的有机组成部分从而上升为刑法法益。这就是说，一个危害行为对于以法益为核心之国家整体法律秩序的破坏，必须达到一定的严重程度时，才能将其作为犯罪行为纳入刑法的调整范围。在分则方面，刑法规范对具体犯罪的规定，往往用“情节严重”“数额较大”“后果严重”作为入罪门槛。

其实，由德国学者最先提出、后被日本学者发扬光大的“可罚的违法性理论”是对德国法益说的一种改良。这种“值得动用刑法保护的法益”认识，有助于揭示刑法法益与民法、行政法保护的法益性质的不同。犯罪行为所侵害的法益是值得用刑罚加以惩治的侵害法益的行为，纳入刑法调整范畴的是“可罚的”法益侵害行为。“可罚的法益侵害”与中国刑法的“但书”规定具有相类似的出罪功能。可罚的法益旨在将刑法法益特殊化，由“一般法益”特殊化为“性质与量度统一”的刑法法益。

（四）对一些犯罪的法益侵害之内涵往前延伸至“具有法益侵害的抽象危险性”

刑事古典学派坚持绝对的个人自由主义，坚持完全的结果无价值立场，故德国最初之法益说的“法益侵害”只限于“实害”这一形态。不

① 陈玉忠，马丽丽.刑事诉讼法学[M].北京：法律出版社，2016：2-7.

过，如果把法益侵害仅限于实害形态，那就不能说明对未遂犯处罚的正当性。于是，法益理论不得不适应立法和司法实践的需要把法益实害扩张为“实害”和“具体危险”两种情形。这里的具体危险是指在未遂犯的情况下，实行行为对法定结果具有侵害的具体危险性。于是，法益说关于法益的侵害由“实害”扩展至“侵害的具体危险性”。所以，当今德、日刑法理论对法益说的表述是“对法益的侵害或者危险”。

但是，因应当代社会的各种风险侵袭，德日刑法理论的发展还不够。当今世界范围内的刑事立法表明，对法益的侵害的理解还应当继续向前延伸至有侵害法益的“抽象危险”。目前，全世界范围内，特别是德国、法国、意大利等国家，刑法不断增设环境犯罪、恐怖活动犯罪，以及关于高科技领域的犯罪，刑法的扩张已是不争的事实。我国亦是如此，立法者奉行积极主义的刑法观，自《刑法修正案（八）》开始，包括之后的《刑法修正案（九）》和《刑法修正案（十一）》先后设立了大量的独立预备罪，增设了抽象危险犯（具体内容前已有述），把预备行为实行行为化。独立预备罪的犯罪化根据就是立法者认为这些“预备性的危害行为”对法益具有抽象危险性。可以肯定，随着未来风险社会的真正到来，为适应风险社会，包括我国刑法在内的各国刑法会继续扩张，介入社会生活调整的时间点会继续前移，立法将会设立更多的抽象危险犯。在这些情况下，法益说的“侵害法益的危险性”之观念包括“抽象的危险”。

总之，要移植德日的犯罪本质法益侵害说，就必须因应中国刑法和时代特点进行前述的“四维”改造。不过，条条大路通罗马，历史上，东西方的文化有着惊人的相似，曾出现过诸多的暗合之处。如果以传统的社会危害性理论为逻辑起点进行改造，那么，因应“97 刑法”明确确立的罪刑法定原则，犯罪的本质的社会危害性理论应该修正为“依法应受刑罚惩罚的社会危害性说”。在笔者看来，修正后的“依法应受刑罚惩罚的社会危害性说”与对德日法益说改造之后的“四维法益说”①，二者具有内在的统一性，只是表述方式存在区别。

① 牛忠志：德日“法益说”适应中国的“四维”改良[J].政治与法律，2022(9)：112.

第二节　环境犯罪的本质

一、环境犯罪本质观点的归纳、简评

结合第一章关于环境犯罪概念的不同表述，我国刑法学界关于环境犯罪本质的观点可以归结为以下三种：(1) 环境犯罪的本质是对传统法益的侵害或者危险，如生命健康权、重大公私财产权。(2) 环境犯罪的本质主要是传统法益的侵害或者危险，如生命健康权、重大公私财产权；有的环境犯罪还危害了生态法益。(3) 把环境犯罪的本质归结为危害了生态法益。

如何评价这三种观点呢？

首先，第一种观点是传统观点，现在已经不合时宜。就刑法规定而言，在从1979颁布的刑法直到1997年修订刑法之后相当长的时间内（止于《刑法修正案（八）》），环境犯罪入罪的依据不是环境的生态价值，而是对传统法益的严重危害及程度：公私财物的重大损失或者人身伤亡的严重后果，或者是以资源的经济价值为依据，甚至一些犯罪对保护对象之自然资源的经济价值也没有给予应有的刑法评价，如“盗伐林木罪”“滥伐林木罪”。这一结论从法定刑设置即可看出。如刑法第345条第1款、第2款规定：“盗伐森林或者其他林木，数量较大的，处三年以下有期徒刑、拘役或者管制，并处或者单处罚金；数量巨大的，处三年以上七年以下有期徒刑，并处罚金；数量特别巨大的，处七年以上有期徒刑，并处罚金。违反森林法的规定，滥伐森林或者其他林木，数量较大的，处三年以下有期徒刑、拘役或者管制，并处或者单处罚金；数量巨大的，处三年以上七年以下有期徒刑，并处罚金。”据此，“盗伐林木罪”最高法定刑“7年以上有期徒刑”（即15年有期徒刑）、“滥伐林木罪”最高法定刑“7年有期徒刑”，都明显低于盗窃罪的最高法定刑，因为长期以来我国刑法规定的盗窃罪之最高法定刑一直为“死刑”，直到2011年3月《刑法修正案（八）》废除了盗窃罪的死刑，其最高法定刑才改为无期徒刑。所以，依照现行刑法，“盗伐林木罪”和“滥伐林木罪”的设置连“林木的经济价值”都没有予以充分肯定，更不要说是保护人类的生态利益。

其次，我国刑法一直以传统法益的危害作为入罪的门槛和量刑依据的情况，直到《刑法修正案（八）》的出台才有一定程度的打破。因为该修

正案把“重大污染环境事故罪”修改为“污染环境罪”，不再以传统法益侵害情形作为入罪的依据，而是以“严重污染环境”作为罪与非罪的界限，使得环境法益在刑法上首次得到明确的肯定。这是我国环境犯罪立法的巨大进步。尽管如此，不少环境犯罪仍然以传统法益的危害作为入罪量刑依据，如“非法处置进口的固体废物罪”“擅自进口固体废物罪”“走私废物罪”等。前述观点 2 就是由对我国刑法关于环境犯罪立法现状的分析所得。当然这种观点也是滞后的。

再次，观点 3 过于激进或者过于理想化。其主张者或者怀着理想的成分硬是把现行刑法限定的环境犯罪本质往“生态法益”里“塞”，或者是从应然的立场提出见解。生态法益的观点之所以不可取，其要害在于界定何为生态法益，论者主张人类之外的东西都具有主体资格，即所有的生态要素都可以作为法律关系主体进而依法享有法益，这是把激进的环境伦理观简单地法律化，在实践中并不可行。

今后或者相当长的一段时期内，我们应该逐步扭转目前的立法现状，把人（人类）的环境法益作为环境犯罪本质来定位。由此，现行立法上仍然定位为对传统法益的侵害的那些环境犯罪，就应当采用犯罪本质为“生态法益”的立场。应然而言，我国《环保法》宜明确确立环境权，全面肯定人（人类）的生态法益的法定地位。在此基础上，基于现代刑法的谦抑性，并非任何危害环境法益的行为都要一律入罪——为了生产和生活，法律允许合理地消耗资源、适度污染环境，牺牲一些人（人类）的生态法益。总之，笔者主张，刑法的介入时间点不应再以传统法益的侵害为依据，而应适度前移为“保护特定的人（人类）的生态环境法益”。当然，这里的生态环境法益也要进行“四维”的限定。

二、基于四维法益说的环境犯罪本质之分析

环境权是第三代基本人权，我国宪法中虽然没有明确的环境权术语，但对于具体的环境权利，如在舒适环境中生活、自然资源的可持续利用等，都有类似规定。所以，我国刑法保护环境权益是具有宪法根据的。

环境犯罪的立法目的应当确定为“为了制裁和预防环境犯罪，保障人权，维护国家的环境整体法秩序”。环境犯罪的立法目的根源于宪法对生态文明地位的确立和国家生态文明建设的目标和任务。鉴于生活中往往以特定权利之严重侵犯作为入罪的主要根据之一，所以有必要研究作为“国家环境法律秩序”有机组成部分的环境法益，或者说环境法益在什么样的情况下升华为刑法意义上的环境法益。从刑事立法学的角度，当某一

（些）环境权利被环境危害行为侵害，且危害到国家整体法律秩序，并且严重到立法者认为“不得不”动用刑罚加以惩治时，就把这种环境危害行为规定为环境犯罪。这时，该环境权益就升华为刑法意义上的环境权益，成为了具体环境犯罪所侵害的特定的环境法益——该罪的主要客体要件。纳入刑法保护的具体环境权利是刑法上的环境法益。[①] 其中，“作为国家环境秩序有机组成部分的环境法益”即环境犯罪的同类客体，具体的环境权利即各个具体的环境犯罪的客体要件。环境犯罪之所以是一类犯罪并且区别于其他犯罪，其关键在于环境犯罪侵害的犯罪客体的共同性：共同侵害了环境权利（环境法益）。

环境法益要受到严重的危害才能具有刑法意义，因为犯罪是具有严重社会危害性的行为。我国刑法规定的环境犯罪必须有量的限定，环境犯罪是在环境行政违法或者环境民事违法的基础上进一步具有了严重的社会危害性，因而需要动用刑罚加以惩治的行为。例如刑法第 338 条第 1 款关于“污染环境罪”的规定：“违反国家规定，排放、倾倒或者处置有放射性的废物、含传染病病原体的废物、有毒物质或者其他有害物质，严重污染环境的，处三年以下有期徒刑或者拘役，并处或者单处罚金。”其中的“严重”污染环境，就是环境污染行为入罪的“量”的最低要求。刑法第 340 条关于“非法捕捞水产品罪”的规定：“违反保护水产资源法规，在禁渔区、禁渔期或者使用禁用的工具、方法捕捞水产品，情节严重的，处三年以下有期徒刑、拘役、管制或者罚金。”其中的“情节严重”，就是非法捕捞水产品罪对破自然坏资源行为入罪的“量”的最低要求。当然，这里的“情节严重”是衡量非法捕捞水产品行为的社会危害性的综合指标。刑法第 342 条之一第 1 款关于“破坏自然保护地罪”的规定：“违反自然保护地管理法规，在国家公园、国家级自然保护区进行开垦、开发活动或者修建建筑物，造成严重后果或者有其他恶劣情节的，处五年以下有期徒刑或者拘役，并处或者单处罚金。”其中，“严重后果或者有其他恶劣情节”是衡量破坏自然保护地行为的社会危害性是否达到严重的指标。

环境犯罪对环境法益的侵害，应该包括对环境法益的实害和危险状态。刑法第 345 条第 1 款关于盗伐林木罪的规定：“盗伐森林或者其他林木，数量较大的，处三年以下有期徒刑、拘役或者管制，并处或者单处罚金。”其中盗伐的森林（或者其他林木）“数量较大”是衡量环境法益遭受危害（即受到实害）的指标。刑法第 344 条之一关于“非法引进、释放、

---

① 环境法益的实质是人类的生态利益。过去我们更多是关注环境要素的经济价值，忽视了环境要素对人的生态利益的有用性。

丢弃外来入侵物种罪”的规定：“违反国家规定，非法引进、释放或者丢弃外来入侵物种，情节严重的，处三年以下有期徒刑或者拘役，并处或者单处罚金。”其中，“非法引进、释放或者丢弃外来入侵物种，情节严重”是衡量是否具有使“特定地域的人类的生态环境”产生具体危险的标准。但鉴于环境犯罪的利弊两面性，人类不可能为了保护环境，就停止生产生活或者停止对自然资源的消耗，因此，在环境权益作为环境犯罪的直接客体的前提下，笔者主张环境犯罪对环境法益的危险仅限于具体危险，不包括抽象危险。这与过去相当长一段时间内环境刑法把对传统法益的危害作为入罪标准不同。值得注意的是，我国现行刑法对环境犯罪的社会危害性的衡量标准之规定还存在以传统的法益作为入罪标准的情况。例如，刑法第339条第2款关于“擅自进口固体废物罪”的规定：“未经国务院有关主管部门许可，擅自进口固体废物用作原料，造成重大环境污染事故，致使公私财产遭受重大损失或者严重危害人体健康的，处五年以下有期徒刑或者拘役，并处罚金；后果特别严重的，处五年以上十年以下有期徒刑，并处罚金。”其中，“致使公私财产遭受重大损失或者严重危害人体健康”是“造成重大环境污染事故”的具体标准，也是本罪的入罪标准，采用的仍然是对传统法益（生命健康和财产权益）的实害标准。当然，这一立法今后需要加以修改。

第三章 对环境犯罪本质之环境法益的进一步阐释

无论是环境法学界还是刑法学界都对环境权利的主体、内容的认识存在极大的争议，所以需要认真研究并廓清环境权的界限，以便科学地把握环境犯罪的环境法益侵害。

环境权是一组权利，被认为是第三代基本人权。迄今为止，不但各国关于环境权的法律规定不同，而且，由于学者们所秉持的环境伦理观不一样，加上相当一部分学者把法律问题和道德问题混同，因而人们对环境权[①]的理解也不同。由于我国《环保法》对环境权的客体作了相对明确的规定，所以对环境权的聚讼集中在权利的主体和权利的内容方面。

第一节 对环境权主体争议的评析

应当说，环境权与具体的环境权益、环境法益是有差别的，但也有共同的一面。为了论述时忠实于不同的学科表述或者不同作者的观点，本书尽量采用原引表述。

① 法律上的权利与义务是相对应的一对范畴，没有只有权利的义务，也没有只有义务的权利。但本书是研究环境的刑法保护，故以“权利”为线索展开论述。

一、关于环境权主体的不同观点

1. 人类中心主义者的环境权主体观

人类中心主义者包括传统的人类中心主义[1]和现代人类中心主义[2]。人类中心主义都主张“人”的环境权主体地位。传统的人类中心主义绝对不赞成在人类之外还存在所谓的“动物”“大地”等环境权主体。现代人类中心主义学派之下，除个别流派外，一般也不承认非人类的环境权主体地位。至于这里的“人”，则可包括自然人和自然人的“集合”（自然人的“集合”包括法人、非法人组织、特殊法人即国家，以及其他形式的自然人的“集合体”）。[3] 有的现代人类中心主义者主张代际公平，故赋予“后代人”以权利主体地位。可见现代人类中心主义并非都承认人类之外的其他环境要素（如“环境”本身）的价值。

2. 非人类中心主义者的环境权主体观

非人类中心主义者否定人（人类）的唯一价值主体地位，主张在人（人类）之外，其他环境要素也拥有权利主体的地位。因所秉持的伦理观的不同，其下又有许多不同的主张。

（1）自然的权利论。主张动植物个体，如鸟、花、个体群、种以及山、河流、湖泊、湿地等等广义的自然物都有法的权利。[4] 除了生命世界外，非人类的生命现象和他生命系统、非自觉生命存在、非自觉体等也都具有权利主体资格。[5]

（2）有的主张特定范围的环境要素才有主体资格。应该根据立法背景筛选与设计，有条件、循序渐进地承认自然本身具有内在的本体价值。

---

① 传统的人类中心主义，也叫绝对的人类中心主义，其核心观念是：道德只是调节人与人之间关系；人的利益是道德原则的唯一相关因素；人是唯一的具有内在价值的主体，其他任何存在物都只有工具价值。

② 现代人类中心主义属于弱的人类中心主义，主要的代表性观点有二：(1)诺顿的“弱的人类中心主义”环境伦理观。诺顿区分了两种类型的人类中心主义。他指出：一种价值理论，如果一切价值仅以个体感性偏好的满足为参照，就是强人类中心主义的；如果一切价值以理性偏好的满足为参照，就是弱人类中心主义的。诺顿认为，这种弱的人类中心主义观点能够促使人们高度重视自然存在的经验价值，并在价值形成过程中不对自然存在构成破坏。不过，他认为没有必要将内在价值赋予非人类的自然存在。(2)默迪的现代人类中心主义环境伦理观。默迪一方面承认人类的中心地位，另一方面又赋予自然界的所有物种都有其自身的内在价值，主张人类把价值追溯到自然世界的所有因素上去。其中，诺顿的伦理观念被接纳为可持续发展观。

③ 蔡守秋.环境资源法学教程[M].北京：武汉大学出版社，2000：263.

④ 汪劲.环境法律的理念与价值追求——环境立法目的论[M].北京：法律出版社，2000：249.

⑤ 蔡守秋.调整论[M].北京：高等教育出版社，2003：488.

“重要的、濒危物种具有生命权与良好的生存权，主要的动、植物具有清洁空气、清洁水权，河流、沼泽、海岸树木具有不受侵害的权利。”①

（3）有的学者主张诸如老虎、猴子等高等动物才有法律主体资格。②

需要指出的是，非人类中心主义者也主张应该赋予“后代人权利”。

应该指出，还有一些观点模棱两可。比如主张动物福利论者，持这种观点的学者多否认“非人类生物”的环境权主体地位，但主张动物应当享有福利。这种观点在笔者看来应归属于弱的人类中心主义。

归纳起来，关于环境权主体的聚讼集中在要不要把权利主体范围扩展到“人（人类）之外”的其他的环境要素？后代人是否应该被赋予权利主体地位？

二、评析意见

1. 不能赋予人（人类）之外任何环境要素以权利主体之地位。法律是道德底线，法律是调整有理性的人类之行为的规范。作为法律关系的主体，一定能够对法律的规范性进行理解和响应。只有人类是理性和能动的高级动物，所以只有人类才能做到对法律的规范性的理解和响应。此外，其他任何动植物、矿物质、山川河流等，都没有理性因而都不能做到。所以，只有人、人类才具有法律主体地位，其他任何环境要素都不具有权利主体地位的资格。

（1）法律是人类制定的，而不是人与动物、植物、微生物、自然要素（土壤、阳光、空气、水）等共同制定的，更不是动物、植物、微生物、自然要素（土壤、阳光、空气、水）等单独制定的，所以，法律反映的是人（人类）的意志，而不反映动物、植物、微生物、自然要素的“意志”。况且，动物、植物、微生物、自然要素，包括高等动物在内，都没有意志。所以，法律就其本源来讲专属于人类。

（2）法律是行为模式。只有具有意志自由的人类才能接受法律的“规范”。非人类中，高级动物虽然“高级”，但它们对外界的反应仍然只是被动适应，而不具有主观能动性。高级动物尚且如此，此外的环境要素更不要说“基于其意志而自由行为”了。即使法律赋予了动物、植物、岩石等其他环境要素一定的环境权利，它们也不会行使和享用权利。法律所设定

① 朱祥贵.非物质文化遗产保护立法的基本原则——生态法范式的视角[J].中南民族大学学报(人文社会科学版),2006(2):98.

② 该观点来源于陈泉生教授于2008年10月14日在山东科技大学11号教学楼118室作的《法学方法论的法哲学视野》学术报告。

的权利与义务是对应的。没有只有权利而无义务的权利，也没有只有义务而无权利的义务。动物、植物、微生物、自然要素（土壤、阳光、空气、水）等，它们没有意志能力，不会行使权利，更不会履行法定的义务。因此，现行的法律不赋予动物、植物、微生物、自然要素（土壤、阳光、空气、水）等法律主体地位，是正确的。

值得注意的是，“生态利益”“生态权利”“生态安全”等这些术语经常被一些激进的生态伦理主义者搞成为似是而非的概念：到底是环境（要素）可以作为主体所享有的利益、权利，还是人（人类）对于环境（要素）这一客体所享有的关于环境的权利？在法律和法学领域，我们必须清醒地认识到：一定是人（人类）有享受舒适的微环境生活氛围、可持续地开发利用自然资源、在生态平衡的周边大环境中进行生活和生产等的利益、权利和安全，而不是老虎大象狮子豺狼、树木山川石头、河湖藻菌、苍蝇蚊子臭虫等因具有“法律主体资格”而享有相应的利益或者权利。

2. 属于“现代人类中心主义环境伦理观范畴”的可持续发展观已经被国际社会所接受，也被我国的国家政策和关于环境资源保护的法律所选择。所以，可持续发展观可以并且应该作为环境权的伦理基础。

(1) 可持续发展观被当今社会广泛接受。可持续发展观最先是在1972年于斯德哥尔摩举行的联合国人类环境研讨会上正式酝酿。之后，1980年国际自然保护同盟的《世界自然资源保护大纲》、1987年世界环境与发展委员会出版的《我们共同的未来》报告、1992年6月联合国在里约热内卢召开的“环境可持续发展与发展大会”通过的以可持续发展为核心的《里约环境与发展宣言》和《21世纪议程》等文件，都坚持和贯彻了可持续发展观的内容和要求，可持续发展观已经为国际社会所广泛接受。

(2) 当今国际社会强调的可持续发展仍然是以人类为中心的发展观，而不是以其他为中心的发展观。可持续发展观强调经济、社会、资源和环境保护协调发展，既要发展经济，又要保护好人类赖以生存的大气、土地、水和森林等自然资源和环境，以便人类能够永续发展。其实质就是弱的人类中心主义，核心是人类的发展，人类的发展是第一位的——人类有追求健康而富有生产成果的生活权利；同时，保持人类发展的可持续性——尽可能理性地节约利用资源、尽可能减少对环境的危害以保持与自然相和谐。也就是说，可持续发展的出发点和最终落脚点仍然是“人类的发展”，而不是“人类的不发展”；是为了“人”更好地生存与延续的发展，是追求“人”的“可持续性”发展，而不是为了“老虎或珍贵植物”等其他生物的

“可持续性”发展，更不是为了以“某些微生物或者非生命物质甚至整个自然界”为中心的发展。

（3）可持续发展观已经被我国法律和政策所确认。1989年通过的《环保法》第1条规定了“保护和改善生活环境与生态环境，防治污染和其他公害，保障人体健康，促进社会主义现代化建设的发展”的立法目的。这实际是抛弃了传统的绝对人类中心主义伦理观，以“经济发展、环境保护和人体健康保障”的兼顾为立法目的。2014修订的《环保法》第1条直接规定“为保护和改善环境，防治污染和其他公害，保障公众健康，推进生态文明建设，促进经济社会可持续发展，制定本法。”

（4）反对以“曲解的可持续发展观”作为环境权主体的立论根据。有学者主张“人与自然和谐共处论”，主张人类热爱、尊重、保护、合理利用自然，通过道德和法律协调人与自然及人与人的关系，实现社会生产力与自然生产力相和谐、经济再生产与自然再生产相和谐、经济社会系统与自然生态系统相和谐、“人化自然”与“未人化自然”相和谐、人与自然相和谐。① 有的学者走中间路线，企图将人类中心主义和生态中心主义折中，提出“未来应该由单纯的人类中心主义向人类中心主义和生态中心主义并重过度”②。有的学者声称坚持可持续发展观，但实际上不仅承认自然具有工具性价值，而且承认自然本身具有内在价值。③ 有的学者坚持共进的生态中心主义，这一观点在主张只有当代人或者后代人具有权利主体资格这一点上，等同于可持续发展观；但有时又要承认环境价值，并主张人类价值与环境价值双重优先。④

我们不能曲解可持续发展观，也不能将两个对立的世界观简单地调和折中。喜欢“折中”，源于中国文化的中庸思想传统。但是，“可持续发展”是“人类的可持续发展”，最终落脚点是“人类的发展”。上述所谓的折中观点，都存在曲解可持续发展观的地方。

总之，属于弱的人类中心主义伦理观范畴的“可持续发展观”已经被我国的国家政策和关于环境资源保护的法律所选择，所以，这一观念可以并且应该作为环境权的伦理基础。

3. 基于可持续发展观，环境权的权利主体只能是人或者人的集合，

---

① 蔡守秋等.环境法的伦理基础：可持续发展观——兼论‘人与自然和谐共处’的思想[J].现代法学，2001(4)：393.

② 蒋兰香.环境犯罪基本理论研究[M].北京：知识产权出版社，2008：68.

③ 侯艳芳.环境资源犯罪常规性治理研究[M].北京：北京大学出版社，2017：18.

④ 赵星.环境犯罪论[M].北京：中国人民公安大学出版社，2011：52.另见何群.法定犯视野下的污染环境罪研究[M].北京：知识产权出版社，2021：12.

而不能承认生物或者非生物自然存在的价值主体地位。

（1）法律体现的是国家意志，并以国家强制力保证其在社会生活中的贯彻实施。作为行为规范，法律是人们据以行为的最低道德伦理底线，与道德伦理本身有着严格的区别。所以，我们必须区分哪些是道德领域的问题，哪些是法律上的问题。在道德伦理领域，可以倡导尽善尽美。例如，可以把宠物当成自己的伙伴或子女，古代就有人终身钟情于梅花，一生以梅为伴。但是，在法律层面，则不能强制所有的人都把宠物视为亲子，或者视梅为妻，终身以梅为伴。所以，法学学者必须保持清醒的头脑：自己是法学家而不是伦理学家。尽管道德规范与法律规范在很大程度上具有重合的一面，但是二者却具有实质的不同。不注意二者之差别的泛道德化法律观，是不能在法治实践中得以贯彻的。

（2）没有"主体间性就没有共同规则"。人类之间具有主体间性，无论是黑种人、白种人还是黄种人，都具有主体间性。但是，人类与其他的非人类生物之间却没有主体间性，因而非人类生物便不能成为约束人类的法律之法律主体。哈贝马斯主张，规则观方面的讨论包括两个层次：第一个层次，主体之间语言规则意识的产生是主体之间进行理性沟通——主体间性的前提；第二个层次，主体间行动规则意识的产生是产生主体间性进而形成规则意识的关键。[①] 当今社会只有"人"这种理性动物才能在主体之间具有语言规则意识和行动规则意识，除此之外，其他任何动物（更不用说植物或者非生物的矿山、河流）都是不可能做到的。

一些学者以权利主体从奴隶主逐步扩展到奴隶、从成年男子扩展到妇女和未成年人、从白种人扩展到黑种人、从先进的民族逐步扩展到落后的民族这一扩展过程为例，类推至动物甚至植物或者整个自然界也应是环境权的主体。但是，从权利发展史看，权利主体范围的逐步扩张是在同种类主体之间的扩大，而把"权利主体由人（人类）扩及动物或者非生物"则是不同种之间的类比。由于"没有主体间性就没有共同规则"，这种简单的类推之逻辑错误是不言而喻的。

（3）动物福利论者所指的"福利"只不过是"权利"的另一种描述，其本质上仍然是承认了动物的权利主体地位。但是，这种观点是"犹抱琵琶半遮面"：既"秉持人类中心主义"，又"暗度陈仓"向非人类中心主义示好，其模棱两可的做法，说不清楚其伦理观到底是什么了。

（4）一些生态中心主义者或者生物中心主义者否定人类中心主义（包

---

① 高鸿钧，马剑银.社会理论之法：解读与评析[M].北京：清华大学出版社，2006：294.

括传统的人类中心主义和弱的人类中心主义)，义正词严地主张“代际平等”“生态主体平等”，但是在其论证并得出具体的结论时，却又不自主地回归到了人类中心主义立场上。例如，有的学者一方面在观念上坚持相对谨慎的“生态中心主义”，主张动物的权利，另一方面，在设计规范时却认为，之所以“保护老虎和猴子等濒危的高级动物”是因为“一旦这些高级动物灭绝，就会对人类不利”。请注意，在这里，论者“知”与“行”明显不一致：保护老虎等濒危动物的根据在于对人类有用！可见，这一观点又回到人类中心主义立场了。由此暴露该主张的环境伦理观与方法论自相矛盾，实际上也显示了生态中心主义伦理观在当今社会条件下的不可行性。再如，主张特定范围的生物有主体资格的观点，其论证也是前后矛盾：在其“重要的、濒危物种具有生命权与良好的生存权，主要的动、植物具有清洁空气、清洁水权，河流、沼泽、海岸树木具有不受侵害的权利”的表述中，论者使用了“重要的、濒危物种”“主要的动、植物”的说法。但是，什么是“重要的”“主要的”？难道会有一种动物或者植物自愿承认自己是“不重要的”或者“不主要的”吗？可以肯定，这里的“重要与否”“主要与否”，显然是基于人类立场和价值评判，从这些动物或者植物对于人的有用性上看，是“重要的”“主要的”，由此实际上还是离不开人类中心主义立场。上述分析反映了生态中心主义或者生物中心主义伦理观在实际生活中的不可行性。

4. 环境权主体不应包括“后代人”。笔者虽然坚持可持续发展观，但在法律主体上，否定后代人的权利主体地位。《中华人民共和国婚姻法》规定了在分家析产或者继承时，财产的分割要为胎儿留下一定的份额。即使在这一规定中，婚姻法也没有赋予胎儿的权利主体地位，只是待其出生为活体时才发生相应的财产享有和承继关系。《中华人民共和国民法典》(以下简称《民法典》）第1155条规定：“遗产分割时，应当保留胎儿的继承份额。胎儿娩出时是死体的，保留的份额按照法定继承办理。”(来源于《继承法》第28条，其内容没有改变)。可见，有“权利法”之称的《民法典》连胎儿的权利主体地位也是规定等出生才开始拥有。“胎儿”尚且不是法律关系主体，那么，远远在胎儿之后的“后代人”也不宜作为权利主体，其他诸如老虎猴子大熊猫等动物、树木花草等植物，以及山丘石头河流等无机物更不能作为权利主体。

所谓的“环境权的主体包括后代人”的主张，旨在克服人们仅关注局部利益和眼前利益的狭隘性。但是，能够用“人类的长远利益”“整体利益”“集体利益”和“社会利益”这些现有的概念就能解决的问题，何必再去赋予“后代人的主体”资格。“后代人”的利益完全可以包括在我们当代人的长远利益和整体利益之中，用当代人的长远利益、社会利益、国家利益、民族利益和国际社会的共同利益等概念来涵盖。

5. 国际法文件没有承认“非人（人类）”的其他要素的权利主体地位，也没有赋予后代人的环境权利主体地位。

最早关于环境权的国际法文件是1970年在东京召开的“关于环境破坏的东京公害研讨会”所形成的《东京宣言》，以及其后1972年在斯德哥尔摩通过的《人类环境宣言》，这两个国际法文件都没有把环境权的主体范围规定到人类之外。前者中，“当代人传给后代人的遗产应是一种富有自然美的自然资源的权利”是说当代人有保持遗产完美权，强调的是当代人要把遗产保管好，而不是后代人有权要求我们当代人保管遗产；后者中人类“负有保护和改善这一代和将来的世世代代的环境的庄严责任”，指的是当代人类的责任，也没有赋予后代人先于其出生而在今世就享有法律规定的权利。

理论界，一些论著对于“环境权”“环境法益”“生态法益”等概念存在一些似是而非的理解。在此，笔者再次重申：以可持续发展观为核心的现代环境伦理观，只主张现实的人（人的集合）才是法律关系的唯一主体；后代人的利益实际是现世人的长远利益和整体利益，没有必要也不应该赋予后代人以现实的法律关系主体资格；环境要素包括整个地球、太阳系等都不是法律关系的主体，都只是法律关系的客体而已。由此，环境权是人（人的集合）关于开发、利用资源和享受优质环境条件的权利；环境法益的含义是实在法所确立的人（人的集合）关于开发利用资源和享受优质环境的利益；生态法益是实在法所确立的人（人的集合）将整个生态系统作为客体加以统筹的开发利用整个生态资源和享受优质生态环境的权利。相反，非人类中心主义者把环境权理解为“环境要素（如苍蝇、蚊子、臭虫、老虎、猴子、山川、植被、花草、树木等）作为法律关系的主体所享有的权利”，把环境法益界定为“所有环境要素作为权利主体依法所享有的利益”，把生态法益界定为“生态系统的所有要素都可以作为法律关系主体依法所享有的利益”等，都是错误的。法律有别于道德、伦理，在法律、法学视域内人类给予人类之外的其他东西（包括动植物甚至是高等动物等）的地位，应该有别于纯粹的环境伦理的道德关怀。

第二节　对环境权内容争议的评析

一、关于环境权[①]内容的不同观点

这里的讨论仅限于在“承认人（人类）是环境权的唯一主体”这一前提下，对环境权具体内容的不同认识。

多数学者肯定环境权的独立存在意义，并在此基础上阐述环境权的内容。有学者认为，环境权的内容包括环境资源利用权、环境状况知情权、环境事务参与权和环境侵害请求权。[②] 其中，环境权首先是对环境的利用权。[③] 有的认为，环境权的内容包括权利主体对有一定质量水平的环境所享有的生命权、健康权、日照权、通风权、安宁权、清洁空气权、清洁水权、观赏权，以及权利主体对环境资源的开发和利用，其具体化为环境资源权、环境使用权、环境处理权等。[④] 有的主张将环境权分为实体性环境权和程序性环境权。环境权实体性内容包括生命权、阳光权、安宁权、环境资源权、环境使用权、环境处理权等。程序性权利包括环境知情权、环境立法参与权、环境行政执法参与权、环境诉讼参与权等。[⑤]

有的学者否定环境权的独立价值，认为环境权的内容早已纳入了道德和民法、行政法等法律调整范围之内，无需再用环境权重复规定，如环境使用权中的日照权、通风权、安宁权、清洁空气权等完全可以用物权、健康权等传统的权利解决。而对于环境知情权和环境参与权不过是政治权利的具体表现，本质上知情权和参与权不是环境权，因而根本上否定环境权独立存在的意义。[⑥]

---

① 严格意义上，环境权是环境权利和相应义务的集合，二者抽象与具体的关系。不过，本书在同一意义上使用环境权是环境权利这两个概念，而且，为了表述方便，这里以环境权利为线索展开阐述。

② 葛凡菲，张龙.环境保护的法律分析[J].东北财经大学学报，2004(4).

③ 吕忠梅.环境法新视野[M].北京：中国政法大学出版社，2002：133-135.

④ 陈泉生.环境法学基本理论[M].北京：中国环境科学出版社，2004：327-328.

⑤ 徐祥民等.环境权：环境法学的基础研究[M].北京：北京大学出版社，2004：61.

⑥ 徐祥民等.环境权：环境法学的基础研究[M].北京：北京大学出版社，2004：61.

二、评析意见

1. 环境权作为一组权利具有独立存在的价值

（1）学者们企图“以社会关系的性质为主，以法律的调整方法为辅”这一传统的部门法划分标准来解说环境法的部门法地位并对环境权利加以论述。殊不知，这一划分标准不适应说明“新兴的部门法”，诸如环境资源法、军事法、卫生法、体育法以及科技法等部门法的地位。这些新兴的部门法不是按照法律关系内容划分的，而是按照社会生活领域的不同所划分出来的。按照不同的标准，对一国的法律体系（整体）进行不同的划分，就会得出不同的划分结果，而且所划分出的“子项”之间就可能存在内容上的交叉。也正因为如此，环境资源法、军事法、卫生法、体育法以及科技法等部门法，都同时包含传统意义上的民法规范、行政法规范、刑法规范，以及大量的程序法规范。

（2）环境法是按照社会生活领域的标准从一国的法律体系中划分出的独立的部门法。因而，环境法不是与传统的部门法如民商法、刑法、行政法、诉讼法相并列的法律部门，而是与这些传统部门法相交叉。从划分标准上讲，环境法、军事法、国际法、教育法、卫生法、科技法都是按照社会生活领域划分的。传统部门法如民法、行政法等法律规范中规定的环境权的内容完全可以同时属于环境法的一部分。但是，只有环境法才能够更加突出环境的整体性、生态性价值，使得环境的经济属性和生态属性有机统一起来。

（3）法律是统治阶级基于当时所处的社会物质生活条件的意志之产物，环境权有无必要作为“单独的一组权利”予以强调，取决于当时所处社会物质生活条件和统治阶级的主观意志两个方面。首先，工业化社会后期，人类征服自然改造自然的能力大大加强，环境问题日益突出，“以法律手段保护环境”“保护生态平衡”已经成为全人类的共识。统治阶级从整体利益、长远利益出发也无不重视对环境资源的保护。在这样的背景下，将环境权作为独立价值的“一组权利”或者“一类权利”，有必要性和可行性。其次，国际法文件甚至公开宣称环境权是第三代基本人权，表明环境权的独立价值已被国际社会所认可。最后，系统论告诉我们将环境法作为部门法，环境权作为一组权利，有利于发挥法律的整体功能。所以，不能认为某些环境权内容已经为其他部门法所规定，就不再属于环境权家族，也不能把环境权家族拆散，分解到传统“物权”“政治权”等权利之中，因为正是其他权利的设定不足以保护环境，环境权才作为一组权利应运而生。

2. 环境权应该以现行《宪法》《环保法》等法律为依据来界定

（1）环境权属于第三代人权已经获得了国际社会的普遍认可和国际法文件的肯定。环境权作为第三代人权的概念是在第一代、第二代人权概念的基础上，适应当代社会发展，熔社群主义、发展理论与现代化理论等于一炉而提出来的，其理论背景极为复杂和多元，并呈现出一种倡导集体权利的倾向，其主要内容是民族自决权、环境权和发展权。国际法上的权利是缔约国将其转化国内环境权利的依据。

（2）实在法上的权利永远不可能超越当时社会的物质生活条件。与我国当代社会物质生活条件相匹配的决定环境权具体内容的法律依据是《宪法》和《环保法》等法律。

宪法是国家的根本大法。现行《宪法》第26条、第9条第2款、第22条第2款的规定等是环境权的宪法依据。现行宪法虽然没有明确规定“环境权”的字样，但规定了具体的环境权利内容，故成为环境法治的根本法依据。

《环保法》是我国环境资源保护领域的基本法，尽管现行《环保法》没有正式载明“环境权”的字样，稍显遗憾。不过，第1条、第4条、第6条、第7条等规定了与具体的“环境权利”相应之内容，如清洁水权利、清洁空气权利等，水资源、植物资源、动物自然资源等的可持续利用权，以及“环境监督管理权力”等。同时，也规定了权利主体违反该法的“法律责任”，规定了公民、企事业单位、国家机关等主体利用资源、环境保护的诸多权利和义务。这些义务是法律主体必须履行的责任，而主体所享有的权利被环境危害行为侵害时，就可以晋升为环境犯罪的犯罪客体要件——环境法益。可见，《环保法》全面深入贯彻了可持续发展观，其关于环境资源的依法开发利用和对污染防治的规定，相较于过去在深度和广度上都拓展了对人（人类）环境权的保护，对于保证我国环境保护的法治化进程起到了十分重要的作用。

3. 环境权的权利内容

（1）环境权是一组权利的集合。无论实体权利还是程序权利，无论是开发利用环境资源方面的权利还是防止污染环境的权利，无论是自然人的权利还是社会抑或国家等集体主体的权利，都是环境权集合的一分子。换言之，环境权并非一项单一的权利，而是一个内容丰富的权利体系，在实体上则包括污染物依法排放权、对资源的合理开发权和利用权、环境舒适生活权等，在程序上则表现为具体环境权利的确权、行使、流转，以及参与国家环境管理的环境知情权、参与权，以及各种环境诉讼权等。

(2) 不同的权利主体之具体的环境权利内容是有差异的，而且各种具体的环境权利对不同主体之重要性也会依据主体的不同而不同。例如，对公民个人和单位来说，环境权利主要包括环境资源的利用权利、环境侵害的请求权利、环境状况的知情权利等。而对国家（机关）来说，它们的环境权内容，除了前述的权利外，主要是环境资源管理权力（这种管理权力在具体的场合转化为相应公务人员的具体权利）。

(3) 环境权的权利客体。与前述环境权的主体、内容相适应，环境权的权利客体包括：其一，任何环境自然要素，如土地、水、空气、阳光等自然要素可以单独或者组合起来作为环境权的客体，自然界整体可以也应该是环境权的客体。其二，动物、植物、微生物等生物要素是环境权的客体，动物界、植物界、微生物界，以及他们所构成的整个生物界都可以也应该是环境权的权利客体。其三，根据《环保法》，在一定的场合下，自然要素与人文要素组合构成的整个生态系统也可以并应当是环境权的权利客体。例如，“人文遗迹”和“风景名胜区”就不限于自然要素，而是由自然要素与人文要素组合而成的“环境子系统”。其四，着眼将来，一方面，与生产力的发展相适应，人类很可能会发现新的环境要素，从而增加新的环境权的客体材料；另一方面，人类的活动空间范围会进一步扩大，环境权的权利客体范围也将进一步拓展到其他宇宙。总之，环境权的客体是具有财产价值和生态价值的环境要素及其组合。

4. 环境权利具有可计量的特性

环境资源固有财产价值和生态价值两个方面的内容，否定其中的任何一个方面都是不正确的，只是环境资源财产权价值的重要性越来越让位于其生态价值。环境资源的财产价值和生态价值，以及环境资源的客体地位共同决定了环境权的限度性：对环境的开发利用和享受适宜环境生活条件是一对矛盾体。一方面，环境状况的好与坏取决于一定经济政治和文化条件下人们的主观感觉；另一方面，环境的好与坏的评判结论，取决于一定条件下所决定的环境标准。环境标准包括有害物质最高容许浓度标准，噪声、振动、磁场、辐射等有害影响最高容许度标准，自然环境最大容许负荷标准等。① 因此，环境权利具有标准计量的特性。

---

① 王树义.俄罗斯生态法[M].武汉:武汉大学出版社,2001:186.

5. 环境权利具有地区性和动态性

由于各个国家或者民族的社会发展阶段不同，政治、经济和文化条件不同，各国对环境质量的要求也不同，于是，环境权具有地区差别性。同时，原来对环境的质量要求低而后来随着社会的发展对环境质量的要求也逐步有所提高。所以，环境权的具体内容就具有动态发展的特性。由此，具体的环境标准因时因地而异，环境权因而具有相对性和动态发展性。如空气、土壤和粮食、蔬菜等食品所允许含农药残留量、毒物的含量等环境（质量）标准，会因国家（地区）不同而不同，也会因将来的发展而变化。一定农药含量的蔬菜，在发达国家是不符合环境（质量）标准的，而在一些贫穷国家则可能是符合环境（质量）标准的。我国过去经济欠发达，因而环境（质量）标准的要求低，现在对环境（质量）标准的要求也大幅度提高。因此，性质和程度一样的环境危害行为，在不同的国家（地区）、在不同的社会发展阶段，就可能因环境标准的不同而分属于合法、违法、犯罪三种情况。

应该说明的是，上述对环境权的分析是以《环保法》的立法为基础的。但是，基于刑法的谦抑性，并非任何侵害所有主体的环境权行为、任何侵害所有环境权类型的行为都应该规定为犯罪，因为环境犯罪是严重危害了纳入国家整体环境法律秩序、作为犯罪客体要件的环境权的行为。纳入刑法保护的环境权利其外延应该小于《环保法》中的环境权利，是纳入国家整体法律秩序的那些重要的、基础性的环境权利，或者环境权利遭到严重危害的情形。

第三节　环境权理论对于环境犯罪立法完善的意义

一、环境权理论是环境犯罪构成理论的重要内容

环境犯罪是一类新型的犯罪，环境权理论很好地回答了这一类犯罪的特质。犯罪客体要件是国家整体法律秩序的有机组成部分，其作为犯罪构成四要件的首要要件，是犯罪论研究的重要内容。刑法理论通说认为，犯罪客体要件在我国的犯罪构成系统之中是第一要件，其他三个要件只是说明犯罪客体要件由谁在什么样的心态支配下被什么样的行为所侵害的。所以，环境权理论有助于环境犯罪构成理论的系统化和科学化发展。

认识到环境犯罪犯罪客体是以环境权利为核心的国家整体法律秩序，有助于正确地认识和把握环境犯罪的社会危害性。这对于环境犯罪的罪状设置和法定刑配置，以及环境刑法罪刑规范的理解和适用，都有极为关键的意义。例如，通常我们看到或者最先感觉到的是林木的经济价值，其实，林木的经济价值只是其全部价值的很小一部分，林木的调节空气湿度，光合作用和释放氧气等生态平衡价值才是主要的。

二、环境法益理论有助于推进环境刑法保护的合理化

科学设计环境犯罪的成立条件，在立法阶段，对于环境犯罪构成要件的遴选和法定刑配置具有指导意义；在立法之后的法律适用阶段，对于环境犯罪成立条件的解释具有指导意义。

环境权犯罪客体要件地位的确立，具体权利内涵与外延的廓清，有助于明确环境犯罪的立法目的。保护由环境权利义务关系所网结而成的国家整体环境法律秩序是设立环境犯罪的立法目的。由此出发来设计环境犯罪的犯罪构成要件，就不至于把环境犯罪的入罪门槛定位为对传统法益如生命权、健康权或者重大财产权等的侵害。基于环境权益理论，具体的环境犯罪之构成条件的设立就会以环境权益是否被危害以及被危害的程度，或者环境义务违反与否及其程度为重要标准来界定犯罪与否，以及构成何罪。基于环境权理论，我们就有理由把环境犯罪作为一类犯罪单列于刑法分则之中，并且把散在的环境犯罪调整到“环境犯罪”专章之中，例如把“走私废物罪”从“破坏社会主义市场秩序罪”一章拿出来放在“环境犯罪”一章中。正是现行的环境犯罪立法，无论是我国还是外国，从总体上（至少说在一定程度上存在着）没有以环境权益为环境犯罪客体要件来设计，其结果导致环境犯罪没有作为一类犯罪并得到应有重视、对具体犯罪的归类不正确、具体的环境犯罪成立条件立法设定的不规范不合理等诸多弊端。在犯罪构成条件的设置方面之外，在法定刑的设置方面，不同的环境权益内容也是决定环境犯罪之罪轻罪重的重要因素。例如，盗伐、滥伐“位于国家级自然保护区内的森林或者林木资源”，比盗伐、滥伐其他的“一般林木资源”，其侵害环境权中的环境权主体所享有的生物多样性的权益更加显著，故我国刑法明确规定对前者的盗伐、滥伐要从重处罚。

第四章　犯罪构成要件理论革新与环境犯罪的犯罪构成

在刑事古典学派看来，犯罪是基于行为人绝对的意志自由的危害社会的行为，其不足是过于理想地把所有人都标准化为理性人，从而将其理论建构在不可能存在的绝对意志自由论和片面化犯罪原因观之上。刑事实证学派则走向另一极端：彻底否定行为人的意志自由，把犯罪原因归结为生物因素（基因变异）或者自然因素或者社会因素，进而把犯罪行为的实质归结为行为人的社会危险性。由于迄今为止的科学技术都不可能计量出一个人的社会危险性程度，因而该理论的不足也是致命的。后期古典学派在坚持刑事古典学派基本立场的同时汲取刑事实证学派的合理见解，主张相对的意志自由并且承认多个因素合力促成犯罪行为，其对犯罪原因的把握既有主次之分又全面周到，科学地把握了犯罪的本质，所推导出的对犯罪的刑事制裁（刑罚和保安处分）具有合理性和可行性，因而为包括我国在内的当代各国刑法所奉行。鉴于此，本章以犯罪的内涵包括行为人的主观恶性、客观危害以及行为人的社会危险人格[①]为逻辑起点，讨论犯罪成立条件的科学化问题。

第一节　犯罪构成要件理论革新

鉴于犯罪的内涵包括行为人的主观恶性、客观危害以及行为人的社会

① 这实际上就坚持了人格行为理论和人格责任理论，即不仅在量刑上而且在犯罪论体系上都坚持行为的第一性、人格的第二性。

危险性格[①]，那么，犯罪的成立条件首先是对传统的四要件的立体化改造。在此基础上，增加一个衡量行为人危险人格的指标体系（简称“危险人格阶层”）。

一、成立犯罪的行为阶层

这里的“行为阶层”是指现代刑法学派立场下的犯罪成立条件，其主要内容就是犯罪构成“四要件”。当然鉴于传统的犯罪构成四要件存在一些不足，故需要进行立体化的修正。

当前，我国的犯罪论体系之争是传统的犯罪构成四要件体系与德日的阶层体系之争。因此，完善我国的犯罪成立条件体系有两条路径，即移植德日阶层模式或者改良传统的四要件。鉴于从来没有十全十美的理论体系，将来也不会有没有任何缺陷的犯罪论体系，所以任何犯罪论体系都面临不断被实践检验、不断发展完善的命运。无论是德日的阶层理论还是犯罪构成四要件理论，概莫能外，并且，体系完善需要从宏观和微观视角对这种挑战加以回应。详言之，包括：（1）宏观上，如果主张移植德日模式，则需要进一步改进德日阶层体系不适合当代刑法学派理念的地方，弥补其在方法论上过分肢解犯罪成立条件之要素的缺陷；如果坚持犯罪构成四要件，那么，就需要坚信犯罪构成四要件体系在契合当代刑法基本观念的优越性和系统论的方法论合理性，并且进一步加以完善，尤其需要回答应否否定犯罪客体、行为人危险人格的地位以及各个要件的排序怎样等问题。（2）微观上，如果坚持移植德日的阶层体系，则需要对德日阶层体系为适合中国现行刑法的立法特点进行必要的改造；如果持改良犯罪构成四要件论，则需要对各个要件所包含的要素及其内容进行必要的修正。应该说，无论是移植德日论还是改良犯罪构成论，其面临的任务都不是一蹴而就的。就可行性和经济性而言，对传统犯罪构成四要件的修正和完善是未来中国犯罪论体系科学化的最佳路经选择。因为移植德日阶层体系还有大量的基础性工作要做，需要长期的知识普及，尤其是需要我国刑法的大幅度修改，但修改刑法仅靠刑法理论是难以完成的任务。

具体就传统犯罪构成四要件的修正和完善而言，宏观上主要涉及要不要否定犯罪客体和犯罪主体要件的地位、犯罪客体与法益说的关系处理、各个要件的排序以及是否增加行为人危险人格子系统等问题；微观上包括

① 严格意义上，行为人所具有的“社会危险性”、行为人的“社会危险性格”和行为人的“社会危险人格”是有差别的，但是它们又是具有联系的：危险性是一个点；危险性格是危险性的集合；危险人格又是危险性格反复实践、反复定型的结果。

对各个要件所包含的要素及其内容的具体修正和改造，其实质是对传统犯罪构成四要件系统各个组成要素进行立体化修正，即从形式和内容、质和量、纵向与横向、静态与动态等维度“加宽加厚加高”，进行立体化地充实和完善[①]，形成立体化的犯罪客体要件、犯罪客观要件、犯罪主体要件、犯罪主观要件，统合起来简称行为阶层。鉴于当代刑法学派站在后期旧派的立场上也汲取了刑事新派的合理成分，因此，在犯罪论体系上也同时注意考察行为人的社会危险性格。由此，犯罪的成立条件包括两个阶层：行为阶层和行为人阶层。以下依次讨论对行为阶层四个要件的立体化改造。

（一）关于犯罪客体要件的立体化修正

1. 犯罪客体要件理论的不足

我国传统刑法理论认为，“犯罪客体是指刑法所保护而为犯罪行为所侵害的社会关系”[②]。犯罪客体是犯罪行为具有社会危害性的集中体现，是犯罪构成的必要要件。任何一种行为，如果没有或者根本不可能侵害刑法所保护的社会关系，就不能构成犯罪。因此，任何一种犯罪都必然要侵害一定的客体，不侵害客体的行为就不具备社会危害性，就当然不构成犯罪。并且，某种具体的犯罪客体在社会中越重要，则侵害其的犯罪行为的社会危害性就越严重，该犯罪行为就相对越构成重罪，处罚就相对越重。因此，犯罪客体是决定犯罪的社会危害性质及其社会危害性严重程度的重要标准。

上述观点受到了尖锐的批评：这样的客体要件定义，一开始就给人一种无边无沿、无法把握的感觉，不具有为犯罪的认定提供标准和规格的功能。[③] 这种批评是有一定道理的。传统刑法理论关于犯罪客体要件理论最大的不足是把社会关系的“载体”剥离去而作为独立的“犯罪对象”，于是犯罪客体仅仅剩下抽象的“社会关系”。这样就导致两个缺陷：一是没有内容的社会关系太抽象、太空洞，故客体要件难以为认定犯罪提供可操

---

① 关于传统犯罪构成四要件的“平面的”称谓，据我们考察，最早是日本学者大冢仁教授提出来的。见大冢仁.犯罪论的基本问题[M].冯军，译，北京：中国政法大学出版社，1993：5；又见大冢仁.刑法概说（总论）[M].冯军，译，北京：中国人民大学出版社，2003：107.我国学者只是不加分析地接受了这一提法。我们认为，对中国犯罪构成四要件模式一知半解的日本学者的这一概括并不正确。如果硬要武断地说中国的犯罪构成四要件是“平面的”，那么只具定性而不能定量的功能的德日阶层模式，充其量来说是“线性的”。由此，即使犯罪构成四要件是平面的，德日阶层模式是线性的，从点、线、面的关系看，“平面”是“线”的集合，由此平面模式是线性模式的“升级版”。

② 高铭暄，马克昌.刑法学[M].北京：高等教育出版社，2016：53.

③ 杨兴培.犯罪客体：一个巨大而空洞的价值符号[J]陈兴良.中国刑事法杂志，2006(6)：3.

作性的标准，因为没有载体的抽象的“社会关系”充其量只能决定危害行为的社会危害性质，而不能决定危害行为的社会危害性量之限度。但是，刑法第13条“但书”又恰恰要求犯罪是“严重的”危害社会的行为。所以，这样的犯罪客体理论难以与我国刑法规定的具体犯罪相适应。二是将“社会关系的载体”，即犯罪对象独立化、现象化。所谓独立化，即传统理论主张将“社会关系的存在形式”离析出来称之为“犯罪对象”，并将其理论地位归属于犯罪客观方面，只是为论述的方便，才提至“犯罪客体论”部分，其结局是在论述犯罪客体之后，紧接着轻描淡写地叙述一下“犯罪对象”。所谓现象化，即传统理论主张“犯罪对象”是犯罪客体要件的现象形态。由此势必削弱了犯罪对象的地位，将其视为可有可无的东西，甚至导致“并非所有犯罪都有犯罪对象”[①]这一令人难以信服的怪论。

2. 对犯罪客体要件的立体化修正建议

把犯罪对象还原到社会关系之中，“实化”犯罪客体要件，使犯罪客体要件真正同时具有质和量两个维度的特性。犯罪对象是刑法所保护的社会关系的存在形式，犯罪对象与该社会关系合在一起构成新的犯罪客体——刑法所保护的社会关系与犯罪对象是同一事物的实质和表现形式的辩证统一。[②]笔者赞成这种见解。将“犯罪对象”（即社会关系的载体）还原到社会关系中，即“立体化的犯罪客体要件＝刑法保护的社会关系＋犯罪对象”。“纳入刑法保护范围的社会关系”与其存在形式“社会关系的载体“合并在一起，实现了内容与形式的统一。在这里，“社会关系的载体”就是特定权利义务关系的载体，这种权利义务关系与犯罪对象是“内容与形式”的关系，而不再是“本体与现象”的关系。这一改造的好处有如下三个方面。

（1）“社会关系存在形式”（即社会关系载体）的地位就无可争议地成为犯罪客体要件的一部分，而不会再被强行地剥离出来作为客观要件的一部分内容，因而这种意义上的“犯罪对象”处于必要要素的地位。例如，就伪造假币罪而言，该罪所侵害的社会关系载体是真币而不是假币，假币是行为对象，在该罪中是真币的现象形态，这比传统刑法理论含糊地把假币作为“对象”（究竟是行为对象还是犯罪对象含糊不清）深刻得多。这里的社会关系的载体也不是片面的、孤立的观察的结果了，而是辩证的、

---

① 高铭暄，马克昌.刑法学［M］.北京：高等教育出版社，2016：60.

② 陈忠林.论犯罪构成各要件的实质及辩证关系［C］.刑事法评论：第6卷.北京：中国政法大学出版社，2000.342-345.

系统的观察的结果。与传统刑法理论关于“存在库房中的电话线与通讯线路中的电话线是相同的”的见解不同，按照“立体化的犯罪客体”说，“存在库房中的电话线”作为财物而体现所有权，“通讯线路中的电话线”作为通讯电路系统的有机组成部分而承载着通讯安全，二者迥然不同。

（2）任何犯罪的客体要件，都是社会关系及其载体的统一。传统刑法理论承认有的犯罪没有犯罪对象。① “实际上，对于某些行为来说，就是不存在其作用的对象。根本没有必要硬给安上一个对象。”② “正如在语言学上存在及物动词和不及物动词，行为也相应地存在及物行为和不及物行为。当不及物行为被刑法规定为犯罪时，当然就不存在行为客体。”③

现实中，没有载体的纯粹抽象的社会关系是不可想象的，社会关系不可能脱离其载体而存在，危害行为只有通过该载体才可能引起社会关系的变化。任何犯罪都是通过社会关系的载体而侵害社会关系的。假若一个危害行为作用于真空而依法构成犯罪，即使这样，该危害行为所作用的“真空”也依然是犯罪对象。所以，传统刑法理论的“有些犯罪没有犯罪对象”观点难以成立。

（3）这一立体化改造克服了原来的“社会关系”之空洞和抽象，以及只能定性而不能定量的不足，使犯罪客体彻底地实体化。犯罪客体不只是可意会的理性思维的产物（抽象的社会关系），而且在具体的案件中还是看得见、摸得着、可测量的客观存在物。例如，对于侵犯财产犯罪的一般客体要件，可表述为“财物的所有权”；在具体的盗窃案件中，其犯罪客体可以表述为“某个海信电冰箱的所有权”“某一条金项链的所有权”等。这样，犯罪客体要件由于其形式与内容的统一而成为可计量、可测定的具体物，从此告别了空洞和抽象。

总之，把社会关系的载体（即现行理论中的犯罪对象）还原到社会关系中，立体化的犯罪客体是刑法保护的而为犯罪行为所侵害或者威胁的社会关系及其载体的统一。

（二）关于犯罪客观要件的立体化修正

1. 犯罪客观要件理论的不足

我国传统刑法理论关于客观要件的基本观点有：（1）犯罪客观方面，是指刑法规定的、说明行为对刑法所保护的社会关系造成侵害性的客观外在特征。犯罪客观方面的要件包括危害行为、危害结果、以及行为的时

① 高铭暄.新编中国刑法学(上册)[M].北京：中国人民大学出版社，1998：103.
② 陈兴良.刑法哲学[M].北京：中国政法大学出版社，2000.72.
③ 陈兴良.本体刑法学[M].北京：商务印书馆，2001：268.

间、地点、方法（手段）、对象。（2）危害行为是犯罪客观方面的必要要件，是指由行为人心理活动所支配的危害社会的身体动静。（3）行为对象即犯罪对象，虽然属于犯罪的客观方面的范畴，但是由于其与犯罪客体的关系密切，理论上为了论述方便，一般将其置于犯罪客体要件的内容中加以论述。（4）刑法因果关系只是危害行为与危害结果之间的关系，并不是犯罪客观方面的一个要件。

上述观点的不足之处：首先，把客观方面和客观要件两个概念混用，是不妥当的。“客观方面”是“客观要件”的上位概念。客观方面的内容未必都是犯罪成立的“客观要件”，客观要件只是犯罪成立所必不可缺少的“客观方面”之要件。鉴于客观要件又包括若干客观要素，故应该精确地区分不同场合而使用“客观方面”“客观要件”和“客观要素”三个不同的术语。其次，就客观要素的界定而言，还存在三个主要不足：（1）关于危害行为的界定没有“利用犯罪工具”的内容，也没有“量度”的限定，因为中国刑法要求危害行为必须具有一定的强度；（2）否定刑法因果关系的选择要件地位；（3）关于行为对象与犯罪对象的关系定位不正确。

2. 对客观要件的立体化修正建议

（1）对危害行为内涵之修正建议。应当把刑法的危害行为修正为：在行为人的意识和意志支配下利用犯罪工具，实施触犯刑法的危害社会的具有一定强度的身体动或静。这一界定与传统理论相比，有两个特点。

第一，强调了行为人对犯罪工具的利用。按照马克思关于劳动的观点，人类劳动是从制造工具开始的。人与动物最为实质的区别在于，人具有主观能动性，可以制造和利用工具进行劳动。劳动工具是人们在生产过程中用来直接对劳动对象进行加工的物件。制造和使用生产工具是人区别于其他动物的实质性标志，是人类劳动过程独有的特征。随着社会的发展和科学技术的进步，尤其是当今社会，任何劳动在许多场合越来越要借助于劳动工具来进行，并且劳动工具也越来越复杂、愈来愈高级。犯罪也是一种劳动，只不过是一种“负价值”的劳动。在高科技时代，现实社会中行为人“赤手空拳”实施犯罪的案件十分罕见，而借助于犯罪工具尤其是高科技犯罪工具实施的犯罪案件却相当普遍。因而，关于危害行为的定义必须强调犯罪工具。

第二，必须对危害行为的量的限度加以强调。目前世界范围内，无论中外，主流的刑法理论对危害行为的定义都没有进行“量”的限定。这在德日国家不是问题，因为德日刑法关于犯罪的规定只定性不定量。但是，在中国的立法框架之下这却是严重的缺陷。因为根据我国刑法第 13 条

"但书"的规定，犯罪是具有"严重的"社会危害性的行为，其危害性既取决于危害行为的性质，同时也取决于危害行为的强度，二者缺一不可。所以，在界定危害行为时必须也应该对其量的限定有所描述，而绝对不能忽视。以刑法的伤害行为为例，从性质上看，伤害行为必须是不利于身体健康的行为。但是，仅有性质的限定还不够，还必须是"达到了可以致轻伤以上"量度的行为。如果一个伤害行为从致害性的强度上看，仅可致轻微伤，那么，该行为就只属于民事侵权行为和违反治安处罚法的行政违法行为，而不是刑法意义上的伤害行为。

(2) 对刑法因果关系理论之修正建议。刑法因果关系理论主要包括三方面的内容：刑法因果关系的地位问题、刑法因果关系的范围问题（即是否包含偶然因果关系）、刑法因果关系的判断标准。

第一，刑法因果关系的地位。我国传统刑法理论在这一问题上存在着观点的前后变化，目前的态度可以说是模棱两可。最早，只承认必然因果关系才是刑法上的因果关系，认为只有当具有结果发生的实在可能性的某一现象已经合乎规律地引起某一结果的发生时才能确定某一现象与所发生的结果之间具有因果关系。之后，又不得不承认偶然因果关系的选择要件地位，即如果某一现象虽然有发生结果的实在可能性，但在其发展过程中，偶然地与另一个因果性锁链联系在一起，以致由另一现象合乎规律地产生这一结果，那么，前一现象和所发生的结果之间也有刑法偶然因果关系，由此必然因果关系和偶然因果关系都可以是某些犯罪的选择要件。到目前为止，传统刑法理论关于刑法因果关系地位的认识前后矛盾：一方面认为，"刑法因果关系只是危害行为与危害结果之间的关系，并不是犯罪客观方面的一个要件"；另一方面又说，"当危害结果发生时，要使对该结果负责任，就必须查明他所实施的危害行为与该结果之间具有因果关系。这种因果关系，是在危害结果发生时使行为人负责任的必要条件"。"除必然因果关系外，偶然因果关系有时对定罪与否有一定的影响。"[①] 前面说不是，后面又说是，前后矛盾。那么，到底刑法因果关系是不是选择要件呢？

我们认为，刑法因果关系应当是某些犯罪的犯罪客观要件的一个选择要素。首先，在行为犯（举动犯）场合，以实行行为的完成为犯罪既遂，因而这类犯罪成立和既遂的认定都不涉及因果关系问题（当然在结果加重犯的场合仍然涉及刑法上的因果关系问题）。这里的"不涉及因果关系"，

① 高铭暄，马克昌.刑法学[M].北京：高等教育出版社，2016：62，77，80.

不是从存在论角度断言“这些犯罪案件中一概不存在因果关系”，而是从规范意义上（价值论角度）来说，对于这些犯罪的成立与既遂而言，“不需要考察危害行为与危害结果之间的因果关系（即不需要认定因果关系），即因果关系不是犯罪构成要件的要素”。其次，对于过失犯罪、以法定危害结果为既遂条件的犯罪，则需要考察实行行为与特定的法定结果之间是否存在刑法因果关系，特定危害行为是否属于实行行为离不开对刑法因果关系的分析。由此，刑法的因果关系不是所有犯罪客观要件的必要要素，只是部分犯罪（如过失犯罪、故意的结果犯）成立与否的选择要素。

笔者就刑法因果关系的地位问题多次请教资深的刑法学者陈忠林教授，他认为，在任何犯罪中刑法上的因果关系都不是构成要素。其主要理由是刑法上研究因果关系主要是为了解决已经发生的危害结果是由谁的行为造成，因果关系是为认定行为与结果服务的，一旦认定了危害行为与危害结果，因果关系的使命就已完成，其本身便不再起作用。该观点之不足的关键在于没有正确认识存在论与规范论的不同立场。一是仅仅把刑法上的因果关系等同于事实的因果关系，没有注意到刑法因果关系的规范性特点。其实，规范属性才是刑法因果关系的个性之核心内容。因为刑法上的因果关系尽管是以事实的因果关系为基础，却是对事实的因果关系之规范论视角下的价值选择。这种价值选择突出体现在立法者为了维护一定的法律秩序，督促特定的群体履行其义务、强化其职责，不仅把必然的因果关系、直接的因果关系作为刑法的因果关系，而且也把一些偶然的因果联系、间接的因果联系纳入刑法的调整范围，如渎职罪的因果关系便是间接因果关系，渎职行为与法定的危害结果之间往往是偶然因果关系。鉴于国家机关工作人员的职责事关社会和国家的稳定、安全和效率等，所以，对于国家机关工作人员渎职行为偶然导致的危害结果和渎职行为间接导致的危害结果，在情节严重时，从维护国家整体法律秩序的立场出发，视其必要性有选择地将其作为刑法上的因果关系（除了必然的因果关系和直接的因果关系之外）。二是刑法因果关系，不仅在定罪环节，而且在量刑环节，都有价值。后者如故意伤害罪的结果加重情况，必须考察伤害行为与加重结果之间是否存刑法上的因果关系。只有将刑法因果关系作为独立的要素，才能完成其定罪与量刑的使命。现实的情况是，即使否定刑法因果关系之学者的论著也都无一例外地大篇幅阐述刑法因果关系理论。在司法实践中，对于需要考察因果关系的案件，司法人员都单独地分析危害行为与危害结果之间因果关系的存在情况，无论是定罪环节还是量刑环节，概莫能外。既然如此，与其“有实无名”不给予刑法因果关系之客观要件的选择要素地位，毋宁开诚布公地承认其选择要素之地位，以使其“有名有实”，名正言顺。

第二，刑法因果关系的外延。这涉及偶然因果关系和间接因果关系的地位问题。由于间接因果关系的地位争议不大，所以关键是偶然因果关系是否属于刑法因果关系问题。传统刑法理论借鉴苏联的理论，把因果关系划分为必然因果关系和偶然因果关系。从实践看，因果关系一般表现为两种现象之间有着内在的、必然的、合乎规律的引起与被引起的联系。这是刑法因果关系基本的和主要的表现形式。通常也只有这样的因果关系，才能令人对其行为引起的结果负责任。但是，自然和社会现象是十分复杂的，因果关系的表现也不例外，某种行为本身不包含产生某种危害结果的必然性（内在根据），但是在其发展过程中，偶然又有其他原因介入，即偶然地同另一原因的展开过程相交错，由后来介入的这一原因合乎规律地引起了这种危害结果。这种情况下，先行行为与最终之危害结果之间的偶然联系，即称为偶然因果关系。“偶然因果关系通常对量刑具有一定的意义，有时对定罪也有影响。”①

上述观点有以下几点不足：首先，传统理论关于必然因果关系和偶然因果关系划分的最大误导是弱化了偶然因果关系的地位，以至于 20 世纪后二十多年中国刑法学界不得不花了很大的精力来论证偶然因果关系的地位问题。之后，随着学界对刑法因果关系理论认识的加深，传统理论在这一问题上的态度也有所变化：从最初只承认必然因果关系才是刑法上的因果关系，到有限承认偶然因果关系的客观要件要素之地位，再到目前的自相矛盾。其次，传统刑法理论关于因果关系理论的错误还在于误导人们将必然性等同于现实性，将偶然性与可能性相等同。但是，在哲学上，必然性与偶然性是一对范畴，统一于可能性范畴之下，或者说可能性包括必然可能性和偶然可能性。所以，不能把必然性与现实性相等同。刑法因果关系的认定，是在发生危害结果的场合由果溯因，因此，现实中刑法因果关系都是客观必然性的现实化存在物或者基于可能性而转化为现实化存在物。有所区别的只是在由行为到结果的因果关系展开过程之中，其可能性因不同的情况而有着差异：属于必然性的因果关系，其向现实转化的可能性极大；属于偶然性因果关系的，其可能性较小。但是，一旦一个危害行为产生了危害结果，那么，该行为导致该结果出现的可能性，无论是必然可能还是偶然可能，都已转化成了“现实性”的东西。所以，只要明确承

① 高铭暄，马克昌．刑法学[M]．北京：高等教育出版社，2016：80．

认因果关系的选择要素地位（刑法因果关系具有法定性），就应当同时肯定偶然因果关系与必然因果关系一样，都是客观要件的选择要素。

当然，必然因果关系和偶然因果关系的分类还是有意义的，因为在偶然因果关系的场合，行为产生危害结果的概率小，行为人明知是这样的概率小的危害行为而去实施，最终导致结果的发生，与行为人认为必然可能而实施从而产生危害结果的情况相比，是存在较大差别的。必然因果关系和偶然因果关系可以印证行为人罪过的主观认识和意志的清晰和强弱程度，因而这种划分对于定罪及其之后的量刑都有一定的意义。

第三，刑法因果关系的认定标准。传统刑法理论基于必然因果关系和偶然因果关系的分类，把因果关系的认定引向歧途——把必然性等同于现实性，只把偶然性等同于可能性。正确的做法是，对刑法因果关系的认定分两步进行，分别采用条件说和相当因果关系说。

第一步采用条件说，判断事实之间是否存在条件关系（存在论的判断）。条件说也称等价条件说，不区分原因与条件，只要存在“没有前者便没有后者”的关系，就认为是具有因果关系。就事实因果关系而言，应采用条件说“没有前者便没有后者”的规则来判断是否存在事实的条件关系，以划定事实因果关系的范围。刑法因果关系必须以哲学上的因果关系为基础，以事实因果关系为判断对象，而不能脱离哲学一般因果关系理论的指导。刑法上的因果关系在逻辑上应该属于哲学上因果关系的范畴，离开了这一大的前提，刑法上的因果关系便没有了“类”的归属。但是，也有学者认为，“实际上，刑法因果关系也根本不是哲学因果关系的具体运用，刑法因果关系的定型性、规范性，都是作为一门规范学科的刑法学所独有的。更为极端地说，刑法因果关系这个概念本身就是应当否定的：不是因果关系，而是条件关系”①。该论者过分强调刑法因果关系的特殊性以至于脱离了因果关系的共性。对此，我们不敢苟同。哲学因果关系与刑法因果关系是共性与个性的关系，一方面，刑法因果关系受哲学因果关系理论的指导，刑法因果关系不可能脱离哲学的因果关系的范畴；另一方面，刑法因果关系也不能没有个性，其个性就是其作用的单向性、定型性、规范性。任何割裂共性与个性的片面观点都是不可取的。

第二步，在存在条件关系的基础上，再进行价值论的判断。依照法律规定，基于经验法则，对事实因果关系进行价值判断，进一步考察事实因果关系是否符合具体犯罪构成中要求的刑法因果关系。在这里，采用相当

① 陈兴良.刑法因果关系：从哲学回归刑法学——一个学说史的考察[J].法学，2009(7)：22.

因果关系说审查事实因果关系是否符合具体犯罪构成中要求的刑法因果关系。首先，相当因果关系说是原因说的一种。原因说旨在克服条件说的不足，从众多的条件中遴选出原因，以确定原因与结果之间的因果关系。按照遴选原因的标准不同，又有最终条件说、最有力条件说、决定条件说以及相当因果关系说等，不一而足。其中，相当因果关系说具有一定的抽象性，能够保持较广的适应性，故比起其他原因说更为大家所接受，影响较大，由此也导致了此说在立论时往往独立于原因说之外，单独论述。其实，相当因果关系说的优点，同时也是该说的缺点——危害行为与危害结果之间的相当性究竟怎样判断成为难题。对此，德国的客观归责理论为“相当性”的判断作出了理论贡献。罗克辛教授倡导的客观归责理论的内容：一是行为制造了不被规范允许的危险；二是这种危险已经实现（即产生了危害结果）；三是该危害结果属于某一犯罪的法定危害结果（即该危害结果没有超出构成要件的保护范围）。① 客观归责理论在德国意义重大，因为德国刑法对行为的强度要求低，因此危害行为与实行行为的区别不严格，但是导致了处罚范围的扩大，不符合刑法的谦抑性。所以实践中需要通过一定的度量把轻微的危害行为过滤出去。怎么过滤出去呢？在行为制造了不被规范允许的危险的情况下，进一步考察该危害结果属于某一犯罪的法定危害结果（即该危害结果没有超出构成要件的保护范围），亦即对危害行为加以限定，使之与法定的危害结果具有逻辑相当性、等价性。这样便把特定的危害行为与特定的结果之间根据法律规范（立法者的价值规则）的要求建立了刑法意义上的因果关系。

对于该理论，国内有的学者不赞成并批评说，客观归责理论将实行行为概念形式化，试图弱化甚至消灭传统因果关系论的影响力，将因果关系降为纯粹自然的联系，放弃对行为和后果之间的相当性判断，因而也有不合理之处。如果对实行行为作实质评价，对因果关系不是仅仅从存在论的意义上，还从论理的意义上进行理解，对相当性是否存在作审慎判断，就基本上可以得出不需要客观归责理论的结论。② 我们认为，客观归责理论是在条件说的基础上为相当因果关系中“相当性”的判断提供了一个可操作的规则，从规范角度，从是否属于“不被规范允许”的危险，从该危害结果是否属于某一犯罪的法定危害结果等方面考察，这一理论具有价值衡量的因素，并非纯粹的自然联系之判断，是在事实判断的基础上进一步作价值判断，因而是可取的。鉴于中国刑法对“危害行为的强度和危害结果

① 许玉秀.主观与客观之间——主观理论与客观归责[M].北京:法律出版社,2008:243.

② 周光权.刑法中的因果关系和客观归责论[J].江海学刊,2005(3):119.

的量度”都有明文的要求，客观归责理论拿来为我所用，是可以的。不过，客观归责理论也只是一种新的“相当因果关系理论”而已，故也不宜将其神化。

(3) 行为对象与犯罪对象关系之厘定。关于行为对象与犯罪对象的关系，刑法学界有不同的观点：第一，传统刑法理论关于“犯罪对象是指刑法分则条文规定的犯罪行为所作用的客观存在的具体人或者具体物”的界定，表明其对犯罪对象和行为对象是不加区分的。① 有的学者也认为，应该把传统刑法理论中“犯罪对象”改称为“行为对象”，即犯罪主体的犯罪行为所侵犯或直接指向的具体人、物或者信息，在体系地位上行为对象是界定行为所需要的要素。② 该论者也认为行为对象也即犯罪对象。第二，主张严格区分行为对象与犯罪对象，将行为对象归属于犯罪客观方面，将犯罪对象作为犯罪客体要件的组成部分。例如，有学者主张，犯罪对象是社会关系的载体，行为对象是界定构成要件行为所要求的，行为所直接指向的是具体人或者具体物，并认为任何犯罪都有犯罪对象，而行为对象则不然。犯罪客体与犯罪对象之间的关系是本质与现象之间的关系，行为对象和犯罪对象之间的关系是“同出一源，内 容上重合”③。

我们赞同这种严格区分犯罪对象与行为对象的观点，但是，既然认为犯罪对象与行为对象之间的关系是事物与其现象的关系，就不应认为二者是同一的关系。因此，本书主张“犯罪客体要件＝社会关系＋犯罪对象(社会关系的载体)”。行为对象是指危害行为直接作用或者影响的人或者物，由于社会关系与其载体（犯罪对象）是内容与形式的关系，这里的社会关系的载体（即传统理论所谓的犯罪对象）是作为刑法保护的社会关系存在形式的客观事物；行为对象则是界定构成要件行为所要求的，行为直接指向的具体的人或物。可见，行为对象是作为社会关系之载体的犯罪对象的“现象形态”。行为对象与犯罪对象二者的内容并非完全重合。根据哲学上的本体与现象的辩证关系，行为对象与犯罪对象的关系不外乎以下三种情形：其一，二者往往是一致的，如在犯“盗窃罪”情况下，被害人张三的电视机既是财物所有权的载体也是盗窃行为直接指向的行为对象。其二，二者有时是整体与部分的关系，比如“通信电路系统或者电力设备系统”与该系统的组成部分的“电线”。因为“作为通信电路或者电力设备一部分的电线”（即行为对象）首要地应当被评价为公共通信安全或者

① 贾宇.刑法学(马工程教材)[M].北京：高等教育出版社，2019：100.

② 何秉松.刑法学教科书(上卷)[M].北京：中国法制出版社，2000：352.

③ 李洁.犯罪对象研究[M].北京：中国政法大学出版社，1998：17.

公共电力输送安全的“载体系统”的有机组成部分，即“破坏广播电视设施、公用电信设施罪”或者“破坏电力设备罪”之犯罪客体的一部分，而不是像“库房中的电线”那样首要地被评价为“一种财物”。由此，“库房中的电线”和“通信电路或者电力设备中的电线”是不同的。其三，行为对象是对犯罪对象的歪曲反映，如“伪造货币罪”的假币是行为对象，真币才是货币管理关系的载体，假币作为行为对象是对真币的歪曲反映。

（三）关于犯罪主体要件的立体化修正

1. 犯罪主体要件理论的不足

（1）传统刑法理论认为，“犯罪主体，是指实施犯罪并且承担刑事责任的人。根据刑法规定，只有达到一定年龄，并且具有刑事责任能力的自然人，才能成为犯罪主体。”“责任年龄和责任能力是犯罪主体的必要条件，犯罪主体是犯罪构成的一个重要方面，任何犯罪都有主体，也即任何犯罪都有实施犯罪的人和刑事责任承担者。没有犯罪主体就不存在犯罪，更不会发生刑事责任问题。”[①] 在对具体的犯罪的主体要件进行表述时，总是把刑事责任年龄与刑事责任能力相并列，例如在阐述间谍罪的主体要件时说：“间谍罪是一般主体，凡是已满16周岁具有刑事责任能力的人都能成为本罪的主体。”[②] 上述表述中，不恰当的地方有二：第一，混淆了犯罪主体和犯罪主体要件。犯罪主体，作为一个整体不是犯罪构成的一个要件，而犯罪主体要件是四要件之一。在一个行为被判定为犯罪之后，行为的实施者（即“行为人”）才转化为犯罪主体，而不是先确定犯罪主体，再去认定犯罪行为成立。所以，犯罪主体与犯罪主体要件的概念不应混淆。第二，对于刑事责任能力与刑事责任年龄的关系定位不准确。在我国，刑事责任能力就是指行为人在刑法意义上对自己的行为及其所产生的后果的社会性质和意义的认识能力和控制能力。刑事责任能力是上位概念，影响刑事责任的要素包括年龄因素、精神状况、重大器官的功能情况等。所以，“已满16周岁具有刑事责任能力的人”的表述不恰当。

（2）关于犯罪主体要件在犯罪构成中位序的争论。犯罪主体要件在犯罪构成中的位序，直接关系到其与犯罪主观要件的关系。除了通说将其作为第三要件排在客观要件之后、主观要件之前外，我国刑法学界一些学者还有其他不同的主张，择其要者分如下情形加以评析。

第一，把犯罪主体要件置于犯罪构成四要件之首，认为主体要件是构建犯罪构成体系的逻辑起点。其下又有两种见解：有学者主张四要件的排

---

① 赵秉志.高铭暄刑法思想述评[M].北京：北京大学出版社，2013：135.

② 高铭暄，马克昌.刑法学[M].北京：高等教育出版社，2016：328.

序应为犯罪主体要件、犯罪客体要件、犯罪主观要件和犯罪客观要件。[①]而有学者主张犯罪主体要件、犯罪主观要件、犯罪客观要件、犯罪客体要件的排序。[②] 这两种排序都把犯罪主体要件排在首位。这两种见解都是按犯罪发生的顺序所做的排列，属于存在论的安排，虽然符合事物发生（犯罪的发生）的逻辑顺序（不能否认其逻辑性），但是认定犯罪的顺序（规范论的逻辑顺序）与犯罪的发生是互逆的过程，故不符合规范论的逻辑顺序而不能为规范论的刑法教义学所采纳。

第二，弱化主体要件的独立地位，将犯罪主体要件融入主观方面（主观要件）之中。例如，有学者主张，根据违法客观论，只要自然人的行为符合客观构成要件，即使没有达到法定年龄、不具有责任能力，也不影响对其行为的违法性评价。所以，法定年龄、责任能力不是客观构成要件要素，而是主观的构成要件要素。[③] 再如，有的学者认为，将主体作为犯罪主观要件的内容，不仅是因为其作为客观要件的内容不合适，还因为主体身份与责任能力、年龄等因素是密不可分、互为一体的。主体本身的实际状况能够影响刑事责任能力、年龄及涉罪种类等因素，没有主体刑事责任能力、年龄等都无从谈起。因此，“犯罪主观要件是包括犯罪主体、主观罪过、犯罪动机和目的的综合要件”[④]。这种把犯罪主体要件（确切地说是“犯罪主体要件的一般要件”）归属于犯罪主观要件的观点，显然是借鉴了德日阶层犯罪论体系中把作为犯罪主体条件的刑事责任能力内容放在“责任论”的首要部分的做法。[⑤] 但是，这种安排不合逻辑。德日阶层犯罪论体系基于刑事古典学派的“理性人”的假设，而弱化了犯罪主体的一般条件的地位，其合理性早就成为问题了。之后，不管是刑事新派、后期旧派，还是当代刑法学派都承认行为人的个体差异，强调犯罪主体要件的独立地位。

第三，把作为犯罪主体要件的刑事责任能力内容更加后置，放在主观要件之后。例如，有的学者把犯罪的成立条件划分为“犯罪的客观要件、

---

① 陈忠林.论犯罪构成各要件的实质及辩证关系[M].陈兴良.刑事法评论(第六卷)[C].北京:中国政法大学出版社,2000:328.

② 赵秉志.论犯罪主体在犯罪构成中的地位和作用[J].法学家,1989(6):47.

③ 张明楷.刑法学(上):第3版[M].北京:法律出版社,2007:127.

④ 李晓明.刑法学总论[M].北京:北京大学出版社,2017:241-242.

⑤ 汉斯·海因里希·耶赛克,托马斯·魏根特.德国刑法教科书[M].徐久生,译,北京:中国法制出版社,2001:901.又见乌尔斯·金德霍伊泽尔.刑法总论教科书[M].蔡桂生,译,北京:北京大学出版社,2015:212.

犯罪的主观要件和违法排除事由、责任排除事由”①。首先，这样的安排在逻辑上更加不可思议。因为刑事责任能力是罪过产生的本体基础，如果行为人不具有刑事责任能力，那么他就没有刑法意义上的认识能力和意志能力，就根本不会产生刑法意义上的认识和意志，此所谓“皮之不存毛将焉附”。其次，这种安排不经济、无效率。实践中，大量存在着由于犯罪主体资格欠缺而其危害行为不构成犯罪的情形，如果把主体要件置于最后环节来考察，那么会导致许多主体要件不符合的案件却要做“先认定其他要件”的无用功，这不合诉讼的经济性和效率性。

总之，我们认为，无论采用什么犯罪论体系，无论怎么对犯罪成立条件排序，犯罪主体要件一定要置于主观要件之前，这是不可动摇的逻辑规则。在这一点上，传统的犯罪构成四要件排序是合理的。

2. 对犯罪主体要件之立体化修正建议

（1）严格区分并准确使用“犯罪主体”和“犯罪主体要件”这两个概念。②

（2）在中国的立法和刑法理论体系下，必须坚持刑事责任能力是犯罪能力和刑罚承受能力的统一。刑事旧派坚持二者的统一，相反，刑事新派基于社会防卫理论，不使用“犯罪能力”而采用“刑事制裁适应能力”的提法。及至当代，各国大都采用后期旧派立场（立足于旧派兼采新派的立场）。既然是立足于旧派，那么就应该坚持刑事责任能力是犯罪能力和刑罚承受能力的统一，而不应该认为诸如“精神病人或者不符合刑事责任年龄的人之严重危害社会的行为，可以构成犯罪，但因缺乏责任而不处罚”。这是一个自相矛盾的判断。

（3）在犯罪论体系中，一定要把犯罪主体要件放在主观要件之前，而不能随意颠倒。这是因为，只有行为人具备主体条件时，他的认识和意志才是刑法意义上的认识和意志。如果先承认行为人具备故意和过失（只是心理学意义上的认识和意志，不是刑法学意义上的认识和意志），而后再考察行为人的主体条件是否具备，则是本末倒置。犯罪构成四要件的排序“客体要件、客观要件、主体要件和主观要件”，必须严格坚持。

（4）要摆正刑事责任能力及其影响因素的逻辑关系，前者是上位概念，后者是影响前者的具体内容。关于间谍罪的主体要件，可表述为：“间谍罪是一般主体，凡是已满 16 周岁且精神正常因而具有刑事责任能力

---

① 周光权.刑法总论：第 3 版[M].北京：中国人民大学出版社，2016：91.

② 其实德日刑法理论一直把“行为主体”作为“行为人身份及其地位”的代名词，存在着与中国犯罪构成理论传统刑法理论一样的错误：混淆了“行为主体”与“犯罪主体要件”。

的人，都能成为本罪的主体。”这就理顺了刑事责任能力与影响刑事责任能力的要素之间的关系。

（四）关于犯罪主观要件的立体化修正

1. 犯罪主观要件理论的不足

传统刑法理论根据刑法第 14 条和第 15 条的规定认为，犯罪故意是指行为人明知自己的行为会发生危害社会的结果，并且希望或者放任这种结果发生的主观心理态度；犯罪过失是指行为人应当预见到自己的行为可能发生危害社会的结果，因疏忽大意而没有预见，或者已经预见但轻信能够避免的心理态度；犯罪目的是指行为人希望通过实施犯罪行为达到的某种危害社会结果的心理态度。关于犯罪故意、犯罪过失、犯罪目的内容，都同时包含了对事实和规范两个层面的心理认识和意志内容，强调犯罪故意、犯罪过失、犯罪目的与一般生活意义上的故意、过失和目的（对行为本身的心理态度）的不同，它们都属于规范责任论的“罪过”概念。

传统刑法理论根据刑法第 16 条的规定界定了不可抗力和意外事件。所谓不可抗力事件是指行为虽然在客观上造成了损害结果，但不是出于行为人的故意或者过失，而是由于不能抗拒的原因引起的；所谓意外事件是指行为虽然在客观上造成了损害结果，但不是出于行为人的故意或者过失，而是由不能预见的原因引起的。据此可知，无论是中国立法还是中国刑法理论，都明确地体现了“法不强人所难”的“期待可能性理论”。所以，对于传统的理论总体上应予坚持。

但是，从应然角度审视，本着精益求精之态度，传统刑法理论仍然有其不足之处：对于不同的罪过，其判断的基准没有分类确定；对于犯罪动机，没有明确肯定犯罪动机的选择要件地位；关于期待可能性理论，还存在一定的错误认识，理论研究不能适应刑事法治的需求。

2. 对犯罪主观要件的立体化修正建议

（1）罪过的判断基准应根据行为犯与结果犯的不同而加以区别。如果说客观归罪完全不考察行为人对客观事实的认识和意志从而背离了主客观相统一的定罪原则，那么，总是以“特定的行为产生特定的危害结果”这一因果认识作为确定行为人罪过（认识和意志）的考察对象，把过多的内容塞入主观要件成立的考查范围，同样也没有严格遵守定罪主观与客观的相统一，其结果肯定会缩小犯罪故意的成立范围。

第一，犯罪故意罪过的确定，应该根据是行为犯还是结果犯而有所不同。首先，对于行为犯，应当以对行为本身的认识和意志为基准，因为行为犯是以类型化的危害行为的完成为既遂标志的犯罪，故在行为犯场合，只需考察行为人对其实施的危害行为本身的意识和意志，而无需考察行为人对于危害结果的认识和意志。其次，对于结果犯（包括实害犯和危险犯两种情形），则应当以行为人对“特定的危害行为会产生特定的结果”这一因果关系的认识和意志为基准来确定。因为结果犯以特定的危害结果发生态度的发生为既遂的犯罪，因而行为人的意识和意志的内容就包括实行行为和法定结果，以及实行行为与法定结果之间的因果关系。这种区分行为犯和结果犯的罪过标准有利于从规范意义上切实、恰当、科学地贯彻定罪的主观与特定的客观相统一的原则。

第二，犯罪过失之罪过是以行为人对特定的法定危害结果（包括实害结果和危险结果）的认识和意志为判断材料的。以“妨碍传染病防治罪”为例，本罪中行为人对于其危害行为有传播严重危险的结果或者引起的甲类传染病传播这一因果关系存在犯罪过失——应当认识到其危害行为有导致甲类传染病传播的严重危险因为疏忽大意而没有预见，或者虽然已经预见但轻信能够避免的心理态度。至于行为人对其违反传染病防治法的行为本身却可能是明知而故犯或者是过失心理。在这里，我们又一次看到了我国刑法中规定的罪过（犯罪故意和犯罪过失）与日常生活意义上的故意或者过失是迥然不同的概念。

应当说明的是，为了解决类似妨害传染病防治罪罪过的问题，我国学者进行了诸多探讨，有的学者主张以客观超过为理论基础或者以客观的处罚条件为基础的故意说，有学者在故意与过失之间提倡一种独立的“故意·过失”的第三罪过类型说。[①] 但是，客观超过理论本身就自相矛盾，至今没有为大家所接受。首先，这种第三种独立的罪过形式与现行刑法的规定难以契合，在现行刑法没有修改，现行刑法理论没有相应更新的情况下，这种主张不具有合法性和合理性；其次，在新的独立的“故意·过失”的构造中，这里的故意与过失已经不是现行刑法理论中的犯罪故意和犯罪过失。所以，这种“故意·过失”独立罪过类型，到底是以“故意”为主还是以“过失”为主，还是个疑问。

鉴于我国刑法和刑法理论的罪过特殊性，可以对这种认定行为本身为故意而危害结果为过失的主观心态创建一种新的分类。犯罪过失除了可以分为疏忽大意的过失和过于自信的过失（这是按照犯罪过失认识因素和意志因素的不同的分类）之外，笔者主张还可以依据行为人对行为本身的认识和行为会产生危害结果的认识（即“行为与结果的因果关系的认识”）

---

① 劳东燕.滥用职权罪客观要件的教义学解读——兼论故意·过失的混合犯罪类型[J].法律科学，2019(4):56.

为标准，把犯罪过失分为纯正的犯罪过失和不纯正的犯罪过失。所谓纯正的犯罪过失，即行为人对其实施的危害行为本身以及该行为会产生危害社会结果这一因果关系，均因疏忽大意而没有认识，或者即使有预见但过于自信地轻信能够避免。所谓不纯正的犯罪过失即行为人对其实施的行为本身是有认识的，而对于行为会产生危害社会的结果这一因果关系，则是疏忽大意而没有认识或者虽有预见但轻信能够避免。这里的要点有三：其一，这种不纯正的过失，实质上仍然是犯罪过失。其二，与纯正的过失相比，其差别在于行为人对于其所实施行为本身的致害性是明知的，而且希望或者放任该行为的实施，但对于行为与结果的因果关系的展开却是疏忽大意的过失或者过于自信的过失，因而总体上属于犯罪过失。其三，笔者之所以不采用所谓"混合过失"的提法，是因为混合即掺和、杂糅，至于怎么掺和、杂糅，都不作限制。可见，"混合"一词并不精准，故不为本书所采纳。

（2）应该赋予犯罪动机的选择要件地位。犯罪动机，是指纳入刑法调整范围的，刺激犯罪人实施犯罪行为并促使犯罪行为朝着犯罪目的进行的内心冲动或者内心起因。犯罪动机的作用是发动犯罪行为，说明实施犯罪行为对行为人的心理愿望具有什么意义，即回答犯罪人基于何种心理原因而实施犯罪行为。行为人有某种犯罪目的的确始终是以一定的犯罪动机作指引的，例如对直接故意杀人罪来讲，非法剥夺他人生命是其犯罪目的，而促使行为人确定这种犯罪目的的内心起因（即犯罪动机），可以是贪财、奸情、仇恨、报复或者极端的嫉妒心理等。

犯罪动机与一般行为动机有显著区别，主要体现在其负价值性、立法意志选择性以及与犯罪行为、犯罪结果的关联性。犯罪动机只存在于直接故意犯罪之中，间接故意犯罪场合存在其他行为动机但不存在犯罪动机，在过失犯罪场合，也可能存在其他行为动机，但仍然不存在犯罪动机。

传统刑法理论对犯罪动机的定罪作用认识不深刻。但我们主张，犯罪动机对直接故意犯罪的定罪和量刑，都具有一定的意义。首先，犯罪动机作为法定或者酌定的量刑情节，侧重影响量刑。其次，当犯罪动机被刑法选择作为某些犯罪构成的构成要素时，特定的犯罪动机的存在与否，就成为区分罪与非罪、此罪与彼罪的界限。如"寻衅滋事罪""强制猥亵、侮辱罪"都要求行为人具有满足其畸形心理需要的犯罪动机。最后，除了明示犯罪动机可以影响罪与非罪之外，刑法总则第 13 条"但书"规定"情节显著轻微危害不大的，不认为是犯罪"，由此，刑法分则在以概括的"情节严重"作为入罪条件场合，行为的动机是隐形的、决定"情节严重与否”的内容之一，在此场合下，犯罪动机仍然是罪与非罪的考量因素。如“侮辱罪”“诽谤罪”“故意毁坏财物罪”“打击报复证人罪”等“情节犯”。

（3）澄清关于期待可能性理论的错误认识，进一步完善有关期待可能性的制度设计，全面落实规范责任论。

第一，期待可能性理论是规范责任理论的组成部分。规范责任论是对心理责任论的辩证否定。心理责任理论将责任理解为行为人对行为的心理关系，并将心理关系分为对行为或者结果的认识（故意犯罪场合）以及认识的可能性（过失犯场合）。所谓责任无非是故意、过失这种心理事实的上位概念。有这种意义上的故意或者过失，就有责任；没有故意、过失就没有责任。德日刑法理论中所谓“意思”“故意”“过失”，都是这种心理学意义上的概念。与心理责任论不同，规范责任论作为辩证的否定，建立在心理责任理论的基础上，认为刑事责任的本质是从规范的角度对事实加以非难的可能性，仅有行为中的心理因素尚不足以保证刑事责难的合理性，必须要求行为人行为时遵从法律规范的期待可能性并以其作为制约因素，认为即便有责任能力及故意、过失，但没有期待可能性的话也仍然没有责任。这里的期待可能性，是指行为人实施行为时是否能够预见以及是否具有实施合法行为的可能性。如果行为主体存在避免实施违法行为的可能性，却实施了违法行为，则可以确定行为主体的有责性，不能据此排除对他的非难。可见，在规范责任理论看来，责任结构包含了事实因素的心理事实、规范评价的期待可能性等内容。① 在规范责任理论下，应当准确使用“犯罪故意”“犯罪过失”“犯罪目的”和“犯罪动机”的表述，以免产生不必要的误解。

第二，国内刑法学界一定程度上存在“我国应该引进期待可能性理论”的说辞。② 对此，笔者的观点是，一方面，我国刑法的立法规定和司法活动都在一定程度上贯彻了规范责任论。根据刑法的规定，刑法理论关于犯罪故意、犯罪过失、意外事件和不可抗力的定义，都包含了期待可能性内容。除此之外，司法上，期待可能性理论对刑事司法的指导意义也是明显的。譬如，同样是盗窃、抢劫、贪污、侵占等犯罪，由于动机不同，实施适法行为的期待可能性是不同的，因此，对于是否追究刑事责任以及追究刑事责任的程度必将存在较大的差异。如果行为人实施危害行为在当

---

① 大谷实.刑法讲义总论[M].黎宏，译，北京：中国人民大学出版社，2008：285-286.

② 张惠芳.期待可能性理论浅议——将“期待可能性”引入我国刑法的思考[J].云南法学，2000(3)：18-21.

时的情形之下，由于缺乏适法行为的期待可能性或者实施适法行为的期待可能性减弱，就应当不构成犯罪或者即使构成犯罪也应当从宽处理或免除刑事责任。这就表明我国刑法的相关规定在很大程度上贯彻了规范责任理论，考虑了期待可能性在定罪和量刑上的影响。所以，那种认为我国需要“引入”“引进”期待可能性的提法[①]是不成立的，是对我国刑法立法、司法实践和刑法理论中有关期待可能性内容忽视而得出的不恰当结论。另一方面，我国刑法和刑法理论在“期待可能性理论”问题上还有继续完善的余地。因为期待可能性不仅包括有或无的问题，还存在强或弱之分。由此，可在刑法第 16 条增加一款作为第 1 款：“如果行为时无期待可能性，或者期待可能性减弱，则行为人的刑事责任能力丧失或者减弱。”现有的关于不可抗力和意外事件的规定作为本条的第 2 款，成为前款的注意性规定。这样，从体系上将期待可能性制度明确规定在第 14 条的犯罪故意、第 15 条的犯罪过失之后，具有承上启下的作用。

二、成立犯罪的行为人危险人格阶层

确定犯罪成立条件的行为人危险人格阶层，旨在对行为人危险人格加以考量。鉴于危险人格的考量是通过犯罪前、犯罪中、犯罪后的行为对其人格态度的印证，因此将其视为一个子系统或者称之为阶层是必要的、合理的。

（一）“李斯特鸿沟”问题

传统的犯罪构成四要件的内容没有包含关于行为人社会危险人格的内容。这与当代刑法学派已经重视“行为人”的一面是不相适应的，也与我国现行刑法已经将行为人的品格因素作为罪与非罪或者法定刑升格条件的立法规定不相适应。

李斯特（F. Von Liszt）是刑事新派的集大成者。目的刑论（教育刑论）以及由此展开的一系列刑罚制度，是李斯特的重要的理论贡献。不过，他只是在刑罚论中奉行新派的理念，而在犯罪论领域却坚持以行为为中心的犯罪成立条件体系（即坚持旧派的立场）。由于在犯罪论和刑事责任论中贯彻了不同的理念，其结果造成了犯罪论与刑罚论的不吻合，此即所谓的“李斯特鸿沟”。简单地说，李斯特鸿沟就是在犯罪成立环节不考虑行为人人格因素，而在刑事责任论部分又不得不考虑行为人的人格因素，这就导致了犯罪内涵与刑事制裁之间的脱节。德国当代学派继承后期

---

① 李跃利等.论我国刑法对期待可能性的引入[J].天津法学，2015(5)：12.

旧派，秉承李斯特传统，至今没有在犯罪论中汲取行为人刑法思想，其所采新派的观点只限于刑事责任和刑罚制度的设计，而不涉及犯罪成立条件。

由于德国刑法理论的重大影响，李斯特鸿沟不只是德国的理论问题，而是世界范围内普遍存在的理论问题。无论是我国传统的犯罪构成四要件理论，还是日本刑法阶层理论，对犯罪主体要件的阐述总体上都局限于行为时行为人的刑事责任能力（静态内容），而对于反映行为人社会危险性的人格主体的动态内容，没有在犯罪论体系内将其作为犯罪成立条件（要素），给予应有的地位、作出合理的安排。

尽管国内外一些学者有所尝试，但到目前为止，在犯罪论体系中如何安置行为人人格要素的地位，如何确定人格要素与其他条件的关系等问题，还没有形成普遍认可的做法。我国主张移植德日阶层体系的学者，也没有思考这个问题。

然而，犯罪的本质包括行为的客观危害、主观恶性以及行为人的社会危险性三个方面内容，① 如果不在犯罪论体系中明确地把行为人的社会危险性纳入犯罪成立条件，而只是在犯罪成立之后的刑事责任环节才考量行为人的社会危险性，是不够的，充其量也只是权宜之计，难以从根本上体现犯罪的“未然之罪”之一面。所以，迫切需要在犯罪论体系里增加行为人的社会危险性人格内容以作为犯罪成立条件的重要考量指标。

（二）犯罪主体的人格内容应当作为与四要件子系统并列的一个独立要件子系统

将犯罪主体的危险人格内容作为一个独立要件子系统纳入犯罪成立条件体系，以消弭“李斯特鸿沟”，实现犯罪成立条件的静态与动态的结合，进一步使犯罪成立条件立体化，即“犯罪构成（犯罪成立条件体系）＝立体改造后的四要件＋行为人的危险人格条件”。前一个阶层是衡量已然之罪的指标；后一个阶层是衡量未然之罪的指标。

1. 二战之前德国刑法学者的尝试

从沿革上看，关注行为背后之行为人的危险性格是新派的基本立场，讲求刑事制裁措施的个别化是刑事新派的特色（性格责任理论），在法治实践层面推动了刑事责任的个别化（刑法个别化）。例如，菲利（E. Ferri）主张，由于犯罪原因不同，应当对不同的罪犯采取不同的治疗方案，刑罚的适用不能仅仅根据行为，而应当充分考虑不同的犯罪人的特殊性。② 尽管新派作为一个整体被抛弃，但新派的这一思想却被后期旧派的学者所汲

① 朱建华.论犯罪的社会危害性的内在属性[J].法学研究，1987(1)：21.

② 恩里科·菲利.实证派犯罪学[M].郭建安，译，北京：商务印书馆，2016：46.

取。20 世纪初期，德国旧派阵营的领军人物毕克迈耶（K. Birkmeyer）就坚持刑罚和保安处分二元论：对犯罪的刑罚是报应的结果；对犯人采用保安处分的原因并非犯罪，而是犯人的危险性，亦即由犯罪体现出来的犯人的危险性（有限地承认性格责任）。① 在此，毕克迈耶在刑事制裁的科处环节考虑行为人的社会危险性，突破了刑事责任的刑罚藩篱而采刑罚和保安处分的二元制裁体系。之后，其他德国学者，如德国阶层体系之“新构成要件论”的创立者梅兹格（E. Mezger），也主张作为非难可能性的责任在维持法秩序的刑罚目的（规范目的论）的基础上构成，责任的判断必须在行为人的意思活动（心理责任构成部分）、动机（动机责任构成部分）以及具体案件中具体行为与行为者的性格相结合的关系上进行。不过，令人遗憾的是，梅兹格也只是在犯罪的后果层面对行为人的性格加以考量，而没有往前推及犯罪成立条件。德国人严密的逻辑思维和性格上的保守性是相互联系、相互成全的，德国学者没有创造出真正意义上的“人格责任理论”以较好解决行为人刑法思想在定罪上的地位问题，更没有改变德国刑法典缺乏行为人刑法的格局（即使是现行德国刑法典也没有体现行为人刑法的理念）。

2. 二战之后日本学者创立的人格行为论和人格责任论

日本刑法师从德国，后来居上。日本学者团藤重光于 1957 年创立了人格行为理论和人格责任理论，这一思想在其弟子大冢仁那里得到发展和运用。人格行为论认为，人格是从各种各样的行为中推论出来的、特定的人的主体特征，行为是人格的外部表现，人格是主体的现实化，提出了“行为是作为行为人人格的现实化的身体动静，是人格支配之下的身体动静”的命题。不表现人格的身体动静，诸如睡梦中举动、无意识的举动以及不可抗力和意外事件等都不是行为。人格行为论为人格责任理论铺设了行为本体根据。人格责任理论在人格行为论的基础上主张犯罪与人格责任相对应。人格责任有两个层次：第一位的行为责任（报应责任）和第二位人格形成责任。由此，在团藤重光那里，构成要件，不单是行为类型，也是行为者类型。大冢仁师承团藤重光，高举人格责任论的大旗，以相对的意志自由、人格行为论（行为是作为行为人人格主体的现实化的身体动静）、人格责任论（以对相对的意志自由的行为之道义谴责为核心，同时考虑对隐藏于行为背后的犯罪人危险人格谴责的矫正补充）为理论支柱创立的人格刑法学，应该说是刑法理论的飞跃。但是，大冢仁的理论仍然存

① 马克昌.近代西方刑法学说史略[M].北京：中国检察出版社，1996：221.

在遗憾：在其人格刑法学中，“定罪仍然贯彻以单一的行为中心论，人格在这里只不过是用来说明作为犯罪构成的行为，符合构成要件的行为是体现了行为人人格的行为”①。也就是说，在大冢仁的犯罪论部分，犯罪人人格因素虽然作为理念有所体现，但其还是没有得到应有的突出和明示的独立地位。

3. 德国学者罗克辛提出实质责任论，试图消弭“李斯特鸿沟”

日本的人格责任理论反哺德国。在当今德国，受日本的人格责任理论和李斯特重视刑事政策的传统的双重影响，罗克辛教授在这方面作出了最为出色的尝试。罗克辛教授将刑事政策注入到犯罪成立条件的每一个阶层之中，通过对构成要件的实质解释、创立客观归责理论、主张积极地违法性判断、肯定积极的违法排除事由、引入处罚的必要性等，在构成要件符合性、违法性和有责性三个层面对贯通“李斯特鸿沟”作了有益的尝试。② 罗克辛基于刑事政策考量把人格因素纳入犯罪论体系，其最有成效、最明显的体现是在罪责部分要求除了考察行为罪责之外，还需要“处罚的必要性”“预防的必要性”。③ 由此，他的实质罪责概念既包括传统的心理责任（主观恶性）、规范责任（期待可能性），又包括预防的必要性要素。预防的必要性要素，即把行为人以人格因素为核心的自身个性作为必须为自身个性负责的罪责，亦即要考查行为人的“生活方式罪责”。这就在犯罪成立的有责性判断环节明确地给予了行为人社会危险人格的要素地位。可见，罗克辛在其责任理论环节关于行为人的人格因素的植入，是“一定的”实质意义上的创新。

但是，无论是日本的人格责任理论还是德国学者罗克辛的实质犯罪论的尝试都是有局限的。在人格行为理论和人格责任理论中，危险人格要素在犯罪论体系上还是没有得到应有的凸显和明示的独立地位。罗克辛的实质犯罪论之所以是“一定的”的创新，是因为罗克辛对人格要素的地位安排仍然不够突出。更为重要的是，时至今日，德日的阶层体系没有摆脱刑事古典学派以意志自由为前提的“行为中心主义”之窠臼，加上以分析法为基本方法论的阶层体系把犯罪人的主体条件要素拆分为行为主体（特殊主体身份等）和刑事责任能力（一般主体身份），并分属于构成要件符合性判断和有责性判断两个不同的环节，从而导致了在这一模式的阶层体系中难以恰当地安排行为人的人格特性内容。其最大的问题是，如何处置行

---

① 大冢仁.刑法概说(总论)[M].冯军，译，北京：中国人民大学出版社，2003：98-99.

② 梁根林.刑法教义学与价值判断[C].北京：北京大学出版社，2016：91-94.

③ 克劳斯·罗克辛.德国刑法学总论：第1卷[M].王世洲，译，北京：法律出版社，2005：565.

为人的人格因素（责任要素）与行为主体（阶层论中特殊身份属于违法要素）的关系[1]。例如，以三阶层为例，行为人的人格因素是否会影响构成要件的符合性判断？行为人的人格因素是否会影响违法性的因素呢？身份要素对可谴责性有没有影响呢？笔者初步认为对以上三个问题的回答都应该是“肯定的”。既然三个环节都需要考察人格因素，那么，到底如何切实实现犯罪成立条件在体现行为类型化的同时也体现行为人类型化，对于阶层犯罪论体系而言是极具挑战的课题。

4. 中国的刑法实践和理论关于消弭“李斯特鸿沟”

(1) 行为人刑法的品格在我国的刑事法治实践中愈来愈明显地得到呈现。在立法上，首先，我国现行刑法中规定的因“多次实施危害行为”而入罪的立法例愈来愈多。例如，刑法直接写明“多次”入罪规定的有：多次盗窃；多次聚众淫乱；多次非法种植毒品原植物；多次走私普通货物；多次敲诈勒索；多次抢夺；多次扰乱国家机关工作秩序；多次组织、资助他人非法聚集、扰乱社会秩序等。刑法规定的包含着“多次行为”而可能影响入罪的有：走私普通货物、物品罪（对多次走私未经处理的，按照累计走私货物、物品的偷逃应缴税额处罚）；逃税罪（对多次实施前两款行为，未经处理的，按照累计数额计算）；走私、贩卖、运输、制造毒品罪（对多次走私、贩卖、运输、制造毒品，未经处理的，毒品数量累计计算）；贪污罪（对多次贪污未经处理的，按照累计贪污数额处罚）等。最高人民法院和最高人民检察院（以下简称“两高”）的司法解释文件通过解释明确把“多次行为”入罪的，有近70个。其次，除了作为犯罪的成立条件之外，在刑罚制度上，累犯制度、再犯制度以及自首制度、坦白制度和立功制度等，都包含着依据行为人社会危险性的高或低而从重或者减轻处罚的刑罚个别化新理念。这些立法和有关司法解释，尤其是关于多次入罪的规定，集中地彰显了我国现行刑法一定程度的“行为人刑法”的品格。

司法实践中，在具体案件的定罪、量刑和行刑环节，考察行为人的社会危险性并将其用来区分罪与非罪、法定或酌定量刑情节也是极为普遍的做法。在罪刑法定原则的要求下，法定情节的入罪作用和量刑意义自然不成问题，这里仅讨论一下酌定情节的定罪量刑意义。如因行为人的义愤犯罪、初犯、偶犯等酌定情节而得到宽宥，或者作为缓刑、减刑、假释的考

---

① 德日刑法理论关于身份有广义说和狭义说。狭义的身份(纯正的身份和不纯正的身份)，广义说，在狭义的基础上把身份的外延扩展其他一定的与犯罪有关的、行为主体在社会关系上的特殊地位或者状态，既包括违法身份，也包括责任身份。如果采这样的广义说，那么，广义的身份就与罗克辛的预防的必要性所考察的内容有交叉。

量因素，在刑罚裁量和刑罚执行环节已经得到了较好的贯彻落实。目前，我国开展的“认罪认罚从轻处罚或者减轻处罚”司法改革系统工程，对于危险人格的考量起着重要的作用。所谓“认罪认罚从轻处罚或者减轻处罚”，是指对于具有法定减轻处罚情节的，犯罪嫌疑人、被告人认罪认罚的，根据犯罪的性质、情节和对社会的危害程度，应当减轻处罚；对于犯罪嫌疑人、被告人认罪认罚的，不具有法定减轻处罚情节的，应当在法定量刑幅度以内从轻处罚。我国的刑事法治（立法、定罪、量刑和行刑）实践，为了适应刑法关于行为人刑法品格的立法规定要求，要求在犯罪成立条件环节直接、明确地承认行为人的人格因素的犯罪成立条件地位。由此，必须丰富传统犯罪成立条件的内容，将衡量主体的危险人格的条件明确地体现出来。

(2) 国内一些学者的探索。国内一些学者通过在犯罪论体系中植入行为人人格因素进行一些创新性探索。有的学者主张在犯罪成立条件中加入行为人的社会危险性因素，具体设想是，在维护犯罪构成是认定犯罪成立与否的唯一标准的前提下，通过“犯罪主体”要件的一部分内容来设计，将人格因素定位于出罪功能。有的学者主张将人格要素作为与犯罪构成相分离的体系。理由是，犯罪人的危险性人格是社会危害性的一个方面，具体体现危险人格及其程度的因素，如主观罪过、犯罪动机等，应当从一个具有综合性质的平台上考虑人格更符合逻辑，而这个平台并不能为犯罪构成的任何一个要件所包容，因而人格宜从与犯罪构成分立的视域考虑。[①] 有的学者主张应当提升行为人自身所具备的犯罪危险性人格在认定犯罪中的地位，真正将其放在与客观行为相同的高度来认识，唯此才能将罪与非罪的关系理顺，因而主张“犯罪行为与犯罪危险人格二元定罪机制”——“中国的犯罪构成要件＝事实判断要素（即法定的行为类型，包括行为、主体、罪过）＋价值判断要素（即行为人犯罪危险性人格）”。坚持行为与人格在定罪问题上等量齐观，是我们对于二元定罪机制内部两大要素之间关系的基本态度：行为是犯罪危险性人格的表征，人格通过行为来实现，没有行为，不可能寻找到犯罪危险性人格；没有犯罪危险性人格，仅有客观危害行为，一律定罪，也是不妥当的。由此，犯罪的危险性人格不仅有入罪作用，而且有出罪作用：“对于没有犯罪危险性人格而落入刑法视野者，出罪”——使其成为行政违法者或者民事违法者，处以行政处罚或者民事制裁。[②]

如何评价呢？一方面，上述学者的探讨和创新性尝试是有益的。我国

① 翟中东.刑法中的人格问题研究[M].北京：中国法制出版社，2003：108-109.

② 张文，刘艳红等.人格刑法学导论[M].北京：法律出版社，2005：228-232.

刑法在立法、量刑、行刑方面的实践都深受行为人刑法的影响，加上我国刑法理论坚持“以行为刑法为基础，兼采行为人刑法”的理论，所以，无论是我国刑事法治实践还是刑法理论整体的逻辑要求，都应当切实奉行以行为刑法为主，兼采行为人刑法的综合主义立场。因此，应该将行为人的危险性人格因素引入犯罪成立条件体系，以作为罪与非罪的重要指标。所以，前述学者的尝试应该加以肯定。另一方面，对其具体的观点也应加以甄别而不能全部接受。一是对于“社会危险性人格因素”的体系地位、及其与行为是否应“等量齐观”保持怀疑。二是将行为人的人格作为犯罪主体的一个内容，这种定位仍然是把人格要素简单化了，因为人格要素虽然属于行为人的属性，但人格要素的考量指标却难以融入主体要件。三是将人格要素的功能仅限于出罪而不包括入罪功能，既不符合逻辑，也不符合我国现行刑法的规定。对行为人的人格太过强调，使之与传统犯罪构成等量齐观，这在逻辑上也不符合当代刑法思想立足于旧派兼采新派“主次有别”的基本立场。况且，现实中，一个人实施了危害行为，足以体现其人格危险性，不可能出现“没有犯罪危险性人格而落入刑法视野者”的情况。

5. 将危险人格因素作为一个独立要件纳入犯罪成立条件体系，将其作为第二阶层真正独立地与立体化的四要件体系相并列

（1）把危险人格因素纳入犯罪成立条件体系。犯罪成立条件体系变成了四要件子系统和行为人的危险人格子系统两个并列的两阶层（即包含静态和动态两个层面）。在犯罪成立条件环节纳入危险人格要素，这将为保安处分制度奠定基础，为再犯制度、累犯制度、自首制度等奠定基础。否则，上述制度便成了无源之水、无本之木。

（2）鉴于当代刑法学派承继后期旧派的传统，仍然以旧派为基础，汲取新派的合理成分，故在定罪上，应以已然之罪为基准（被乘数），未然之罪为辅助（乘数）。所以，行为人的社会危险性人格要素的地位，不应与犯罪构成四要件系统“等量齐观”，只应起次要作用，在价值位序上犯罪成立条件体系的四要件体系与危险人格体系的位置不能互换，不应表述为：危险人格体系＋四要件体系。例如，盗窃罪的常态是“盗窃他人财物，数额较大的行为”，“多次盗窃”“入户盗窃”等入罪情形是对常态盗窃罪的补充。①

---

① 为了切实能使危险人格子系统获得独立地位，在犯罪成立条件上就应该开放思维：某一个犯罪的成立条件可以是若干套成立条件，如盗窃罪，常态的“盗窃数额较大的”，一套成立条件；“多次盗窃”的，一套成立条件；携带凶器盗窃或者扒窃的，一套成立条件；盗窃近亲属财物的，一套成立条件。

（3）一个人一旦实施了犯罪行为，即使是平时一贯遵纪守法，道德优秀的“偶犯”，其犯罪的社会危险性人格也是不容否定地客观存在着，而不能单纯地认为这样的偶犯没有社会危险性（或者认为其社会危险性是“0”）。所以，“只有犯罪行为而没有犯罪危险性人格”的情形，是不可能存在的。现假设一个标准的社会人犯一般的盗窃罪，其社会危险性系数判断为“1”，这类偶犯的社会危险性系数可以在“1”左右浮动；而那些一贯不遵守法纪规章、大错不犯，小错不断的“问题人”，以及累犯、再犯或者具有惯犯倾向的人的社会危险性人格系数应该大于“1”，甚至可以根据具体情况判断为“1”的几倍。当社会危险性较大的人反复实施某一类型的危害行为时，尽管单纯地从某一次行为的事实来看还达不到“情节严重”的程度，但立法者也有理由把这种“多次实施行为”的情形规定为犯罪，其根据正在于此。

本书主张，犯罪构成（犯罪的成立条件）＝四要件子系统＋危险人格子系统。可以将其概括为“立体化的两阶层体系”。这一体系旨在实现犯罪成立条件之行为阶层与行为人危险人格阶层的有机统一。当然，由于判断行为人的社会危险性是比较复杂的工作，故应该交由专业鉴定机构进行评估。同时，把行为人的社会危险人格作为入罪条件的情形，必须有明确的规范依据，如前述所列举的刑法规定和相应的司法解释。在没有刑法规定或者相应司法解释的场合，行为人的社会危险人格的入罪功能只能是酌定的，故一定要严格加以限制。

第二节　环境犯罪的成立条件

上一节对我国的犯罪成立条件体系作了立体化改造设想，笔者首倡“立体化的两阶层体系”，旨在实现犯罪成立条件之行为阶层与行为人危险人格阶层的有机统一。本节将把这些设想用于分析环境犯罪的一般构成条件：一是这些改造设想只有经过实践运用，其理论的科学性才能够得到检验；二是为后文分析环境犯罪中个罪的成立条件、评价现行立法中的环境犯罪规定提供一般的知识工具。下文从环境犯罪的行为阶层和行为人的危险人格阶层两部分展开讨论。

一、环境犯罪的行为阶层

这里的行为阶层，其内容包括客体要件、客观要件、主体要件和主观要件这四个要件。

（一）环境犯罪的犯罪客体要件

1. 我国刑法学者关于环境犯罪同类客体要件的不同观点

（1）单一客体说。这一类主要有四种观点：其一，环境保护制度说，即认为破坏环境资源保护罪的同类客体要件是环境保护制度；① 其二，环境资源保护秩序说，即认为破坏环境资源保护罪的同类客体要件是环境资源保护秩序；② 其三，环境权说，即认为环境犯罪侵犯的是公民、法人或者其他组织、国家和人类的环境权；③其四，生态安全说，即把环境犯罪称之为生态犯罪，主张其同类客体要件是生态安全，比如生态环境法益说，主张生态具有不依赖于人类而独立存在的价值。④

（2）复杂客体说。该类之下主要有四种见解：其一，认为环境犯罪的客体包括人与自然之间的生态关系和为环境犯罪所间接侵犯的人与人之间的社会关系；⑤ 其二，认为环境犯罪主要侵犯的是国家环境资源保护管理制度，其次侵犯的是人们的生命健康和重大公私财产的安全；⑥ 其三，认为环境犯罪的客体包括国家环境资源保护管理制度、公民的环境权以及与环境有关的人身权和财产权；⑦ 其四，人类利益和自然的利益说，即以折中的环境伦理观——人与自然和谐共处思想为支撑，主张环境犯罪的客体要件既包括人类的利益又包括自然的利益。

2. 评析

（1）刑法具有深厚的伦理基础。如果立足于传统的人类中心主义伦理，则会坚持环境资源保护秩序说，以及前述的双重客体或者复杂客体说等观点。如果以非人类中心主义为伦理基础，则可能得出人类利益和自然利益说等观点。

（2）要分清对问题的研究是以应然视角还是以实然视角。实然研究必须忠实于现行立法，旨在正确解释法律，准确适用法律；应然角度的研究则不限于现行刑法的规定，还可以为将来的立法完善提供理论支撑。

（3）现行刑法确立了环境犯罪的客体要件，刑法分则第六章第六节“破坏环境资源保护罪”的体系地位决定了本类犯罪的同类要件是国家的

---

① 李永升等.破坏环境资源保护罪的构成特征探究[J].现代法学，2005(2)：132.

② 王作富.刑法分则实务研究(下)[M].北京：中国方正出版社 2003：1699.

③ 吴献萍.环境犯罪与环境刑法[M].北京：知识产权出版社，2010：34.

④ 何群.法定犯视野下的污染环境罪研究[M].北京：知识产权出版社，2021：38.

⑤ 付立忠.环境刑法学[M].北京：中国方正出版社，2001：203-205.

⑥ 丁慕英等.刑法实施中的重点难点问题研究[M].北京：法律出版社，1998：807-808.

⑦ 赵秉志.刑法修改研究综述[M].北京：中国人民公安大学出版社，1990：257.

环境资源保护秩序。

（4）根据现行立法，国家的环境资源保护秩序所承载的核心内容，既有传统的生命健康权和财产权（如刑法第 339 条规定的“非法处置进口的固体废物罪”和“擅自进口固体废物罪”等），又有环境权利（如“污染环境罪”“非法捕捞水产品罪”“非法狩猎罪”“非法采矿罪”等条文的规定）。基于对现行立法的分析，可以把环境犯罪客体要件的核心内容①归结为传统法益和环境权。

（5）在某一环境犯罪既规定了传统法益又规定了环境权利的情况下，环境犯罪的客体就同时包括传统法益或环境权利。首先，2016 年发布的《最高人民法院、最高人民检察院关于办理环境污染刑事案件适用法律若干问题的解释》（以下简称《办理环境污染刑事案件解释》）第 1 条的部分规定，如“（1）在饮用水水源一级保护区、自然保护区核心区排放、倾倒、处置有放射性的废物、含传染病病原体的废物、有毒物质的；（2）非法排放、倾倒、处置危险废物三吨以上的；（3）排放、倾倒、处置含铅、汞、镉、铬、砷、铊、锑的污染物，超过国家或者地方污染物排放标准三倍以上的；（4）排放、倾倒、处置含镍、铜、锌、银、钒、锰、钴的污染物，超过国家或者地方污染物排放标准十倍以上的；（5）通过暗管、渗井、渗坑、裂隙、溶洞、灌注等逃避监管的方式排放、倾倒、处置有放射性的废物、含传染病病原体的废物、有毒物质的”等，属于直接以环境权的侵害或者威胁作为入罪标准。其次，在该解释的“（15）致使三十人以上中毒的；（16）致使三人以上轻伤、轻度残疾或者器官组织损伤导致一般功能障碍的；（17）致使一人以上重伤、中度残疾或者器官组织损伤导致严重功能障碍的”等规定中，“传统法益”被用作“严重污染环境”的标准，成为罪与非罪的界限。最后，在以对环境权益本身的侵害作为犯罪入罪门槛的情况下，污染行为对其他权利的侵害可以形成随机客体要件。因为环境犯罪行为最终往往还会进一步危害人类传统的法益或者源于某些环境侵害行为的致害性而只有当该环境危害行为侵害到传统法益时候才作为犯罪处理。如前述《环境污染刑事案件解释》第 1 条第 2 款规定，“非法排放、倾倒、处置危险废物三吨以上的”即为“严重污染环境”，可以构成污染环境罪；如果这一类的排污危害行为在具体的案件中进一步侵犯了传统的生命、健康权利和重大公私财产权，则构成结果加重犯。这时，这些被危害的传统法益属于随机客体要件。

① 笔者认为将犯罪客体归结为法益并不准确，应该表述为“犯罪客体要件的核心内容是法益”。为了论述上的方便，也有“犯罪客体要件是法益”的简化表述。

（6）环保制度说不可取。因为，环境犯罪不是侵害环境保护制度，而是侵害依据制度而形成的权利义务关系（或者说侵害了环保制度的有效性）。

（7）我国环境资源法学界比较认可的观点——“环境法既调整人与自然的关系也调整人与人之间的关系”对刑法学界也有一定的渗透和影响，如前述的复杂客体说的最后一种。但是，这一见解也不可取。无论是坚持传统的人类中心主义，还是可持续发展的现代人类中心主义伦理观，均不应当承认环境及其组成要素的权利主体地位，因而法律关系就只能是人与人之间的权利义务关系。在法律视域中，人与自然的关系最终必须上升为人与人之间的关系才能作为法律的调整对象，法律通过调整人与自然的关系来确立人与人之间的关系。由此，法律调整人与自然的关系是表象，在这一表象背后调整的是人与人之间的关系，对此必须有清醒的认识。例如，月球在美国登月计划成功实现之前早已存在很久，但是自古代到近代，世上从来并没有关于开发利用月球的国内法律或者国际法，直到美国登月计划实施和宇航员登录月球成功之始，国际社会才感觉需要制定关于开发利用月球的国际法规范，于是《外层空间条约》[①]《关于各国在月球和其他天体上活动的协定》[②] 才应运而生。这就再也清楚不过地说明：表面上看是调整人或者人类与月球的关系，其实质是调整人与人之间关于开发利用月球的关系。

（8）肯定非人类利益的生态安全的观点，在其他非人类中心主义下承认非人类利益的观点，都是混淆了法律与道德，由于过于激进，不能在法律规范上全面贯彻和落实，故本书不赞成“包括非人类主体在内的生态安全观”。如果把环境法益保护秩序整体化为“生态安全”，那么，这个“生态安全”也必须限定为“人类的生态安全”。

我们必须清醒地认识到，法律就是法律、道德就是道德。法学家就是法学家，而不是伦理学家。伦理学家的使命是劝善，例如，一个伦理学家可以把猫、狗等宠物当成自己的伴侣，给它们起名字，把宠物看成是养宠物者的家庭成员。伦理学家对宠物有上述看法和给予宠物家庭成员的地位

---

① 《外层空间条约》(*Outer Space Treaty*)简称《外空条约》，全称为《关于各国探索和利用包括月球和其他天体的外层空间活动所应遵守原则的条约》，1966 年 12 月 19 日联合国大会通过，1967 年 1 月 27 日开放供签署，1967 年 10 月 10 日生效，永久有效期。

② 1979 年 12 月 5 日联大通过了《关于各国在月球和其他天体上活动的协定》(*Agreement Governing the Activities of States on the Moon and Other Celestial Bodies*)也称《指导各国在月球和其他天体上活动的协定》，简称《天体协定》或《月球协定》)，12 月 18 日在联合国总部开放签署，1984 年 7 月 11 日生效。

只是养宠物者自己的道德信念，对于其他社会成员并没有强制性的约束力。假如行为人甲故意把宠物狗打死，对此，法院不会判处行为人甲构成故意杀人罪（当然，如果宠物的价值较大，有可能构成故意毁坏财物罪）。再如，基于伦理学家的劝善，某一慈善者可以倡导和奉行大公无私地奉献一切，甚至“解衣以活人”。但是，法学家却是教人不得为恶，只要及时全面履行自己的法律义务即可，而无需其他更加高贵的奉献。现假设行为人乙对陌生的溺水者见危不救，按照我国法律，由于乙没有赡养扶助等法律义务，因而即使能救助而不救助也不会产生法律责任（包括民事责任、行政法律责任和刑事责任）。但是，在乙能够救助而不救助的情况下，伦理学家完全可以给予其道德的谴责。环境伦理与环境法律的关系也是一样，不能把环境伦理直接等同于环境法律。在一定的社会条件下，能够为法律所认可的环境伦理是有限的，即环境法只是环境伦理道德的“底线”。所以，受当时社会物质生活条件的制约，我们不能把所有的环境伦理（尤其是过于高尚的伦理规范）都加以法律化。否则，如果将过高的伦理道德规范法律化，那么将注定会使包含过高道德要求的法律难以在社会中彻底贯彻实施而流于形式，最终徒为虚文。

（9）从应然的角度看，基于可持续发展观和犯罪客体要件是社会关系及其载体的统一体的见解[①]，这一“统一体”，如果按照四维法益说，是以某一权利为核心的国家整体法律秩序。就环境犯罪而言，环境犯罪的同类客体要件即为关于刑法保护的而为犯罪行为侵犯的关于环境资源的保护和可持续开发利用的社会关系及其载体的统一体。该统一体构成国家关于环境保护和有序开发利用的“整体法律秩序”（法律秩序由权利义务关系结成）。其中的环境权利（环境法益）是这一国家整体法律秩序的“网上纽结”。环境权利根源于我国宪法的精神和基本原则，而且具有量的限定性。对有的环境犯罪，环境权利要求被实际侵害或者具体地被威胁；对有的环境犯罪，环境权利要求被抽象地威胁。环境权利要求我们不仅要正视自然资源的经济价值，更要重视自然资源的生态平衡价值。考察环境犯罪的社会危害性不仅要看对经济利益的危害，更要注重对整体环境生态平衡的危害。

（10）科学确定“复杂犯罪客体”。上文中笔者分析了一些所谓的“复杂犯罪客体”实际上是“简单犯罪客体”。不过，对于一些犯罪则需要承认其客体的复杂性，如“走私珍贵动物、珍贵动物制品罪”“走私国家禁

---

① 牛忠志.犯罪构成四要件的“立体化”修正[J].政法论丛，2019(1)：53.

止进出口的货物、物品罪”等。因为珍贵动物、珍稀植物等国家重点保护的植物一方面承载着经济价值，另一方面承载着生态价值，走私行为既侵犯了国家经济法律秩序，又侵犯了国家的环保法律秩序。

最后还想指出的是，第一，关于大陆法系国家环境犯罪的保护客体。首先，考察日本现行刑法典就会发现，《日本刑法典》仍然是坚守人本主义的伦理观，以保护人的基本健康而追究环境犯罪，犯罪的设立多是以对传统的法益如生命健康的实害为法定的危害结果，只有个别条文不以传统的法益侵害为法定危害结果。[①] 因而，在日本主张设环境危险犯（确切地说是指具体危险犯）有其价值。其次，俄罗斯刑法和德国刑法关于环境犯罪的立法，都反映出法定危害结果由危害传统法益逐步过渡为对人类的环境权危害的立法趋势。《德国刑法典》（1998 年修订）在其第 25 章规定了侵害狩猎权罪、侵害渔业权罪，在第 29 章规定了污染水域罪、污染土地罪、污染空气罪、造成噪音（振动）和非放射性罪、侵害保护区罪等。《德国动物福利法》还禁止虐待动物，将虐待动物规定为犯罪。相比而言，《俄罗斯联邦刑法典》（1998 年修订）将生态安全作为公共安全的主要内容，从第 246 条到 262 条将“工程施工过程中违反环境保护规则”“违反危害生态的物质和废物的处理规则”“违反微生物或其他生物制剂或毒素的安全处理规则”“违反兽医规则和植物病虫害防治规则”“污染水体”“污染大气”“污染海洋”“违反俄罗斯联邦关于俄罗斯联邦大陆架和专属经济区的立法”“毁坏土地”“违反矿产的保护和使用规则”“非法捕捞水生动物和植物”“违反鱼类资源保护规则”“非法狩猎”“毁灭特别保护生物关键性栖生地”“非法砍伐树木和灌木”“毁坏森林”“违反特殊保护的自然保护区和自然客体的制度”等危害行为规定为犯罪。尽管在理念和立法完备程度上都比德国、日本领先，但该法典中仍然存在以对传统的法益（如“人员健康”“人的健康”、“人员死亡”）作为基本犯的法定结果规范设计。

第二，关于英美刑法环境犯罪的保护客体。英美国家原本是判例法国家，没有成文法意义上的刑法典。但是，它们对于行政犯的立法渊源也日趋成文法化，即英美的环境刑法规范以附属刑法的形式存在于环境行政法之中，如 1974 年的《英国污染控制法》、1991 年的《水资源法》。由于英国工业革命引领近代世界文明，英国最先遭遇了环境问题；美国的环境犯

---

① 相比较而言，日本的环境犯罪以附属刑法来规定的。可查阅《日本刑法典》第 15 章“有关饮用水的犯罪”以及其他行政法律中的附属刑法规范，如《公害犯罪制裁法》《日本水质污染防治法》(1998)《日本大气污染防治法》(1995 年)等。

罪的出现、发展与对这一问题的应对，则步英国后尘，紧随其后。概括地看，英美国家关于环境保护奉行较为严格的国家政策和立法立场，对环境犯罪严刑重罚，在法定结果的规定上日益采用以危害环境要素为指标的立法体例，加上它们的犯罪门槛较低和它们特有的诉讼理念，辩诉交易、排污权交易、环境恢复性措施等被广泛运用。在主观归责原则上，由原始的替代责任、绝对责任（无过错责任）逐步发展为今天的过错责任原则（包括属于过错责任的罪过推定规则）。

第三，英美、德日、俄罗斯、我国环境刑法的条文中指明了对环境要素的保护，这样的条文甚至成为主要的罪状表述方式。那么，这是否意味着立法把非人类的环境要素如树木、野生动植物、水生动植物、水、大气、土壤等环境要素作为法律主体以保护它们的环境权利呢？非也！它们是构成以人类为中心的生态环境系统的重要组成部分，明面上把它们作为保护对象（这是现象层面），实际上是保护它们的所有者，即人或者人类的环境权益（这是实质层面的抽象概括）。

（二）环境犯罪的客观要件

1. 我国刑法学者关于环境犯罪客观要件的不同观点

由于环境犯罪属于“妨害社会管理秩序罪”之下的“次类罪名”，所以理论界独立地对环境犯罪同类客观要件进行概括的论著不多。这里介绍两种有影响的观点加以简析。一种观点认为，本类罪的客观方面表现为违反环境资源保护法规，实施了破坏自然环境和自然资源的情节严重的行为，包括：（1）必须以违反国家的某一项专门的环保法律为前提；（2）实施了具体的破坏自然环境和自然资源的行为；（3）破坏环境资源保护的行为必须达到“情节严重”或者后果严重。① 另一种观点认为，环境犯罪的客观方面主要涉及环境犯罪的客观行为、环境犯罪的客观危害后果以及危害行为与危害结果的因果关系三方面的问题。② 上述两种观点没有原则分歧，不足之处是仅基于传统的犯罪构成理论对狭义的环境犯罪客观要件进行阐述，其表述存在不严谨、不全面的地方。

2. 评析

本书基于犯罪构成立体化改良成果，把广义环境犯罪的类罪客观要件表述为：行为人违反环境资源保护法规，实施了污染环境、破坏自然资源，危害环境权益或者其他权益，情节严重的行为。其要点如下。

（1）危害行为必须以违反环保法律为前提。这是环境犯罪行政从属性

① 李希慧.妨害社会管理秩序罪新论[M].武汉：武汉大学出版社 2001：492-493.
② 吴献萍.环境犯罪与环境刑法[M].北京：知识产权出版社，2010：34-35.

的标志。具体内容包括：一是环境犯罪所侵犯的是环境法律关系（由环境民法、环境行政法调整所形成）；二是环境法律关系遭受严重的破坏，以至于民事制裁和行政法律制裁变得无效，不得不运用刑罚的方法加以惩治变得必要——只有刑法介入才能够双面预防环境犯罪，保障国家的整体环境法律关系不至于遭到破坏。所以，如果一个环境危害行为不违反关于环境保护的前置法律，则无论该行为的社会危害性有多么严重，都不可能绕过民法或者行政法等部门法直接由刑法加以调整。这主要是由社会生产生活的附随性和刑法的谦抑性所共同决定的。所以，环境犯罪的行政从属性必须予以强调。至于个别学者否定环境犯罪的行政法从属性之见解，是错误的。鉴于此，以污染类环境犯罪为例，认定环境犯罪的第一步即需要查明环境危害行为是否超过国家标准。如果不超过，即使造成了十分严重的污染后果，也不存在犯罪问题；如果超标，则需要根据刑法分则和司法解释的规定进一步考察是否达到了入罪的标准，没有达到入罪标准的，也只能是一般违法行为而不是犯罪行为。

然而，有一些学者否定环境犯罪的行政从属性。如认为环境犯罪的行政从属性具有负效果：一是环境犯罪的空白罪状将构成条件的禁止内容委诸十分庞大的行政法律、法规甚至位阶更低的行政规定，使人无法预知、预测行为的性质及其法律后果。这与罪刑法定原则之明确性原则有偏差，容易导致国民行为萎缩，过分侵犯人权。二是容易导致行政权僭越立法权。① 对于这些指责，笔者难以苟同。首先，任何空白罪状都存在援引前置法的规定以确定行政犯犯罪构成的情况。如果之后修订行政法的内容，则会间接影响行政犯的成立条件。这是任何行政犯的通例而非环境犯罪所独有，但为什么仍然采用空白罪状呢？因为立法使用空白罪状并不等于违反罪刑法定原则。其次，论者似乎把行政权与行政法混淆了——行政法主要规制行政权，但也不限于规制行政权，比如附属刑法就是规制国家的刑事权。按照立法法的规定，有权设置刑罚的，只能是“法律”，法律有权设置附属刑法（包括环境附属刑法），因此，只要按照立法法的规定，不可能出现行政权僭越立法权。最后，在我国刑法第 13 条但书规定的“定性＋定量”的犯罪法定条件模式下，环境行政违法与环境犯罪的界限是清楚的。司法实践也能够借助于司法解释的定量指标来恰当地界分。在德日国家，由于环境犯罪的行政附属性所致的环境犯罪与环境行政违法行为的模糊性问题，在中国的立法框架下是不存在的，或者即使存在也并不严

① 陈泽宪，李少平，黄京平.当代中国的社会转型与刑法调整[C].北京：中国人民公安大学出版社，2013：791.

重。除非我们生活、生产在真空中无需任何消费，否则，人类一刻也不能停止消费自然资源，排放生产、生活废弃物，由此，那种主张环境犯罪的设置逐渐消解其行政犯属性，直至实现环境犯罪的刑事犯设置的主张，在笔者看来将是纯粹空想。正是由于环境犯罪的从属性质，从世界范围内看，各国刑法对环境犯罪罪状的表述无不采用“违反国家法律”“违反国家规定”等空白罪状的形式。

（2）实施了具体的污染环境、破坏自然资源以及走私废物、管理环境的渎职等其他危害环境的行为。这里的危害行为是有一定的量的限定的危害行为。对有些犯罪而言，危害环境的行为还需要限定在“特定的时间、地点”之内实施，（或者）以特定的“方式、方法”来实施，如“非法狩猎罪”“非法捕捞水产品罪”等。

（3）危害环境的行为必须达到“情节严重”或者产生了严重后果。这是我国刑法第 13 条“但书”的要求，即使刑法分则条文没有明确规定“情节严重”“后果严重”“数额较大”等量的要求，司法解释或者司法人员在理解、解释和适用法律条文时也一定要考虑危害行为的量的限定。千万不要机械地理解法条、机械地司法：一看到刑法分则条文没有量的限定，就对法律条文进行形式解释，而完全把刑法第 13 条“但书”抛在一边。

根据现行刑法，这里的实害结果在如“擅自进口固体废物罪”和“非法处置固体废物罪”中，都是对传统法益的实际损害。这里的“情节严重”是由于实行行为的强度、频度或者行为对象等要素的特殊危害行为具有了“严重的社会危害性”。

（三）环境犯罪的主体要件

1. 主体要件的独立地位需要强调

按照传统的犯罪构成理论，犯罪主体要件是犯罪成立的“四个要件”中的一个，具有独立的地位。对主体要件的强调是犯罪构成四要件理论优于德日阶层体系的一个显著特征。在阶层体系中，一般主体要件被埋没在“有责性”判断环节，作为责任的前提条件而设定。之所以被埋没是因为阶层体系创立之初，受理想主义哲学的影响，视“行为人”为“千人一面”的“理性人”，因而每个人都是“具有无差别的意志自由”，故无需深入研究。然而，今天看来，阶层体系的做法并不可取。犯罪主体即具有主体资格实施的危害行为依法构成犯罪的人，并不是生活在真空中的“理性人”，而是经验人、经济人、社会人。在现实的案件中是需要认真考察的具体对象，因而行为人在符合主体要件的基础上还有其他独特的内容——

即使不同的行为人都符合主体要件，在具体的案件中不同的行为人的主体资格方面也仍然是有一定的差异性的。

2. 需要澄清的两个错误

(1) 国内、国外刑法理论往往混淆犯罪主体与犯罪主体要件。国内刑法理论常常混淆犯罪主体与犯罪主体要件，已如前述。同样地，德日阶层理论把特殊主体放在构成要件中，其中的“特殊主体”实际上是“特殊主体要件”。这也混淆了“特殊主体”和“特殊主体要件”这两个不同的概念。这种混淆不同的概念之现状应当加以纠正。犯罪主体是实施犯罪的人；犯罪主体要件是指成立犯罪所要求的主体资格。在任何犯罪论体系中作为犯罪成立条件所讨论的应是犯罪主体要件，而不是犯罪主体。

(2) 就自然人犯罪主体而言，没有摆正刑事责任能力与影响刑事责任能力的要素之间的关系。对于自然人犯罪的一般主体要件，我国刑法理论一般表述为“已达刑事责任年龄并且具有刑事责任能力的自然人”[①]。根据刑法规定，只有达到一定的年龄，并且具有刑事责任能力的自然人才能成为犯罪的主体……所以责任年龄和责任能力是犯罪主体的必要条件。[②]这些表述存在的问题是：将刑事责任年龄、精神状况等与刑事责任能力定位为并列关系，混淆了整体与部分的关系。这是因为，刑事责任能力是刑事责任年龄、精神状况等的上位概念，影响刑事责任能力的因素包括行为人的年龄、精神状况、重大器官功能状况等。自然人犯罪主体可表述为具有刑事责任能力（即符合主体条件）、实施了犯罪行为、依法应当承担刑事责任的人。

3. 对环境犯罪主体要件的界定

基于犯罪构成的立体化改良之构想，将自然人环境犯罪的犯罪主体要件表述为：已满十六周岁且精神正常因而具有刑事责任能力的自然人。具体而言，一般主体要件包括行为人属于自然人、年满十六周岁、行为人属于精神正常等要素。特殊主体要件则要求自然人具备特定的身份或者状态。

关于单位环境犯罪的主体资格，应该依据刑法第30条[③]和刑法分则的规定来确定。现行刑法规定，单位可以构成所有的狭义环境犯罪，还可以构成走私国家禁止进出口的货物物品罪和走私废物罪等广义环境犯罪。

---

① 贾宇.刑法学(马工程教材)[M].北京:高等教育出版社,2019:138.

② 赵秉志.高铭暄刑法思想述评[M].北京:北京师范大学出版社,2013:135.

③ 刑法第30条规定:“公司、企业、事业单位、机关、团体实施的危害社会的行为,法律规定为单位犯罪的,应当负刑事责任。”

（四）环境犯罪的主观要件

主观要件包括“罪过”与“超过”，“罪过”包括犯罪故意和犯罪过失；“超过”即罪过之外的主观要件要素，包括犯罪目的和犯罪动机。根据现行刑法，环境犯罪没有把犯罪动机和犯罪目的作为选择要素。所以，这里只研究环境犯罪的罪过问题。

1. 环境犯罪的犯罪故意

犯罪故意不同于日常生活中的“故意”，有着特定的内涵。与其他犯罪故意一样，环境犯罪的犯罪故意也有着特殊的内涵，区别于日常生活中的“故意”。就广义环境犯罪而言，其主观要件大多数是犯罪故意，如“非法处置进口的固体废物罪”“盗伐林木罪”“非法捕捞水产品罪”“滥伐林木罪”“非法采矿罪”等。环境犯罪的犯罪故意包括结果犯的犯罪故意和行为犯（包括抽象危险犯）的犯罪故意两种情形。

（1）结果犯的犯罪故意。这里的结果犯是指以法定结果的出现为既遂标志的犯罪。这里的法定结果包括实害结果（实害犯的结果）和具体危险结果（具体危险犯的危险结果）。

我国刑法第 14 条规定：“明知自己的行为会发生危害社会的结果，并且希望或者放任这种结果发生，因而构成犯罪的，是故意犯罪。”这是对结果犯的故意犯罪的界定。据此，结果犯的犯罪故意就是指行为人明知自己的行为会发生危害社会的结果，并且希望或者放任这种结果发生的一种主观心理态度。结果犯的犯罪故意包含两项内容：一是行为人明知自己的行为会发生危害社会的结果，这种“明知”属于心理学上所讲的认识方面的因素，亦称意识方面的因素；二是行为人希望或者放任这种危害结果的发生，这种“希望”或“放任”的心理属于心理学上意志方面的因素。实施危害行为的行为人在主观方面必须同时具备这两个方面的因素才能认定他具有犯罪故意。

第一，在认识因素上，行为人必须“明知自己的行为会发生危害社会的结果”。认识因素，又叫意识因素，是指行为人对自己的行为性质、意义乃至后果的辨认。行为人明知自己的行为会发生危害社会的结果，这是一切故意犯罪在主观认识方面必须具备的。如果一个人的行为虽然在客观上会发生甚至已经发生了危害社会的结果，但他本人在行为时并不知道自己的行为会发生这种结果，那就不构成犯罪故意。关于犯罪故意的认识因素，应明确以下几点。

首先，如何理解明知的内容？“明知”是犯罪故意认识因素的标志，表明行为人在决意实施某种行为之前，已经意识到了自己实施这种行为会对社会利益构成的危害。根据犯罪主观要件与犯罪客观要件、客体要件的联系，明知的内容包括犯罪构成的客观事实。具体来说，有三个层次的内容：一是对行为本身的认识，即对刑法规定的危害社会行为的内容及其性质的认识。以“非法收购、运输盗伐、滥伐林木罪”为例，要求行为人对自己收购、运输盗伐、滥伐林木的行为及其非法性质是明知的。二是对法定结果的认识，这里的“明知”是“明知刑法上的因果关系”，即对实行行为会产生法定危害结果的内容与性质的认识。以“破坏性采矿罪”为例，则不仅要求行为人认识到自己的破坏性采矿行为是违反法律的，而且还要求行为人对破坏性开采行为会造成矿产资源严重破坏的结果，是明知的。三是对其他犯罪构成要件事实（包括行为对象、时间地点、方式方法等）的认识。在分则条文中，有的犯罪要求行为人对法定的行为对象有认识，如危害濒危野生动物罪要求行为人明知自己所猎捕、杀害是珍贵、濒危野生动物；有的要求行为人对法定的犯罪时间、地点，或者特定的行为方式方法有认识，如“非法捕捞水产品罪”和“非法狩猎罪”要求行为人明知自己是在特定的时期、特定的地点以及采用特定的方法来实施捕捞或狩猎行为。

理解“明知”的含义，还应当注意的是这种认识可以是明确断定知道，也包括“推定明知”。司法解释就持此观点，将推定知道表述为“应知”。例如，《最高人民法院关于审理破坏森林资源刑事案件具体运用法律若干问题的解释》（以下简称《破坏森林资源刑事案件解释》）第10条规定，刑法第345条规定“非法收购明知是盗伐、滥伐的林木”中的“明知”，是指知道或者应当知道。具有下列情形之一的，可以视为应当知道，但是有证据证明确属被蒙骗的除外：一是在非法的木材交易场所或者销售单位收购木材的；二是收购以明显低于市场价格出售的木材的；三是收购违反规定出售的木材的。在这里，“知道”即精确地断定，而“应当知道”就是推定明知。“应当知道”是一种可以反驳的推定：如果行为不能用相反的事实证明自己不明知，则这种推定成立；如果行为人有证据证明确属被蒙骗的，对于自己收购盗伐、滥伐林木的行为确实是不知情的，则这种推定不成立。

其次，犯罪故意内容是否要求包含违法性认识？这与对违法性的理解有关。如果将违法性作实质的理解，即主张实质的违法性，那么，实质的违法性就是社会危害性的同义语，从而必须要求行为人认识到自己的行为是违法的；如果将违法性作形式意义的理解，即主张形式的违法性，是否必须要求行为人认识到自己行为的违法性，对此，西方理论界见解不尽一致，有违法性必要说、违法性不要说以及自然犯和法定犯区别对待说之争。在中国，对于“违法性认识”中的“法”范围的理解，也存在争议。有的将这里的法理解为“刑法”。但这种限定过于严苛，不利于刑法的保护功能。有的将这里的“法”理解为自然法，但这种理解过于宽泛，不符合罪刑法定原则，不利于发挥刑法人权保障功能。要注意的是，“违法性”术语来源于德日理论，与我国犯罪基本特征之一的“刑事违法性”不同。我们必须从实质与形式、质与量相统一的角度理解我国的刑事违法性。在危害行为已经构成犯罪的前提下，分析犯罪的基本特征时，刑事违法性是犯罪的基本特征之一；而“违法性认识”中的“法”，既不是指刑法，也不是指自然法（自然法是一种理念），故应当是指抽象的法、一般的法。由此，笔者赞成自然犯和法定犯区别对待说，对于刑事犯只要行为人认识到具有社会危害性就够了，无需再要求存在“违法性意识”；对于法定犯，不仅要求行为人认识到自己的行为是危害社会的，而且要求行为人认识到自己的行为是“法律”所不允许的。

最后，如何理解明知自己的行为“会发生”危害社会的结果？所谓“会发生”，包括两种情况：一种是明知自己的行为一定会发生某种特定的危害结果；另一种是明知自己的行为很可能会发生某种特定的危害结果。

第二，在意志因素上，必须对法定的危害结果持“希望”或“放任”态度。所谓意志，是行为人控制自己行为的心理态度。这种意志因素，可以分为“希望”和“放任”两种。希望危害结果的发生，是指行为人对危害结果抱着积极追求的心理态度，该危害结果的发生，正是行为人通过一系列犯罪活动所意欲达到的犯罪目的。在行为过程之中行为人的积极追求表现为行为人不断调整行为的指向和行为强度以期使法定结果尽快地、尽量地出现。所谓放任危害结果的发生，是指行为人虽然不希望、不积极追求危害结果的发生，但对危害结果的出现也不反对。在这种意志支配下，行为人在行为过程中不设法阻止危害结果的发生，而是对“结果是否发生”采取听之任之的心理态度。放任是一种中间意志形态，属于“不希望”意志，但不是“希望危害结果不发生”，或者说，这时，行为人“放任了危害结果的发生”，而不是“放任了危害结果”的“不发生”。[①] 由此可见，“放任”也是有价值取向的，而不是“价值中立”。

第三，认识因素与意志因素的关系。认识因素和意志因素是成立犯罪故意的两方面的心理因素，它们是彼此联系的相互促进和制约关系。一方

① 牛忠志.重新认识间接故意[J].政法论丛，2002(6)：30-34.

面，认识因素是意志因素存在的前提和基础，行为人对结果发生采取希望或者放任的心理态度，是建立在对行为及其结果的危害性质存在认识的基础上的。唯有有了认识，才谈得上对危害结果发生是持希望还是放任的心理态度，才会有在这种意志支配下的进一步的危害行为。另一方面，意志因素又是认识因素的发展，是犯罪故意的关键因素。如果仅有认识因素而没有意志因素，即主观上不是希望也不是放任危害结果的发生，也就不存在犯罪故意，不会有故意犯罪的行为。总之，认识因素是意志因素存在的前提，也是犯罪故意成立的基础；意志因素是认识因素的发展和犯罪故意形成的推动力，对行为人将犯罪故意变成犯罪行为起着决定性作用，并决定着行为方式的选择与不断调整。

（2）行为犯（包括抽象危险犯）的犯罪故意。犯罪的既遂模式和成立条件都是立法者对现实案件类型化和价值选择的结果。依照法教义学解释规则，既然行为犯、抽象危险犯的既遂不需要考察结果，只需要特定的行为实施完毕即属于犯罪既遂，那么，行为犯、抽象危险犯的认识因素和意志因素都不包括对危害结果和行为会产生危害结果的因果关系的认识和意志。由此，行为人“明知的对象”，以及“希望或者放任的对象”都不涉及特定的犯罪结果，只是限于“实行行为本身及其情状”而已。亦即只需考察行为人对“行为及其情状”的认识和意志即可，而不需要考察“危害行为与结果之间的因果关系”所存在的认识和意志。这里的“行为及其情状”，在一般情况下，是指行为属性和强度，在特殊情况下还应包括行为的时间地点、方式方法或者行为对象等。

（3）犯罪故意的分类。除了法教义学对刑法第 14 条解读出的结果故意和行为故意之外，还可以有其他分类。例如，根据行为人对危害行为所具有的心理状态的不同，将其划分为直接故意和间接故意两类。犯罪的直接故意是指行为人明知自己的行为一定或可能发生危害社会的结果，并且希望这种结果发生的心理态度，即“一定发生/可能发生＋希望意志”。犯罪的间接故意是指行为人明知自己的行为可能发生危害社会的结果，并且放任这种结果发生的心理态度，即“可能发生＋放任意志”。由此可见，直接故意与间接故意的区别，不仅在于意志因素的差异，而且在认识因素上也有区别。直接故意既包含行为人对危害结果必然发生的明知，也包含行为人对危害结果可能发生的明知；而间接故意则只能是对危害结果可能发生的明知。所以，当行为人认识到自己的行为“一定发生”危害社会的结果而仍然行为时，就不会再存在“放任”意志了，不要把“弱的希望”混同于“放任”意志。

2. 环境犯罪的犯罪过失

“犯罪过失”与日常生活中的“过失”是不相同的。同理，环境犯罪的犯罪过失也是具有特殊内涵的专门术语。按照刑法关于环境犯罪的规定，一些环境犯罪的主观要件是犯罪过失①，如“环境监管失职罪”“擅自进口固体废物罪”等。

根据刑法第 15 条规定②，犯罪过失是指行为人应当预见自己的行为可能发生危害社会的结果，因为疏忽大意而没有预见，或者已经预见而轻信能够避免以致发生这种结果的心理态度。③ 犯罪过失包括过于自信的过失和疏忽大意的过失。

（1）过于自信的过失。在认识因素上，行为人已经预见到自己的行为可能发生危害社会的结果。如果行为人行为时事实上根本没有预见到自己的行为会导致危害结果的发生，则不属于过于自信的过失，而有可能属于疏忽大意的过失或意外事件；如果行为人“预见”到自己的行为必然发生而不是可能发生危害社会的结果而继续实施行为，则属于犯罪直接故意的心理态度，而不是过于自信的过失。在意志因素上，行为人之所以实施行为，是基于轻信能够避免危害结果的发生（即“不希望”的态度）。有人认为，过于自信犯罪过失没有意志因素，理由是人的意志因素应当表现为肯定性质的因素。我们认为，在否定性质因素上，也可以形成意志。不希望，也是一种意志。所谓“轻信”，就是说，行为人过高地估计了可以避免危害结果发生的其自身和有关的客观有利因素，而过低地估计了自己行为导致危害结果发生的可能程度。正是这种“不希望”和“轻信”心理，支配着行为人实施了错误的行为而发生危害结果；也正是这种“不希望”和“轻信”心理，使过于自信的过失得以成立并区别于其他罪过形式。

在过于自信的情况下，行为人已经预见到自己的行为可能发生危害社

---

① 对于某一环境犯罪的罪过到底是犯罪故意还是犯罪过失，学界的理解并不一致。有的学者认为擅自进口固体废物罪是故意犯罪。见高铭暄，马克昌.刑法学[M].北京：高等教育出版社，2016：584；谢望原，郝兴旺.刑法分论[M].北京：中国人民大学出版社，2008：404.对于污染环境罪的主观要件，有的认为是故意，见贾宇.刑法学（马工程教材）[M].北京：高等教育出版社，2019：231.笔者认为，从法条表述上来看应该是犯罪过失；但若根据司法解释列举的 17 种入罪情形来分析，有的情形只限于对行为本身的认识和意志，故不属于犯罪过失的范畴，属于犯罪故意。

② 刑法第 15 条规定：“应当预见自己的行为可能发生危害社会的结果，因为疏忽大意而没有预见，或者已经预见而轻信能够避免，以致发生这种结果的，是过失犯罪。过失犯罪，法律有规定的才负刑事责任。”

③ 这里的论述以传统的过失实害犯为标本。不过，由于过失危险犯（以发生具体的危险状态为既遂），也属于广义的结果犯，因而这里的论述也适用于过失危险犯。

会的结果，但又考虑到自己的能力、行为时其他阻止结果发生的诸客观条件，综合得出结论："可以"阻止结果的发生，但是行为人得出的这种结论是错误地夸大了阻止结果发生的主客观要素的作用，最终结果还是实际地发生了，所以是"轻信""自己能够避免"。在过于自信的过失场合下，行为人存在着认识错误。如果说刑法谴责疏忽大意的过失是因为行为人懒惰而根本没有发挥主观能动性的话，那么刑法谴责过于自信的过失则是因为行为人虽然一定程度地发挥了主观能动性，但发挥得不够，以至于"主客观分离"作出错误的判断："轻信能够避免。"

关于过于自信的过失与间接故意的区别。犯罪上的过于自信的过失心理与间接故意的心理在认识因素上都"预见"到行为可能发生危害社会的结果，在意志因素上都不是希望危害结果的发生，因而二者容易混淆。但是，它们是性质截然不同的两种罪过形式，在认识因素和意志因素上都有着明显的区别。首先，认识因素上有所不同。第一，过失罪过中的"预见"与故意罪过中的"明知"是有差别的。明知是主观对客观的认知，预见是根据过去的生活经验对现在现实情况的推测。所以，二者对事物认识的清晰度有差异。第二，虽然过于自信的过失与间接故意二者都"预见"到行为发生危害结果的可能性，但行为人对这种可能性是否会转化为现实性即实际上发生危害结果的主观估计是不同的：间接故意的心理对可能性转化为现实性没有发生错误的认识和估计，并不是认为这种可能性不会转化为现实性，因而在可能性转化为现实性（即发生危害结果）的情况下，行为人的主观认识与客观结果是一致的。而过于自信的过失心理则不同，行为人虽然预见到危害结果发生的可能性，但在主观上又同时认为，鉴于自身能力、技术、经验和某些外部条件，他实施行为时危害结果发生的可能性不会转化为现实性，即他对可能性转化为现实性问题发生了错误认识，在危害结果发生的情况下，其主观与客观是不一致的。其次，意志因素上有重要区别。二者虽然都不希望危害结果发生，但它们对危害结果的态度仍有差异。间接故意的行为人虽不希望结果发生，但也并不反对、不排斥危害结果的发生，因而也就不会凭借什么条件和采取什么措施去防止危害结果发生，而是听之任之，有意放任危害结果发生。过于自信过失的行为人不仅不希望危害结果发生而且希望危害结果不要发生，希望避免危害结果的发生，即排斥、反对危害结果的发生。关于过于自信的过失与间接故意的区分，应考察客观上是否存在行为人"自信"的依据，不能偏听行为人的辩解。有的案件表面上看起来似乎是行为人轻信能够避免危害结果发生，但这种所谓"轻信"没有实际根据，行为人所指望的避免结果发生的那种条件根本不会存在，或者虽然存在但对防止结果的发生毫无意义或几率极小。在这种情况下，如果发生危害结果，不是过于自信的过失，而是间接故意犯罪。

（2）疏忽大意的过失。疏忽大意的过失是指行为人应当预见到自己的行为可能发生危害社会的结果，因为疏忽大意而没有预见，以致发生这种结果的心理态度。没有预见的原因并非行为人不能预见，而是在应当预见的前提下由于疏忽大意才没有预见。假若行为人小心谨慎、认真负责的话，就能够预见并进而避免危害结果发生。应当预见是前提，没有预见是事实，疏忽大意是原因。

第一，行为人的预见义务和预见能力。行为人应当预见到自己的行为可能发生危害社会的结果。所谓“应当预见”，是指行为人在行为时负有预见到自己的行为可能发生危害结果的义务。“应当预见”是预见义务与预见能力的统一，所以判断是否“应当预见”，既不能只考虑行为人的主观内容，也不能只看客观因素。预见义务从客观上提供“应当预见”的依据，而预见能力则从主观意义上提供“应当预见”的本体依据。疏忽大意的过失中的预见义务，来源于法律规定，职务、业务的要求，或是公共生活准则的要求。

对于预见能力，其衡量标准如何？理论界见解不一。国外理论界的主要见解有：一是客观标准说，即主张以“社会上一般人”的认识水平为标准来衡量（准确地说应称之为一般人标准说）。二是主观标准说，即在当时的具体条件下以行为人本身的认识能力和水平来衡量（准确而言应称之为行为人标准说）。三是以行为人标准（主观说）为依据，以一般人标准（客观说）为参照的折中说，主张当行为人本身的认识能力和水平高于社会上一般人的认识能力和水平时，应以社会上一般人的认识水平为标准；当行为人本身的认识能力和水平低于社会上一般人的认识能力和水平时，应以行为人的认识能力和水平来衡量。我们认为，现代国家惩罚犯罪的根据在于行为人基于罪过的心理实施了危害社会的行为，动用刑罚的目的在于以报应为主兼采功利主义，因此，判断行为人是否应当预见的标准，不能脱离行为人本人的认识能力。客观说完全以他人的认识能力为标准，显然不当。主观说以行为人个人的认识能力为标准，是合理的。至于前述折中说，笔者认为其实际上还是行为人说，而且不要把“本体”与“喻体”混淆了，行为人行为时的罪过与采用何种标准来认定行为人的罪过是两码事。司法过程中对于罪过认定的学说只不过是为认定行为当时的罪过提供了一种认定的标准和路径，故对于行为时行为人罪过的回顾性认定，要结合行为时的具体环境条件来考察。

第二，疏忽大意过失的认识因素和意志因素。行为人由于疏忽大意而没有预见到自己的行为可能发生危害社会的结果。所谓没有预见到，是指行为人在行为当时没有认识到自己的行为可能发生危害社会的结果，简言之即“没有认识”。如果说“应当预见”是一种认识的可能性，“没有预见”是一种实际的认识状态，那么疏忽大意的过失的特征就是有认识能力而麻痹大意、竟未认识，以致发生危害结果。按照认识与意志的逻辑关系，认识是意志的前提和基础，疏忽大意的场合下行为人没有意识就不可能有意志。但疏忽大意过失的意志因素属于消极因素，行为人的意志是反对危害结果发生或希望危害结果不发生，至少可以说是既不希望也不放任危害结果发生。司法机关只要证明了疏忽大意的认识因素，没有证据表明行为人希望或放任危害结果发生，排除了意外事件之后就可以确定为疏忽大意的过失。

法律规定惩罚这种过失犯罪，从客观方面看，是因为行为给社会造成了实际危害后果；从主观方面看，就是要谴责这种对社会利益严重不负责任的心理态度，以敦促行为人和其他人努力发挥主观能动性，防止疏忽大意过失犯罪发生。

3. 坚持主观与客观的统一原则，反对“无过失”归责制度

刑事责任的追究必须同时具备主客观两方面的条件，既不能主观归罪、惩罚思想，也不能对意外事件和不可抗力情况下的结果归罪（客观归罪）。

一些学者主张严格责任的环境犯罪，这里的关键是如何理解“严格责任”。（1）如果将严格责任定位为“犯意不是犯罪成立的条件，只要被告人实施了某项法律所禁止的行为，就可以定罪，不用证明行为人主观上有过错”①，那么这样的“严格责任”等同于无过错责任或者绝对责任，由于违背了主客观统一原则，在当代刑法框架下便不具有合理性。（2）如果把严格责任界定为“推定实施了特定的环境危害行为就存在犯罪过失，然后允许行为人反证；只是对于不能反证的，则‘推定的犯罪过失’成立”②，那么，这种严格责任仍属于过错责任的范畴，是合理的，只是证明方法特殊。这种严格责任包括实体法上过错推定和程序法上的举证责任倒置等内容。

---

① 赵星.环境犯罪论[M].北京:中国人民公安大学出版社,2011:184.

② 牛忠志.论刑事严格责任原则的合理性——以污染环境犯罪为例[J].山东公安专科学校学报,2004(1):53-58.

二、环境犯罪的行为人危险人格阶层

在犯罪成立条件体系中，我们应该注意与四要件子系统相并列的行为人危险性格体系，亦即行为人或者单位的一贯品格、一贯表现。由于犯罪是行为的客观危害、行为所承载的主观恶性和行为人之人身危险性格三方面内容的有机统一。因此，在前两方面内容不变的情况下，可能因为行为人（包括自然人和单位）具有较大人身危险性（也称社会危险性、再犯可能性）这方面因素的影响而成立犯罪。比如，2016 年发布的《办理环境污染刑事案件解释》第 1 条第 6 款就规定了“二年内曾因违反国家规定，排放、倾倒、处置有放射性的废物、含传染病病原体的废物、有毒物质受过两次以上行政处罚，又实施前列行为的”的入罪情形。又如，2016 年发布的《最高人民法院关于审理发生在我国管辖海域相关案件若干问题的规定（二）》第 3 条规定：“违反我国国（边）境管理法规，非法进入我国领海，具有下列情形之一的，应当认定为刑法第三百二十二条规定的‘情节严重’：……（3）因非法进入我国领海被行政处罚或者被刑事处罚后，一年内又非法进入我国领海的……”其第 10 条规定：“行政相对人未依法取得捕捞许可证擅自进行捕捞，行政机关认为该行为构成渔业法第四十一条规定的‘情节严重’情形的，人民法院应当从以下方面综合审查，并作出认定……（二）是否故意遮挡、涂改船名、船籍港；（三）是否标写伪造、变造的渔业船舶船名、船籍港，或者使用伪造、变造的渔业船舶证书……”该条规定的故意遮挡、涂改船名、船籍港，标写伪造的证件都表明了行为人的犯罪意志坚决和社会危险性较大。

需要强调的是，鉴于行为人危险人格的判断是一项十分复杂的工作，需要运用专业知识对行为人纵向时间轴上一系列行为进行分析判断，所以，作为入罪的条件必须有明确的规范依据；鉴于环境犯罪多以“情节严重”作为入罪门槛或者法定刑升级的条件，但社会危险性的表现又是多种多样的，因而难以穷尽各种情形，所以很多环境犯罪在列出了常见的社会危险性较大的表现样态之后也往往有一个兜底条款：“其他情节严重的情形”或者“其他特别严重情节”。这种场合下，社会危险性人格就成为综合性的“情节严重”的一个影响要素，而起到酌定入罪的作用。对此，司法人员需要十分谨慎。

第五章 危险犯形态理论的革新和环境危险犯的立法设置

危险犯形态在环境犯罪中最具特殊性，因为许多学者都主张将一些环境犯罪设置成危险犯。有鉴于此，关于什么是危险犯以及它与行为犯和结果犯的关系值得深入思考。有了坚实的理论前提之后，再对环境犯罪立法中的危险犯形态作专门的研究。

第一节 危险犯形态理论的革新

一、我国刑法理论界关于危险犯理论存在的问题与评析

危险犯是刑法理论中最为疑难问题之一，危险犯中“危险”一词的界定十分关键。由于各国刑法理论体系不同，各自对危险和危险犯等在不同的语境中赋予了不同的含义和作用。即使是同一国家的不同学者，由于其研究的意图不同，也赋予了“危险”不同的含义和作用。如果在借鉴外国理论时不注意理论体系与语境的差异，或者本国学者之间沟通时不能全面理解其他学者所使用术语的真实意蕴，那么就会导致“危险”概念使用混乱。正是因为“危险”有多种含义，所以日本学者才说“给‘危险’下定义无疑是一个‘危险的定义’”。

我国刑法理论界关于危险犯理论存在问题有以下几个。

一是一些学者不注意将作为法律术语的“危险属性”“危险状态”与作为普通词汇、其他学科中的“危险”相区分。法律术语虽然来源于普通词汇，但却与普通词汇有着显著的区别。法律术语往往对普通词汇给予了更多的限定，经过限定之后，其内涵丰富，外延缩小。如日常意义上的“危险”是指“可能导致灾难或者失败的情况”，而法律上的“危险”是对

普通词语之“危险”限制之后的“危险”，具体怎么限定，需要根据限定的目的，赋予其相应的内涵与外延。例如，基于研究目的，本节的“危险”是法律上的、与犯罪有关的对特定法益的侵害所导致的“危险”状态，而且仅限于人的行为所制造的危险，而不包括其他原因所导致的危险。

有的学者先把刑法中的“危险”限定为“危害行为对刑法所保护的社会关系产生的足以发生实际损害的现实可能性”。这实际是“具体危险结果（状态）”。但接下来却把“危险”的外延扩大了——把刑法中的危险分为“主观危险和客观危险、初犯危险与再犯危险、一般危险与特殊危险、急性危险与慢性危险、作为行为的危险和作为结果的危险”①。问题是，“急性危险与慢性危险”并不是刑法的专用术语，“初犯危险与再犯危险”是指人格危险而不具有前述所给定义中结果危险之属性，“行为的危险”是指行为具有危险性质，并非这种危险性展开之后发生效果所导致的“具体危险结果（状态）”。可见，论者前面仅指具体危险状态，后面的分类又不局限于具体的危险状态，犯了论证不统一的逻辑错误（即违背了同一律）。

二是我国学者在借鉴德日刑法理论时没有注意到中国犯罪的量的程度要求之特点，因而借用术语时发生了不应有的错误。例如，根据德日刑法，德日犯罪中的实行行为的量的要求很低，对于行为的危险性只定性分析即可。然而，中国的犯罪对于行为致害性有较高“量”的要求。以“非法持有枪支罪”为例，这里对非法持有枪支的“实行行为”的判定，按照2008年6月25日发布的《最高人民检察院、公安部关于公安机关管辖的刑事案件立案追诉标准的规定（一）》第3条规定，需要“非法持有、私藏军用枪支一支以上的；或者非法持有、私藏以火药为动力发射枪弹的非军用枪支一支以上，或者以压缩气体等为动力的其他非军用枪支二支以上的。”现在假如有这样一个案例：已经查明行为人只是“非法持有一支以压缩气体等为动力的其他非军用枪支”，那么这种“持有”最终不能被评价为非法持有枪支罪的“非法持有行为”，从而也不具有刑法意义。这就是说，在德日，对一个危害行为判断只需在性质上看是否符合“类型的行为”即可。然而，在中国，对一个危害行为的判断，如果要具有刑法意义，则不仅要定性分析还需要定量判断——是否具有严重的社会危害性（即严重的法益侵害性）。正是这个差别，使我国的危害行为的危险属性与危险犯的危险状态更容易混淆。

---

① 鲜铁可.新刑法中的危险犯[M].北京：中国检察出版社，1998：4-5.

三是一些学者没有把“行为人的人格危险性”“行为的危险性”“危险状态”和作为犯罪既遂形态的“危险犯”等概念严格区分开来，而笼统地对它们使用“危险”一词模糊指代，由此导致了理论混乱。仔细推敲，这四个词语是有明显差别的。

(1) 关于“行为人的人格危险性”和“行为的危险性”。在事物“本体”具有的属性意义上使用“危险”一词，所指的是“事物的性质”。比如，可以说“危害行为具有危险性”“某甲具有社会危险性或危险性人格”。

(2) 关于“危险状态”。首先，具体的“危险状态”是具有危险性的行为作用于客观对象所呈现出的一种客观趋势，故被划归到“结果”的范畴（具体危险犯属于广义的结果犯）。这种危险状态是否出现，应该结合行为的具体强度、具体的行为对象、行为的时间、地点等加以分析判断。有日本学者认为，“未遂犯是公认的危险犯，即未遂犯以具有发生结果的危险为前提。”① 这里的“危险”，实际上是指由于实行行为的“着手”所导致的一种趋势——危险状态（一种结果）。其次，与具体危险犯相对应的是“抽象危险”，只要有一个危险行为的存在，那么就会伴随一个抽象危险。也即行为的抽象危险属性与对法定结果所具有的抽象危险状态同时存在，相伴而生，无需结合具体案件中的行为时间、地点和行为的具体指向等加以甄别，而是属于立法推定（当然，这种立法推定往往是建立在大量的社会经验基础之上，不是没有根据、任性的凭空设想）。

(3) 在我国，作为犯罪既遂模式的“危险”，即具体危险犯的“危险”，是实行行为着手之后产生的一种客观危险状态。立法把这种状态（特定的危险结果）的出现作为具体危险犯既遂的判断标准。刑法理论中的抽象危险犯是犯罪预备行为实行化的情况，所以，抽象危险犯实际上属于行为犯的范畴。同时，也请注意，德日学者在这里论证“危险状态”存在的目的是在讨论行为的可罚性，而不是讨论既遂模式。② 因为德日刑法对于未遂犯的处罚也是以法律的明文规定为限。即只处罚值得处罚的未遂犯——着手实施了实行行为并且产生了具体危险时，才是可罚的。

然而，由于不注意准确地陈述，尤其是源于中国语言的“描述性”和

---

① 张明楷.刑法学：第5版[M].北京：法律出版社，2016：311.

② 正因为如此，德日对于他们理论中的“危险犯”的讨论是放在构成要件的“典型事实”中，而不像我国放在既遂模式中。杜里奥帕·多瓦尼.意大利刑法学原理[M].陈忠林，译，北京：法律出版社，1998：120；马克昌.比较刑法原理[M].武汉：武汉大学出版社，2002：196.

善于概括的特点，不屑于“直白地叙述”，故有的学者在翻译或者研究时不时地把“危险性”“危险状态”等词语不加区别地概括为“危险”一词。翻译外国文献时混用“危险”“危险性”“危险状态”作为犯罪既遂形态的“危险犯”等词语，尤其是把作为处罚根据的“危险状态”和作为既遂模式的“危险犯形态”相混淆，进一步加剧了危险犯理论的混乱。例如，有学者认为，刑法中的危险是指危害行为对刑法所保护的社会关系产生的足以发生实际损害的现实可能性。这种定义显然只是指实行行为所具有的危害法益的属性。但论者接下来又在“危险”的特征部分论述道：“刑法中的危险是一种现实可能性；刑法中的危险是足以发生一定实际损害的现实可能性；刑法中的危险是对刑法保护的社会关系产生的足以发生一定损害的现实可能性；刑法中的危险是由危害行为产生的。”① 分析这段关于危险特征的阐述，论者实际上把原来定义中的危险的“属性”概念偷换成行为实施之后所导致的“危险状态”。再如，日本学者认为：“所有未遂犯都是危险犯，即未遂犯的成立以具有发生结果危险为前提。”② 在这里，日本学者使用“危险”一词，是说危害行为使“保护客体”处于“一种危险状态”，由于这种“危险状态”出现，才使该行为具有了可罚性③，而不是论证是不是作为既遂模式的危险犯——犯罪既遂形态之一。基于论证处罚的合理性根据而说明“行为实施之后导致了法益的危险状态”，而且，“从行为导致法益的危险结果从而具有可罚性”的角度，主张“未遂犯都是危险犯”是成立的。因此，在德日，学者们的论证是有价值的，他们的犯罪门槛很低，通过危险状态是否出现把一些情况排除在犯罪圈之外。可见，日本学者在论证处罚根据上所使用“危险犯”概念，是由其犯罪模式的特征所决定的。

但是，我国刑法理论所研究的“危险犯”是作为既遂模式之一的“危险犯”④，因而与日本学者的语境和研究目的有巨大的差别。如果我们不加思索就把上述日本学者所说的“危险犯”等同于作为犯罪既遂模式的“危险犯”，那便不合适了。有学者以“所有未遂犯都是危险犯”为依据，

① 鲜铁可.新刑法中的危险犯[M].中国检察出版社，1998：5-6.

② 张明楷.刑法学：第5版[M].北京：法律出版社，2016：33.

③ 不仅德日而且意大利刑法学理论亦然：“只有实质危险意义上的行为，或者说与实施犯罪相称的行为”才可作为未遂而具有可罚性。参见杜里奥·帕多瓦尼.意大利刑法学原理[M].陈忠林，译，北京：法律出版社，1998：298.

④ 例如，危险犯是以行为人实施的危害行为造成法律规定的发生某种实害结果的危险状态作为既遂标志的犯罪。参见高铭暄，马克昌.刑法学：第7版[M].北京：高等教育出版社，2016：266.

认为危险犯没有特殊性，进而彻底否认危险犯这种犯罪既遂形态存在的合理性。[①] 这一点同样不足取。有的学者在犯罪构成的客观要件部分讨论危险犯的问题[②]，有的学者比照德日刑法理论把犯罪形态问题称之为“犯罪行为结构”[③]，这些情况都缘于没有充分认识到中国与德日在刑法规定、犯罪论体系等方面的差异。

四是没有结合犯罪的实施过程来限定所使用的“危险”一词。如果不结合犯罪实施过程，就很难弄清楚抽象危险犯形态与行为犯、作为具体危险犯的危险结果、作为抽象危险犯的危险结果之间的关系。例如，有的学者认为，研究抽象危险犯与行为犯的区别，关键在于“是否允许反证”：抽象危险犯允许反证，而对于行为犯既遂的认定则“不允许反证”。[④] 关于具体危险犯的危险结果与抽象危险犯的危险结果之间的区别，有的学者认为：“这两种危险结果并无实质区别，仅仅是对刑法所保护的社会关系侵害的可能性程度不同而已。”[⑤] 但是，上述论者的观点实际上并没有抓住问题的要害。原因有二：(1) 是否允许反证是程序法（学）问题，刑法（学）不应该也不可能把罪与非罪的标准这一实体问题交给程序法（学）来解决。刑法作为实体法必须给构成犯罪与否提供一个可供操作的标准。(2) 抽象性的危害结果是把握抽象危险犯的关键。从犯罪发生过程来看，在有抽象危险犯的场合，这种“实行行为”实际上是“其他犯罪”的“预备行为”，立法为了加强对特定法益的妥帖保护而将这种预备行为另行单独地作为“新的犯罪”的“实行行为”，因而这种危害行为对法益的侵害只具有“抽象可能性”。之所以是“抽象危险性”，是因为该犯罪的实行行为没有直接指向刑法设置该罪所要保护的法益载体，因而只能是抽象地危害了特定的法益。这一点与行为犯不同，在行为犯场合，一定强度的实行行为直接指向具体的行为对象，这一危害行为对法益的侵害具有现实可能性。可见，危害行为所产生的危险是具有“现实可能性”还是“抽象可能性”，成为区别行为犯与抽象危险犯二者的关键。同时，无论是行为犯还

---

① 张明楷.刑法学：第 5 版[M].北京：法律出版社，2016：311-312.

② 王利宾.我国环境犯罪诸问题的反思[J].辽宁行政学院学报，2010(2)：30.

③ 侯艳芳.环境犯罪构成研究[D].山东大学博士论文(2009-4)：86.

④ 论者认为：“抽象危险犯中受刑法保护的客体特别重要，且侵害这类客体的行为一旦实施，其危险状态也往往随之出现。同时，对这类重大的客体也只需要存在一般的威胁，就应该在刑法上加以严厉禁止。另一方面，在确保重大客体免受侵害的前提下，为了不至于打击面太大，我们在设置危险犯时，又增加了允许反证的补救措施。”见鲜铁可.新刑法中的危险犯[M].北京：中国检察出版社，1998：41.

⑤ 鲜铁可.新刑法中的危险犯[M].北京：中国检察出版社，1998：105.

是抽象危险犯，其既遂的标准都“不要求考察”危险是否产生（无论是“现实危险还是抽象危险”），而都是以特定的行为实施完毕为既遂的标准。正是从整个意义上，可以说抽象危险犯属于行为犯的范畴。

在我国，在犯罪的发生过程中，行为危险与危险结果、实害结果的产生属于一个有时间顺序的运动过程（因果过程）中的不同阶段。预备行为（对本罪侵害的法益具有抽象危险性）——着手之后的实行行为——实行行为产生进一步对本罪的保护法益有了具体危险——本罪的保护法益受到实害。在规范领域中，立法者有时选择把预备行为独立化为另外的一个犯罪即抽象危险犯；有时选择把实行行为的完成作为既遂标准即行为犯；有时选择实行行为对本罪的保护法益产生了一定程度的危险性的出现作为既遂标准即具体危险犯；有时把对本罪的保护法益之实害结果的出现作为既遂标准即实害犯。立法者价值选择的不同，导致了不同犯罪（行为犯与结果犯）既遂标准的需要或者不需要考察的现状。

日本学者在行为可罚性的根据上对行为危险与结果危险分开使用。比如，过失危害行为通常只有产生危害结果时才可罚，而对于故意危害行为只有产生危险状态才可罚。但是，在我国的理论体系中，从犯罪既遂模式的判断标准上，这两个概念是可以兼容的：实施一定强度的危害行为（行为的危险属性，即人们常说的“行为危险”）指向特定法益的载体，该行为内在的危险性外化，导致了法益的危险状态（无论具体危险还是抽象危险都是这样），这种状态是一种趋势，也是一种结果，也就是常说的“结果危险”。可见，“行为危险”和“结果危险”在犯罪过程中是相互关联而不是相互排斥的。

在中国的语境下，抽象危险犯的危险结果与具体危险犯的危险结果的区别也一样：一个是具有产生法定危害结果的抽象可能性；一个是具有产生法定危害结果的现实可能性（在具体危险犯的认定时，必须考察这种“特定的危险状态”存在与否）。①

总之，在我国刑法学上，行为人的“人格危险性”、“行为的危险性”（致害性）和危害行为实施所导致的“危险状态”、作为既遂模式的危险犯的“危险结果”（危险状态）以及“危险犯形态”，这几个不同的词语已经

① 从犯罪发生过程的差别性来把握这两种危险犯的差别更为关键。当然并不否认它们之间还有其他方面的差异，如，对于抽象危险犯，不需要证明危险的存在，或者说不需要判断是否发生了危险；这种危险的存在是被推定的，即只要行为人实施了一定的行为，当然就对法益构成了威胁；具体的危险犯是需要具体判断的——对案件事实的或然性判断，如此等等。

成为刑法学的专门术语而且可以并存。不过，为避免混淆，应该通过明晰我们所阅读的文献中所用词语的语境来把握“危险”的具体含义，到底指的是“人格危险性”“行为的危险性”“危险状态”还是“危险犯”。

二、作为既遂模式的危险犯形态之地位和分类

1. 作为既遂模式的危险犯形态的地位不同于作为可罚根据的德日危险犯

德日由于其立法特点，具体危险状态的出现成为可罚与否界分的关键。然而，根据我国的立法体系，预备行为即具有可罚性。所以，不宜过高估计危险犯形态在我国的价值。一些学者过高地估计了危险犯形态在我国的价值，其错误产生的原因在于没有注意到我国的刑事立法规定与德日不同。

在德日，其犯罪门槛较低，而且刑法不仅不处罚预备行为，对未遂行为①的处罚也是有选择的。如《德国刑法典》和《日本刑法典》并非对于任何未遂犯都处罚，而是有选择地处罚未遂犯。因此，在德日，刑事立法是否把某罪设定为处罚未遂犯，对于具体案件而言则关系到罪与非罪界限问题。假定立法不处罚某种环境犯罪的未遂，那么，对现实中触犯该罪但是没有达到既遂的行为，依据现行的德国或日本的刑法规定，就不被认定为犯罪。然而，我国却不同。首先，我国以处罚犯罪预备为原则②，更不要说对未遂犯的处罚了。因此，完全可以借助刑法关于犯罪预备形态、未遂犯、中止犯等规定依法处罚现实中的危害行为。即使在立法把某种危害环境的行为规定为结果犯的情况下，如果现实中某一个环境危害行为最终构成了犯罪预备形态、犯罪未遂或者犯罪中止形态等未完成形态，仍可以依刑法关于处罚犯罪预备、处罚未遂或者处罚犯罪中止的规定来处罚这些行为（条件是司法者感觉对该“具体环境危害行为”值得用刑罚来处罚，即不属于“情节显著轻微危害不大”的情形）。所以，在我国，既遂形态的设定对于犯罪圈的划定的意义在于不能绝对地决定行为事实的“罪”与“非罪”，最多是对“当罚”的程度有一定影响。其次，既遂形态仅有的这些作用（即对当罚程度的影响）又会再一次被我国刑法对犯罪法定刑设置的不精致性（每个法定刑档次的跨度往往很大，如“3 年以上 7 年以下有

---

① 德国和日本的未遂罪是广义的未遂罪，包括我国的犯罪未遂和犯罪中止。如《德国刑法典》第 22、23、24 条，《日本刑法典》第 43、44 条。

② 当然，我国刑法在总则规定了处罚犯罪预备，但是立法粗疏且需要完善。详细内容可查阅郝守才.论犯罪预备立法之完善[J].河南大学学报(社会科学版)，2002(6)：101-106.

期徒刑”“5 年以上有期徒刑”“10 年以上有期徒刑或者无期徒刑”等）所冲淡。所以，在我国，不要过高估计包括危险犯在内的犯罪形态的价值。有学者主张环境犯罪应规定危险犯犯罪形态①，甚至有的认为把环境犯罪设置成危险犯就可以将环境犯罪消灭在萌芽状态②，这些主张一是没有注意到我国区别于德日在于以处罚犯罪预备为原则的立法模式，二是不适当地高估了危险犯形态的刑法价值。

2. 关于危险犯形态的分类

基于我国刑法及其与之相适应的犯罪构成体系特点，除了从犯罪构成整体把握行为的可罚性外，我国还需要基于犯罪构成要件的充足与否来确定行为可罚的程度。具体的行为事实完全符合刑法分则设定的某一犯罪的成立条件的，是犯罪既遂。“危险犯”是立法设定的既遂模式之一。

这里根据不同的标准把“危险犯”分为抽象危险犯和具体危险犯、故意危险犯与过失危险犯。

（1）根据危险状态是抽象可能还是现实可能，把危险犯形态分为抽象危险犯和具体危险犯。故意犯罪的发生经历了下述基本过程：犯罪预备行为（一部分被独立化为抽象危险行为）→着手之后的实行行为→实行行为产生了具体危险状态→具体的危险状态转化为法定实害结果。立法上根据这个过程，可以选择在什么样的节点上作为犯罪的既遂，进而确定出不同的犯罪既遂形态。也就是说，犯罪既遂形态设计是立法者的价值选择。具体而言，立法可以选择危害行为的完成作为某一犯罪的既遂标准，也可以选择危害行为实施完毕并产生某种危险状态作为某一犯罪的既遂标准，还可以以危害行为产生了某种特定的实害结果作为某种犯罪的既遂标志。于是，以实行行为的实施完毕为既遂标准是行为犯；以实行行为产生的法定的危险结果的出现为既遂标准是危险犯形态（属于结果犯形态的一种）；以发生法定实害结果为既遂标准的是实害犯（属于结果犯形态的一种）。那种否定上述既遂标准而主张一律以“发生了行为的逻辑结果”作为行为犯、结果犯和危险犯既遂标准的观点③，在我国并不可取。

结合我国犯罪构成的特点，抽象危险犯是指行为一经实施，法律即推定该行为对受保护的法益造成抽象危险状态的犯罪；具体危险犯是指以实行行为对受保护的法益造成了现实危险状态作为既遂标准的犯罪。这里的

① 即“只要对传统法益或环境法益构成危险就足够。”吴献萍.环境犯罪与环境刑法[M].北京:知识产权出版社,2010:279,295.

② 刘金刚.环境的刑法保护研究[D].吉林大学博士学位论文(2006-6):49.

③ 张明楷.刑法学:第 5 版[M].北京:法律出版社,2016:309.

"抽象危险"与"具体危险"的区别在于抽象危险是指不具有现实立即发生的可能性，只具有"抽象性"的危险；所谓现实危险是指具有现实立即发生可能性的危险。那么，危险为什么具有抽象性呢？因为该危害行为属于另一个犯罪的预备行为，故没有直接指向犯罪对象（法益载体），因而不可能产生现实的危险性。我国正迈入风险社会[①]，风险社会要求凸显刑法的安全价值，需要刑法从事后的惩罚转换到事前的积极预防。为此，刑法奉行积极的一般预防主义，把一些预备行为独立化为另一种新的犯罪，旨在使刑法提前介入社会保护，加强刑法威慑。从这个意义上看，将来抽象危险犯有逐步扩大的趋势。

（2）根据犯罪的罪过性质，把危险犯形态分为故意危险犯与过失危险犯。与故意危险犯相对应，过失危险犯是过失犯罪的一类；与形式犯相对应，危险犯属于实质犯。根据刑法第 15 条第 1 款关于过失犯罪的规定，结合前述关于危险犯犯罪形态的阐述，过失危险犯是指行为人应当预见自己的行为可能发生危害社会的严重危险状态，由于疏忽大意而没有预见，或者虽然已经预见而轻信能够避免，以致发生这种危害社会严重危险状态的犯罪。其特殊之处在于过失危险犯的成立并不要求危害行为必须造成法定的实害结果，而是以过失危害行为导致了特定危险状态作为犯罪的成立条件。

通常情况下，我国刑法分则条文对于过失犯罪的设计，是以发生严重的实然的危害结果为入罪标准的。既然立法"以处罚故意犯罪为原则"，那么，无论是以刑罚处罚故意抽象危险犯，还是故意具体危险犯，都有法律根据。对此，我国学界没有什么争议。问题在于过失危险犯设立的合理性根据，对此存在着肯定和否定的观点。有的学者持否定观点，认为基于立法上"处罚过失犯罪为例外的原则"，并且传统的过失犯罪都是属于实害犯，所以，反对设立过失危险犯。有的学者持肯定论，主张把"危险状态"视为一种危害结果，因此，设置危险犯不存在与"过失犯罪以结果的出现为处罚条件"的限定相冲突，"危险犯不是行为犯，其与实害犯同是结果犯，因为危险犯也要求一定的危险结果"。[②] 笔者也持肯定立场。承认危险状态也是一种危害结果就可以将过失危险犯纳入过失犯罪的范畴中。归纳起来，其立论根据主要有：（1）社会现实层面有设置过失危险犯的客观需要。现代社会随着科技的发展，各种不安定因素越来越多，传统

---

① 在风险社会中，现代性突发性危机的"不确定性""不可预见性""显现的滞后性""发作的突然性""超常规性"都明显增强。

② 高铭暄，马克昌.刑法学：第 7 版[M].北京：高等教育出版社，2016：169-170.

社会正在面临风险社会的侵袭。我国已经迈入“风险社会”的门槛，因此，为了保护社会秩序，遴选社会危害性较大的过失危害行为，将其既遂模式确定为危险犯，有客观的现实需求。(2) 设立过失危险犯没有法理障碍。将危险状态归结为危害结果是妥当的，我国的不少学者主张立法增加设置过失危险犯，如主张将重大责任事故罪设置为危险犯。[①] (3) 从我国的现行立法看，“97 刑法”第 330 条规定的“妨害传染病防治罪”、第 332 条规定的“妨害国境卫生检疫罪”都是过失危险犯。所以，尽管现行刑法设立的过失犯罪多属于实害犯，但也有过失危险犯的特例。(4) 退一步说，即使不赞成“把危险状态归结为危害结果”而认为现行立法没有设立危险犯，那么用发展的眼光看待刑事立法，立法者将来也可以突破现有的藩篱创设过失危险犯。这是因为，根据刑事政策和实践的迫切需要，在特殊场合，分则规定也可以突破现有的框架，创设过失危险犯。(5) 现代科技的发展，为人类提供了新的认识手段，科学实验的方法和种类日益丰富，由此，人类能够深刻认识各种危险的性质、来源和预防的方法。因此，无论是立法之前还是立法之后的司法，设立过失危险犯的障碍可以克服，从而使设立危险犯变得可能。

应该说明的是，由于刑法的谦抑性和过失危险犯的过失性与危险犯形态属性，不赞成设立抽象的过失危险犯。换言之，笔者仅主张把过失危险犯局限于具体的危险犯范畴。

三、危险犯形态的罪状设计

过失危险犯与故意危险犯的差别在于主观罪过，罪状表述没有显著差别。不过，具体危险犯和抽象危险犯的罪状表述差别较大。故这里对具体危险犯和抽象危险犯既遂形态的罪状设计加以探讨。

1. 抽象危险犯的罪状设计

抽象危险犯的危险结果是伴随危险行为而生的，因此，尽管在立法之前，要分析抽象危险行为的属性、抽象危险行为与抽象危险结果的概率关系、抽象的危险结果等内容。但是，在立法者考虑成熟之后，决定把某一抽象危险行为纳入刑法的调整范围时，在法条表述上，其关键仅在于对“行为之危险性”的限定和筛选，而鉴于抽象危险行为与抽象危险结果是如影随形的孪生关系，故对抽象危险行为所产生的危险状态（即抽象的危险结果）、危险行为与危险结果之间的因果关系就无需再作规定。这就是

① 刘守芬等.重大责任事故罪法定刑配置研究[J].河南大学学报(社会科学版),2007(4):56.

说，尽管抽象危险犯的处罚根据是抽象危险行为导致抽象危险结果的高概率性，但是在犯罪成立标准的设计上却是以抽象危险行为的定型为已足。从这个意义上，抽象危险犯是行为犯——抽象危险行为完成，该犯罪就既遂，而不是以特定抽象危险状态的出现作为既遂标准。或者说，抽象危险犯的既遂在理论上是该行为导致了抽象的危险结果（是事实上的危险犯），但在立法的罪状设计和司法认定时是以抽象危险行为的完成为其既遂。总之，抽象危险犯在立法遴选时要考察抽象危害行为产生抽象危险结果的概率，但由于抽象行为当然地产生危险结果，故其既遂的标志不以特定危险状态的出现为既遂标准，而以抽象危险行为的实施完毕为标准。

2. 具体危险犯的罪状设计

在具体危险犯场合，不仅犯罪已经进入实行阶段（即已经着手实施实行行为），而且还要求实行行为造成了特定现实危险状态（具体危险结果的出现），该犯罪才能是既遂。所以，这种情况下，罪状的设计既要限定行为危险性（该行为具有相当强度的特定法益侵害性）又要限定具体的危险状态（产生了法定危险结果）。不过，鉴于在逻辑上，没有危险行为就不可能有相应的具体危险结果，有了危险行为也不一定最终产生具体危险结果，有了具体危险结果肯定存在作为其原因的具体危险行为，因而具体危险犯的既遂模式，其罪状的设定重在对具体危险结果的限定，而对于危险行为的强度常常不作限定。例如，在“破坏交通工具罪”的罪状中，没有对这里的“破坏”特别限定而是重点对“破坏行为导致了具体危险结果”作了限定。

应该说明的是，学界存在把危险犯形态泛化的现象。一个突出表现是把相当一部分行为犯划入了抽象危险犯的范围，尤其在立法上把产生非物质性危害结果的犯罪行为设定为行为犯，加上我国对犯罪的入罪门槛有一定“量”的危害性要求，使得一部分学者误认为这些行为犯是危险犯。有的学者就把“妨害公务罪”“伪证罪”“诬告罪”和“遗弃罪”等都当成了危险犯①，故在此有必要也讨论一下行为犯的罪状设计。在我国刑法及其理论语境下，凡是危害行为直接指向立法所保护的特定法益之载体（尽管行为的指向是不特定的，如危害公共安全行为），并以这种行为的实施完毕为既遂的，是行为犯。这种行为与立法所保护的法益具有逻辑相当性（相称性）。有的认为以危险方法危害公共安全罪是抽象危险犯。在笔者看来，它是行为犯。不能因为立法要求行为有相当程度的危险性，就把这种犯罪化

① 鲜铁可.新刑法中的危险犯[M].北京：中国检察出版社，1998：247.

归属于危险犯。这是因为，在中国法律体系中，任何犯罪的实行行为都要求一定的危险性（致害性）。抽象危险犯与行为犯的区别就在于“法定实行行为”与刑法规范所保护的法益载体的关系（即“实行行为”是否直接指向保护客体）、该“法定实行行为”所产生的危险是属于现实可能的危险还是抽象可能的危险。

第二节　环境危险犯的立法设置

考察现行刑法对环境犯罪的既遂模式设计，就会发现在狭义环境犯罪中规定了结果犯和行为犯，而缺乏危险犯既遂模式的设定。正因如此，在我国，无论是环境法学界还是刑法学界，对环境危险犯的讨论是一个热点问题。这些研究，有的论证了设立危险犯的合理性和必要性，呼吁设立环境危险犯①；有的还主张为环境犯罪设立抽象危险犯②；有的主张设置过失环境危险犯③。对于这些问题，关键在于“危险是什么对什么的危险”，正确解决了这一问题之后，罪状的设计才会合理和科学。

一、环境危险犯应以对环境权益的“危险”为标准

行为“危险”了什么因而被确定为犯罪既遂，是把握危险犯至关重要的问题。这取决于把环境犯罪的直接客体要件定位于什么法益。

在法学界，不少学者从应然的角度，主张环境犯罪的直接客体应为环境权（利），更有甚者主张生态法益，那么就应该适应这种变化，来仔细分析论者“所主张的危险犯是对什么危险”。然而，遗憾的是，不少学者并没有意识到这一变化，而仍然以日本《公害犯罪制裁法》第 2 条、联邦的德国《水法》第 39 条以及现行《德国刑法典》（1998 年修订）第 325

---

① 如戚道孟.有关环境犯罪刑事立法几个问题的思考[J].南开学报，2000(6)：10.此外还有很多文章持赞成观点。但也有个别学者反对环境犯罪设立危险犯，如肖松平.我国的环境刑事立法不应设立危险犯[J].衡阳师范学院学报(社会科学版)，2003(4)：55-57.

② 如张红艳.欧陆刑法中的抽象危险犯及其启示[J].河北法学，2009(9)：160；谢杰，王延祥.抽象危险犯的反思性审视与优化展望——基于风险社会的刑法保护[J].政治与法律，2011(2)：75.此外还有一些文章持此观点。

③ 如张瑞幸，郭洁.过失危险犯与环境犯罪[J].福建政法管理干部学院学报，2000(6)；马松建.过失危险犯比较研究[J].郑州大学学报(社会科学版)，2000(4)：42.此外，还有一些文章持此观点。

条第1款[1]、第326条第1款[2]等都规定了危险犯等立法例为由，来说明我国应该去借鉴。例如，认为（环境）危险犯是指行为人实施了污染或者破坏环境的行为，从而造成一种危险状态，对环境或者人身及财产构成了严重威胁，即可构成犯罪。[3] 这一表述中存在两个问题：其一，德日的危险犯是否具有可罚性问题，而不是既遂问题。这与我国的危险犯是既遂形态问题不同。其二，德日这里的危险指的是对传统法益即人的生命健康以及动物、植物健康或者其他贵重物品的危险（即财产权的危险）。我们必须明确，如果将环境犯罪的保护客体定位为环境权利而不是传统法益，那么，环境犯罪的危险犯之危险必需与时俱进，这一危险即破坏环境的行为对环境权利造成的危险。

除了德国刑法外，《西班牙刑法典》第347条、1974年颁布的《奥地利刑法典》第180条规定的立法态度也存在着一定程度的摇摆不定：立法对危险犯的危险之对象的规定，包括对传统法益的危险、对环境法益的危险，以及有时一些立法还把对传统法益的危险与对环境（环境法益）的危险作为选择关系列于一个罪状中。即使是对生态犯罪作了专章规定的《俄罗斯联邦刑法典》，其“生态犯罪”一章的17个条文中也有3个条文是以对传统法益的危害作为入罪标准的，只是剩余的其他14个条文才是以“对环境权利的危害”作为入罪标准来设计的（把对传统法益的危害作为该罪的结果加重情形）。

上述立法情况展现了环境刑法从保护传统法益到除了保护传统法益之外“显性地”保护环境法益，并且逐步侧重于明确地保护环境法益的轨迹；显示了各国立法者在环境犯罪上逐步过渡的态度，也流露出立法者面对环境犯罪的“利与害并存的两面性”的为难情绪：如果只限于对传统法益的危险，则难以满足环保的现实需要；若一律确定为对环境法益的危险，则又会担心社会能否接受、是否会产生窒息国家经济活力等问题。

鉴于本文从应然的角度来研究环境犯罪的立法，而且我国已经迈入社

---

① 该款规定：“一、违背行政法义务，在设备、尤其是工场或机器的运转过程中，造成空气的改变，足以危害设备范围之外的人、动物、植物健康或其他贵重物品的，处5年以下自由刑或罚金。犯本罪未遂的，亦应处罚。”

② 该款规定：“一、未经许可在规划范围以外或背离规定的或许可的程序，存放、储存、排放或去除下列垃圾的，处5年以下自由刑或罚金：1.可能含有或产生对人或动物具有公共危险且能传播毒剂或病原体，2.具有致癌、严重危害或改变遗传基因，3.具有爆炸、自燃或严重放射性，或4.依其性质、特点或数量，足以持久地污染水域、空气或土地，或对此作其他不利改变的或危害动物、植物生存的垃圾。”

③ 付立忠.环境刑法学[M].北京：中国方正出版社，2001：215.

会主义现代化建设的新的历史阶段，故有理由把环境犯罪的直接客体定位为环境权利。故危险犯的危险应该是侵害“环境权利”的危险，而不能局限于我国的现行立法。这是原则。不过，由于犯罪是十分复杂的社会法律现象，有时也不得不把危害环境罪的客体确定为传统生命权、健康权和财产权法益，以作为原则的例外。总之，在入罪门槛或者犯罪既遂标准上应该主要以环境权是否遭到值得动用刑罚加以惩治的损害或危险为标准。

按照中国刑法和刑法理论，刑法关于抽象危险犯、行为犯、具体危险犯、实害犯所规定的既遂时间点是依次推后的。问题是，能不能把环境行为犯建议设立为抽象危险犯呢？笔者不赞成增设环境犯罪危险犯的主张。因为现有的环境犯罪多以对传统的法益的实害为既遂标准，因而不利于保护环境资源，所以才主张把这种意义的实害犯改为危险犯。但是，如若将以环境法益为犯罪客体的环境行为犯再前移至抽象危险犯，则不具有合理性。我们毕竟不能为了保护环境而禁绝社会生产和生活，不能为了保护环境而保护环境，要在可持续发展的基础上适当地、适度地保护环境、节俭自然资源的利用，以追求高质量发展，而不是一提到保护环境就允许“不发展”。

二、环境危险犯设立的考量因素和罪状设计规则

1. 影响环境危险犯的设立因素

讨论是否应该设立环境危险犯，还应该明了以下几个问题：(1) 明了我国认定犯罪时对社会危害程度的较高要求。在我国的刑事立法体系下，任何犯罪都要求具有一定的较高程度的“量”的危害性。(2) 刑法的谦抑性。“法不理会琐碎之事”“法不理会稀罕之事”和刑法保障法地位、刑法的不得已性，共同决定刑法不能过分介入环境保护。(3) 环境犯罪具有明显的“善”“恶”两重性。环境犯罪本身具有一定程度的社会正当性，不能为了保护环境就影响社会可持续发展的主旋律。不能因噎废食，停止生产和生活。(4) 环境犯罪刑事惩治的目的在于威慑。环境犯罪的危害大、周期长，亡羊补牢不如未雨绸缪。(5) 鉴于我国严峻的环保形势以及由此所决定的环境刑事政策的“严”的定位，我国环境刑法既要适当设立环境危险犯，又要不宜太泛。笔者主张，刑法可以设置具体危险犯，不赞成设置抽象危险犯。①

关于设置故意具体危险犯，合理性有四：(1) 环境刑事政策要求对故

① 有的主张污染环境罪应设立抽象危险犯。见冯军，敦宁.环境犯罪刑事治理机制[C].北京：法律出版社，2018：221.

意环境犯罪采取“严”的刑事政策。具体危险犯形态的设置能够使刑法介入环境法益保护的时机适度提前（但又不至于像行为犯那样提前）。这有助于改变结果犯形态下刑法对环境法益保护迟滞的不利局面——环境危害的结果由于污染物致害机理复杂往往难以测定和衡量，同时也不会有“斫伤社会发展元气之虞”。（2）环境危害行为的严重的社会危害性（如危害范围广泛、危害结果难以恢复、环境犯罪发生机理复杂、危害结果的滞后等），是设置具体危险犯的内在根据。（3）设置具体环境危险犯可以发挥积极预防的刑罚目的，体现了预防为主的环境政策。现在对各种污染和破坏环境行为的控制已由过去的“末端治理”和“事后惩罚”转向“源头控制”和“预防为主”。[①] 此种提前一步、不待实害发生就作为犯罪既遂来严加惩治，适应了现代科技、经济高度发展背景下对环境法益提前刑法保护的需要。（4）具体危险犯的特点决定了环境危险犯的合适性：既避免了结果犯场合刑法介入稍显迟滞，也避免了行为犯场合刑法的调整过于严厉。环境危害结果的潜伏期很长，如果等到结果出来刑法再介入调整，则不能满足刑罚的及时性，犯罪与刑罚的联系就不密切，刑法的一般预防和特殊预防效果不明显。

在故意犯罪范围内，哪些具体的环境犯罪可以设置危险犯？根据以上分析，综合考虑，建议把“污染环境罪”“走私废物罪”“非法处置进口固体废物罪”“擅自进口固体废物罪”设置为具体危险犯。

关于可否设立过失环境危险犯问题，笔者持肯定立场。主要理由：第一，犯罪的本质是行为具有严重的社会危害性，包括已然的危害性和未然的危害性。已然的社会危害性又具有主观和客观的统一：不仅取决于犯罪行为造成的危害结果，而且也取决于行为人的主观方面。在过失危害环境法益情况下，其社会危害性也会因对法律秩序的消极不保护或者保护不力的态度而值得科处刑罚。同时，职业犯罪领域职员的再犯可能性大小是衡量未然之罪的指标，但职员的再犯可能性不限于故意犯罪才存在。第二，在过失危险犯的场合下，犯罪行为本身存在着使某一特别重要的法益发生损害的内在根据，如果任其发展下去，这种危险趋势就会进一步发展，从而对法律保护的这一特别重要的法益造成实害结果。所以，为保护特殊的环境法益，保卫社会，就应允许刑法对这类危险行为提早介入予以打击。第三，在我国，罪过是以行为人对危害行为所产生的危害结果的因果关系的认识为标准的。过失犯罪中，行为人违反防范法规常常是故意的，增设

---

① 林东茂.危险犯与经济刑法[M].台北：五南图书出版公司，1996：15；张红艳.欧陆刑法中的抽象危险犯及其启示[J].河北法学，2009(5)：157.

过失危险犯，有助于提高行为人服从法律和谨慎义务的意识。第四，在我国，过失犯是结果犯，实害和危险都是犯罪结果，因此，承认过失危险犯也没有突破现有的刑法理论。第五，环境犯罪多为职业犯，是出于业务过失。一般情况下，刑法对业务过失应该比普通过失更加严厉。社会愈发展，分工就愈细密，就愈需要加强协作和配合，因而，现代社会强调“团体责任”。虽然设立过失危险犯会加重有关业务人员的心理负担，但有压力才有动力。第六，从世界刑法领域来考察，因应风险社会的来临，奉行积极的一般预防的刑事政策，相应地，过失危险犯的立法成为一种趋势。环境犯罪是一种新型犯罪形态，其治理要构建事前预防和事后问责的双重机制，这其中就不能忽视过失危险犯的价值。[①] 我国从79刑法到97刑法（增加了“妨害传染病防治罪”和“妨害国境卫生检疫罪”），再到后来的《刑法修正案（七）》（增加了“妨害动植物防疫、检疫罪”），过失危险犯立法例在不断增加，今后对环境犯罪的修改可以设立过失危险犯。

综上所述，我国刑法可以把污染环境罪、过失污染环境罪、废物犯罪中非法进口限制进口的废物罪的既遂模式设定为危险犯。

2. 环境危险犯的罪状设计规则

环境危险犯的罪状设计要考虑以下几点。

（1）环境犯罪与经济发展关系密切，是经济发展的副产品。因此，不可能禁绝环境危害，可行的是在经济发展与环境危害之间找到平衡点。于是，“被允许危险理论”应运而生。“被允许的危险”理论最早由德国学者巴尔（C. Von Bar）提出，他认为，随着社会的复杂化，社会生活中不可避免地存在一些危险性行为，但其所带来的收益远远大于它给人们的生命或财产带来的现实危险。所谓“被允许的危险”是指为达成某种有益于社会的行为，在其性质上常含有一定的侵害法益的危险，此种危险如在社会一般生活中被认为相当时，即为可被允许的合法行为。[②] 如果实施这种危险行为的人基于谨慎的态度，遵守了相应的行为规则，即使造成了侵害合法权益的结果也是被容许的，因而就不能追究行为人的刑事责任。

环境犯罪应该限于严重地突破了被容许的危险限度的行为。当然，被容许的危险的范围和环境犯罪社会危害性的衡量都需要环境标准来完成。

（2）由于环境法益的难以计量性，环境犯罪罪状的设计不得不借助环

① 李希慧，冀华锋.关于在我国环境犯罪中设立过失危险犯的探讨[J].环境保护，2008(3B)：33.

② 汉斯·海因里希·耶赛克.德国刑法教科书（总论）[M].徐久生，译.北京：中国法制出版社，2001：485.

境标准针对环境危害行为的幅度或者频度的限定来完成。如非法砍伐的林木数额较大，或者环境危害行为的情节严重，或者危害行为的频度较高（多次实施危害行为）等。

（3）环境犯罪是法定犯，环境犯罪与一般的环境违法行为的区别靠环境标准来判定，即使是行为犯也是如此，更不用说危险犯和结果犯了。加上环境犯罪的危害行为与危害结果之间的因果关系十分复杂，环境危害行为可能产生的危害或者具体危险往往很难判断。实践中要靠超越环境标准的程度来标定。所以，无论是行为犯、具体危险犯还是实害犯，所有环境犯罪的成立条件、既遂模式和罪刑配置无不依赖环境指标。这就是说，由于环境犯罪都是严重的违法行为，任何环境犯罪的既遂模式都需要较之一般的环境违法行为在体现危害社会性的量度指标上更进一步的必要满足，都需要对危害行为之“度”依赖环境指标来设计。这一特点弱化了环境犯罪中的行为犯、具体危险犯和实害犯等不同犯罪形态的在立法表述上的差别。其结果是，在犯罪的既遂模式设计上，环境犯罪行为犯、环境犯罪具体危险犯、环境犯罪实害犯之间的区别没有传统的刑事犯那样明显。

目前，在环境犯罪的法律条文和司法解释中，破坏资源方面的定性和定量已经引入了林业、土地和矿业等科学知识，标准比较明确，相对而言，污染环境方面的标准则不太全面。所以，需要立法部门牵头，组织环保行政主管部门、环保科研院所和企业等一起论证设立评价环境污染的环保标准，以便实现立法对污染环境类犯罪作定性定量的限定。当然，作为权宜之计，可先在立法上概括地规定，以后再通过立法解释或者司法解释，运用环境标准把罪与非罪的标准进一步具体化。

第六章　环境犯罪的立法现状分析和评价

第一节　我国环境犯罪的立法沿革

一、1979 年至 1997 年刑法修订之前对环境犯罪的规定

1. 1979 年刑法的规定

1979 年刑法在分则第三章“破坏社会主义经济秩序罪”中规定了 3 个与环境资源有关的犯罪，即“盗伐、滥伐林木罪”（第 128 条），“非法捕捞水产品罪”（第 129 条），“非法狩猎罪”（第 130 条）。从当时的社会背景和这三个罪在刑法典的体系安排看，其设立旨在维护“社会主义经济秩序”，即旨在保护林木、水产品和猎物的经济价值。这说明立法设立该三个罪名的目的在于保护经济秩序而不是保护环保法律秩序，故现在看来该三罪还不是真正意义上的环境犯罪。

2. 1979 年刑法生效之后至 1997 年刑法修订之前特别刑法对环境犯罪的增补

这一阶段，国家立法机关以单行刑法和附属刑法的方式增设了一些与环境保护有关的犯罪。在单行刑法方面，1988 年 1 月 21 日通过的《全国人民代表大会常务委员会关于惩治走私罪的补充规定》扩大了走私罪的内涵，把“珍贵动物及其制品”纳入了走私罪的范围；1988 年 11 月 8 日通过的《全国人民代表大会常务委员会关于惩治捕杀国家重点保护的珍贵、濒危野生动物犯罪的补充规定》规定了“非法捕杀珍贵、濒危野生动物罪”，使其从 1979 年刑法第 129 条“非法捕捞水产品罪”和第 130 条“非法狩猎罪”中剥离出来，单独设罪。在附属刑法方面，一些行政法律和经济法律设立了环境犯罪刑事责任条款（附属刑法规范）。如在《中华人民共和国环保法》《中华人民共和国海洋环境保护法》《中华人民共和国森林

法》《中华人民共和国水污染防治法》《中华人民共和国渔业法》《中华人民共和国大气污染防治法》《中华人民共和国固体废物污染环境防治法》等法律中都有专门的附属刑法条款。其中，1995 年的《大气污染防治法》《固体废物污染环境防治法》以及 1996 年的《水污染防治法》分别以类推立法的形式创立了“重大大气污染事故罪”“违反规定收集、储存、处置危险废物罪”“重大水污染事故罪”三个新罪名，创立了完整的罪刑规范。

这一时期的单行刑法和附属刑法所增设的环境犯罪，其立法目的已经逐步远离甚至抛弃了“单纯注重自然资源经济价值”的价值取向，有些犯罪设立的主旨已经是保护环境资源，从而具有了环境犯罪的属性。

二、1997 年刑法关于环境犯罪的立法概况

1. 对狭义环境犯罪的专节规定

1997 年 3 月 17 日修订的刑法（以下简称 97 刑法）使我国环境刑事立法迈入新的发展阶段。97 刑法在分则的第六章“妨害社会管理秩序罪”下专设一节规定“破坏环境资源保护罪”，共用 9 个条文规定了 14 种罪名①，主要包括“重大环境污染事故罪”“滥伐林木罪”“盗伐林木罪”“非法收购盗伐、滥伐的林木罪”“非法采伐、毁坏珍贵树木罪”“非法狩猎罪”“非法占用耕地罪”“破坏性采矿罪”“非法采矿罪”等。同时，还专门用一个条文（第 346 条）规定了单位环境犯罪及其刑事责任。

2. 刑法分则其他章节中规定的环境犯罪

97 刑法除了专节规定“破坏环境资源保护罪”外，还在其他章节中规定了一些与环境资源保护密切有关的犯罪，如“走私废物罪”“走私珍稀植物、珍稀植物制品罪”“走私珍贵动物、珍贵动物制品罪”“违法发放林木许可证罪”“环境监管失职罪”“非法批准征用、占用土地罪”等。

三、1997 年刑法颁行至今对于环境犯罪的进一步修改完善

自 97 刑法颁行之后，为适应我国环境资源保护现实情况的需要，国家立法机关多次以修正案的形式对一些环境犯罪的构成要件进行了修改和完善，并增设了新的环境犯罪。

1.《刑法修正案（二）》（2001 年 8 月 31 日通过）对 97 刑法第 342 条的修改。其修改要点是把非法占用耕地罪的“耕地”扩大为“耕地、林地等农用地”。

---

① “14 个罪名的结论”是按照当时的司法解释得出的结论，不包括后来的刑法修正案（尤其是《刑法修正案（十一）》）对环境犯罪所作的较大幅度增设。

2.《刑法修正案（四）》（2002年12月28日通过）对环境犯罪作了较大幅度的修改。

（1）对刑法第344条规定作了修改。其修改的要点有：将原条文中的“森林法”修改为“国家规定”；犯罪对象由“珍贵树木”扩大至“珍贵树木、国家重点保护的其他植物及其制品”；行为方式上，除原来的“非法采伐、毁坏”外，增加了“非法收购、运输、加工、出售”行为。

（2）对第345条第3款规定作了修改。其修改的要点有：取消了“以牟利为目的”的主观要素和“在林区”这一犯罪场所的限制，同时增加“非法运输”的危害行为方式。罪名相应地被调整为“非法收购、运输盗伐、滥伐的林木罪”。

3.《刑法修正案（七）》（2009年2月28日通过）对刑法第151条第3款作了修改，将原来的犯罪对象由“珍稀植物及其制品”修改为“珍稀植物及其制品等国家禁止进出口的其他货物、物品”；对刑法第337条第1款作了修改，将“引起重大动植物疫情的”修改为“引起重大动植物疫情的，或者有引起重大动植物疫情危险”，把本罪既遂由结果犯修改为危险犯既遂形态，强化了对本罪的打击。

4.《刑法修正案（八）》（2011年2月25日通过）对重大环境污染事故罪和非法采矿罪作了重大修改。

（1）对刑法第338条规定的重大环境污染事故罪作了修改。这次修改有三个要点：其一，删除了“向土地、水体、大气”的字样；其二，把“其他危险废物”改为“其他有害物质”；其三，把“造成重大环境污染事故，致使公私财产遭受重大损失或者人身伤亡的严重后果”改为“严重污染环境”。本次修改增加了本罪的容量，降低了本罪的门槛，也就扩大了处罚的范围，从犯罪构成上强化了刑法对污染环境行为的惩治，彰显了刑法对生态环境本身的直接保护。

（2）对刑法第343条第1款规定的非法采矿罪作了修改。其修改要点有三：其一，在行为模式上，删除了“未取得采矿许可证擅自采矿的”中的“的”字；删除了“擅自进入国家规划矿区、对国民经济具有重要价值的矿区和他人矿区范围采矿的”中的“的”字；在“擅自开采国家规定实行保护性开采的特定矿种”前加上了“或者”两字，即调整了本罪的实行行为类型，消除了立法技术上的瑕疵。其二，入罪门槛由“经责令停止开采后拒不停止开采，造成矿产资源破坏”的结果要件改为“情节严重”，即由结果犯改为情节犯，降低了本罪的入罪门槛；修改之后，非法采矿行为构成本罪也不要求行政处罚前置；本罪的既遂模式由过去的结果犯变为行为犯。其三，把加重结果——“造成矿产资源严重破坏”修改为“情节特别严重”，丰富了本罪的加重情形。总之，《刑法修正案（八）》从犯罪构成上加大了刑法对非法采矿行为的打击力度，而且也显示了立法技术的进步。

5.《刑法修正案（九）》（2015年8月29日通过）增设第37条之一：“因利用职业便利实施犯罪，或者实施违背职业要求的特定义务的犯罪被判处刑罚的，人民法院可以根据犯罪情况和预防再犯罪的需要，禁止其自刑罚执行完毕之日或者假释之日起从事相关职业，期限为三年至五年。被禁止从事相关职业的人违反人民法院依照前款规定作出的决定的，由公安机关依法给予处罚；情节严重的，依照本法第三百一十三条的规定定罪处罚。其他法律、行政法规对其从事相关职业另有禁止或者限制性规定的，从其规定。”因为污染类环境犯罪往往是生产过程的副产品，破坏资源类犯罪也与生产原料的消耗密切相关，这说明环境犯罪与社会主体的职业行为密切关联。所以，职业禁止的增设对于惩罚和预防环境犯罪具有重大的意义。

6.《刑法修正案（十一）》（2020年12月26日通过）对环境犯罪作了多处修改。

（1）将刑法第338条修改为：“违反国家规定，排放、倾倒或者处置有放射性的废物、含传染病病原体的废物、有毒物质或者其他有害物质，严重污染环境的，处三年以下有期徒刑或者拘役，并处或者单处罚金；情节严重的，处三年以上七年以下有期徒刑，并处罚金；有下列情形之一的，处七年以上有期徒刑，并处罚金：①在饮用水水源保护区、自然保护地核心保护区等依法确定的重点保护区域排放、倾倒、处置有放射性的废物、含传染病病原体的废物、有毒物质，情节特别严重的；②向国家确定的重要江河、湖泊水域排放、倾倒、处置有放射性的废物、含传染病病原体的废物、有毒物质，情节特别严重的；③致使大量永久基本农田基本功能丧失或者遭受永久性破坏的；④致使多人重伤、严重疾病，或者致人严重残疾、死亡的。有前款行为，同时构成其他犯罪的，依照处罚较重的规定定罪处罚。”将本罪的法定刑由两档增加为三档，升格法定刑配置，并且明确将四种常见的“情节特别严重”的情形列举出来并与加重的法定刑相匹配，不仅有助于罪责刑相适应基本原则的贯彻，也有助于本罪与其他有关犯罪法定刑配置的横向平衡。同时，还规定了本罪想象竞合情形的处理规则。

（2）在刑法第341条中增加一款作为第3款：“违反野生动物保护管

理法规，以食用为目的非法猎捕、收购、运输、出售第一款规定以外的在野外环境自然生长繁殖的陆生野生动物，情节严重的，依照前款的规定处罚。”增设本罪以期与《中华人民共和国野生动物保护法》(2018 年 10 月 26 日通过)、《中华人民共和国生物安全法》(2020 年 10 月 17 日通过)、《中华人民共和国传染病防治法》(2013 年 6 月 29 日通过) 相衔接，严密刑事法网，妥帖保护野生动物资源。

(3) 在刑法第 342 条后增加一条，作为第 342 条之一：“违反自然保护地管理法规，在国家公园、国家级自然保护区进行开垦、开发活动或者修建建筑物，造成严重后果或者有其他恶劣情节的，处五年以下有期徒刑或者拘役，并处或者单处罚金。有前款行为，同时构成其他犯罪的，依照处罚较重的规定定罪处罚。”增设本罪旨在与《环保法》《中华人民共和国自然保护区条例》衔接，强化自然保护区的法律保护，保护生物多样性、保存自然遗产和我国特有的种质资源，维护生态安全。

(4) 在刑法第 344 条后增加一条，作为第 344 条之一：“违反国家规定，非法引进、释放或者丢弃外来入侵物种，情节严重的，处三年以下有期徒刑或者拘役，并处或者单处罚金。”增设本罪旨在与《生物安全法》衔接，防止外来物种的入侵，维护我国生态平衡。

第二节　各个环境犯罪的犯罪构成和刑事责任规定解析

结合前述对广义环境犯罪的界定，本节按照“破坏自然环境保护的犯罪”“破坏动物资源保护的犯罪”“破坏动物资源保护的犯罪”“破坏农用地与矿产资源保护的犯罪”“破坏植物资源保护的犯罪”“与环境资源保护密切相关的犯罪”的分类进行讨论。[①]

一、关于破坏自然环境保护的犯罪

(一) 污染环境罪

根据《刑法修正案（十一）》的修改，污染环境罪是指违反国家规定，排放、倾倒或者处置有放射性的废物、含传染病病原体的废物、有毒物质或者其他有害物质，严重污染环境的行为。

---

① 至于违法发放林木许可证罪、环境监管失职罪和非法批准征用、占用土地罪属于渎职罪，这三个罪的犯罪构成和刑事责任配置是依据对公职行为廉洁性的危害来设计的，与环境权利的保护相对较远，加之篇幅所限，在此不予论述。

1. 本罪的犯罪构成

（1）关于客体要件。该罪的客体要件是国家关于自然环境保护和污染防治管理的法律秩序，该法律秩序承载着环境权益。

国家关于自然环境保护和污染防治管理的法律秩序是由《环境保护法》《大气污染防治法》《水污染防治法》《固体废物污染环境防治法》等法律、法规所规定的一系列管理制度共同维持的。国家为了长远利益和可持续发展，对工业废物、含传染病病原体的废物、有毒物质或者其他有害物质等各种污染物规定了排放标准，实行排放许可证制度。违反国家规定，排放、倾倒或者处置这些废物或者有害物质的行为，“严重污染环境的”，就侵害了国家环境保护的整体法律秩序，进而被纳入本罪的调整范围。这就改变了过去以对传统法益的严重实害（“造成污染事故，致使公私财产遭受重大损失或者人身伤亡的严重后果”）为入罪标准。这一修改从立法上体现了本罪所保护的是以环境权利为纽结的国家整体法律秩序之立法目的。

（2）关于客观要件。本罪的客观要件是指违反国家规定，排放、倾倒或者处置有放射性的废物、含传染病病原体的废物、有毒物质或者其他有害物质，严重污染环境的行为。

首先，危害行为必须违反国家规定。根据刑法第96条规定：“本法所称违反国家规定，是指违反全国人民代表大会及其常务委员会制定的法律和决定，国务院制定的行政法规、规定的行政措施、发布的决定和命令”。就本罪而言，具体是指违反《环境保护法》《大气污染防治法》《水污染防治法》《固体废物污染环境防治法》等法律法规中关于污染物排放的禁止性规定。

其次，行为人实施了排放、倾倒或者处置有放射性的废物、含传染病病原体的废物、有毒物质或者其他有害物质等污染环境的行为。“排放”是指将危险废物排入土地、大气、水体，可以是泄出、倒出、丢弃、溢出等任何一种或多种方式。“倾倒”是指通过使用汽车、船舶、平台或者其他装运工具将危险废物倒入大气、水体、土地中。“非法处置”是用不符合环保要求的方式改变危险废物的特性，减少其数量、体积或危险程度。例如，以焚烧、填埋或其他方式将危险废物置于特定场所或设施内，不再取回。放射性废物、含传染病病原体的废物、有毒物质或者其他有害物质，都是列入国家危险废物名录或者根据国家规定的危险废物鉴别标准和方法认定的具有危险特性的废物。具体地说，放射性废物是指放射性核素超过国家规定限值的固体、液体和气体废弃物，如含有镭、钴等放射性物质的废物；含传染病病原体的废物是指含有传染病病菌、病毒等病原体的污水、粪便等物；有毒物质是指对肌体发生化学或物理化学的作用，损害肌体并造成功能性障碍、疾病甚至残疾以及对环境造成严重危害的固定、泥状及液体废物。值得注意的是，《刑法修正案（八）》将“其他危险废物”改为“其他有害物质”，意味着污染物范围的扩大，因而扩大了本罪的包容度。1998年国务院环保行政部门根据《中华人民共和国固体废物污染环境防治法》制定了《国家危险废物名录》（该名录于2008年被再次修正）。这里的“危险废物”就是由《国家危险废物名录》确定的，具体包括放射性废物、含传染病病原体的废物、有毒物质或者其他危险废物。由于很多“有害物质”没有被列入《国家危险废物名录》，所以，“有害物质”相对于“危险废物”而言，范围更宽泛。考虑到将本罪的行为对象限定为危险废物，不利于全面惩治环境污染犯罪，鉴于现实生活中严重污染环境的物质不仅只有危险废物，还有一些污染物本身是有害物质但并不属于危险废物，修正案扩大了本罪实行行为的外延，加强了刑法对环境危害行为的控制。

根据2019年2月最高人民法院、最高人民检察院会同公安部、司法部、生态环境部联合印发的《关于办理环境污染刑事案件有关问题座谈会纪要》（以下简称《办理环境污染案件纪要》），常见的有害物质主要有五：一是工业危险废物以外的其他工业固体废物；二是未经处理的生活垃圾；三是有害大气污染物、受控消耗臭氧层物质和有害水污染物；四是在利用和处置过程中必然产生有毒有害物质的其他物质；五是国务院生态环境保护主管部门会同国务院卫生主管部门公布的有毒有害污染物名录中的有关物质等。

本罪的犯罪对象是以土地、大气、水体为主构成的自然生态环境。自然生态环境是指与人类生存密切相关、影响人类生存和发展的多种天然的和经过改造的自然因素的总和，包括大气、水、海洋、土地、森林、自然保护区等。如果自然生态环境被污染、破坏，那么人类的生存环境也将恶化，人类本身也会随之消亡。例如，在生产或者利用“汞”过程中，排放出大量含汞的废液，这些污水被人饮用后，就会导致汞中毒，轻者生病、不能生育，重者致人死亡。再如，工业生产过程中，向空气大量排放含硫的物质所形成的酸雨，使庄稼大面积死亡，从而造成庄稼绝收。《刑法修正案（八）》删除了“向土地、水体、大气”的字样，对排放、倾倒或者处置危险废物的场所不再限定。行为人只要实施了“排放、倾倒或者处置”有毒物质的行为，不论排放、倾倒或者处置的场所在哪，只要严重污染环境的，都可能构成本罪。

根据《办理环境污染案件纪要》规定，司法实践中认定非法排放、倾倒、处置行为时，应当根据《固体废物污染环境防治法》和《环境解释》的有关规定精神，从其行为方式是否违反国家规定或者行业操作规范、污染物是否与外环境接触、是否造成环境污染的危险或者危害等方面进行综合分析判断。对名为运输、储存、利用，实为排放、倾倒、处置的行为应当认定为非法排放、倾倒、处置行为，可以依法追究刑事责任。比如，未采取相应防范措施将没有利用价值的危险废物长期储存、搁置，放任危险废物或者其有毒有害成分大量扬散、流失、泄漏、挥发，污染环境的。

最后，危害行为必须“严重污染环境”，才能构成本罪。这里有两层意思，一是本罪是结果犯，即污染行为导致了环境严重污染；如果非“严重污染环境”的，是民事违法或者行政违法行为。《刑法修正案（八）》把“造成重大环境污染事故，致使公私财产遭受重大损失或者人身伤亡的严重后果”的入罪标准修改为“严重污染环境的”，本罪仍然是结果犯只不过入罪标准变为直接以环境污染行为严重侵犯环境法益。二是行为人的危害行为与此“严重污染环境”的危害结果之间必须具有刑法上的因果关系。存在刑法因果关系的，才可将该危害结果归诸行为人，才能追究行为人的刑事责任，否则一票否决，不能追究行为人的刑事责任。

关于“严重污染环境”的把握。2016 年 12 月发布的《办理环境污染刑事案件解释》第 1 条规定：“实施刑法第三百三十八条规定的行为，具有下列情形之一的，应当认定为‘严重污染环境’：（1）在饮用水水源一级保护区、自然保护区核心区排放、倾倒、处置有放射性的废物、含传染病病原体的废物、有毒物质的；（2）非法排放、倾倒、处置危险废物三吨以上的；（3）排放、倾倒、处置含铅、汞、镉、铬、砷、铊、锑的污染物，超过国家或者地方污染物排放标准三倍以上的；（4）排放、倾倒、处置含镍、铜、锌、银、钒、锰、钴的污染物，超过国家或者地方污染物排放标准十倍以上的；（5）通过暗管、渗井、渗坑、裂隙、溶洞、灌注等逃避监管的方式排放、倾倒、处置有放射性的废物、含传染病病原体的废物、有毒物质的；（6）二年内曾因违反国家规定，排放、倾倒、处置有放射性的废物、含传染病病原体的废物、有毒物质受过两次以上行政处罚，又实施前列行为的；（7）重点排污单位篡改、伪造自动监测数据或者干扰自动监测设施，排放化学需氧量、氨氮、二氧化硫、氮氧化物等污染物的；（8）违法减少防治污染设施运行支出一百万元以上的；（9）违法所得或者致使公私财产损失三十万元以上的；（10）造成生态环境严重损害的；

(11) 致使乡镇以上集中式饮用水水源取水中断十二小时以上的；(12) 致使基本农田、防护林地、特种用途林地五亩以上，其他农用地十亩以上，其他土地二十亩以上基本功能丧失或者遭受永久性破坏的；(13) 致使森林或者其他林木死亡五十立方米以上，或者幼树死亡二千五百株以上的；(14) 致使疏散、转移群众五千人以上的；(15) 致使三十人以上中毒的；(16) 致使三人以上轻伤、轻度残疾或者器官组织损伤导致一般功能障碍的；(17) 致使一人以上重伤、中度残疾或者器官组织损伤导致严重功能障碍的；(18) 其他严重污染环境的情形。"

由此，尽管刑法把本罪设置为"严重污染环境"的结果犯，但由于"严重污染环境"存在十分复杂的机理和机制过程，所以司法解释将严重污染环境细化为 17 种情形，于是本罪在实际的认定上就分化为行为犯、危险犯和实害犯等具体形态。

就危险犯和实害犯（二者都属于结果犯）而言，需要认定行为人的危害行为与此"严重污染环境"的危害结果之间的因果关系。由于将污染物排放、倾倒或者处置到周边环境之后，被释放出去的放射性的废物、含传染病病原体的废物、有毒物质或者其他有害物质等污染物在周围的水体、空气、土壤中进行极为复杂的物理反应、化学反应、生物化学反应等，超过了环境的自净能力，破坏了环境的平衡，就会导致严重污染环境的结果。这样，从污染行为到严重的污染环境结果往往要经历很长的时间，因此从危害结果（结果）回溯查找污染行为（原因）有时就需要特殊的因果关系判定法则，这就是流行病学调查法在犯罪认定中创立的疫学因果关系说。

流行病学调查法是指考虑与某种疾病相关的因素，如某种有害物质同疾病的关系，利用统计学分析方法，在"没有 A 物质就不会产生 B 种结果的高度盖然性"的情况下，即可断定 A 与 B 有因果关系。刑法学上的疫学因果关系说，是指采用疫学上所采用的因果认识方法，某种因子与疾病之间的关系虽然不能够从医学、病理学等观点进行详细的法则性论证，但是根据统计学和观察，认为其间具有高度的盖然性时，就可以肯定存在刑法上的因果关系。疫学因果关系理论起源于 20 世纪 70 年代日本著名"痛痛病事件"（镉中毒事件）和"水俣病事件"。"痛痛病事件"是指 1955～1977 年发生在日本富山县神通川流域的公害事件。1955 年在神通川流域河岸出现了一种怪病，症状初始是患者腰、背、手、脚等各关节疼痛，随后遍及全身，有针刺般痛感，数年后骨骼严重畸形，骨脆易折，甚至轻微活动或咳嗽都能引起多发性病理骨折，最后衰弱疼痛而死。经调查分析，“痛痛病”的产生是因为河岸的锌、铅冶炼厂等排放的含镉废水污染了水体，从而使稻米含镉。而当地居民长期饮用受镉污染的河水，以及食用含镉稻米，致使镉在体内蓄积而中毒致病，此病以其主要症状而得名。截至1968年5月，共确诊患者258人，其中死亡128人，到1977年12月又死亡79人。“痛痛病”在当地流行20多年，造成200多人死亡。1961年，富山县成立了“富山县地方特殊病对策委员会”，开始了国家层面的调查研究。1967年，研究小组发表联合报告，表明“痛痛病”主要是由重金属尤其是镉中毒引起的。从1968年开始，患者及其家属对金属矿业公司提出民事诉讼，1971年法院判决原告胜诉。被告不服上诉，1972年再次败诉。熊本县水俣病（汞中毒）案的大致经过是：1956年前后，日本氮肥公司向水俣湾大量排放含有甲基汞的废水，甲基汞通过鱼类、贝壳食物链进入人体，使当地居民中毒患上怪病。1969年，138名受害者提起公诉。1973年，法院采用流行病学调查方法认定了污染行为与水俣病之间的因果关系，创立了疫学因果关系说，追究了氮肥公司经理吉冈喜一和水俣工厂原厂长西田荣一的刑事责任，并且判定二者对被害人的损害加以赔偿。

日本刑法理论界对疫学因果关系理论进行了归纳和抽象，认为构成疫学上因果关系有四个条件：一是该因素在发病一定期间之前曾发生作用；二是该因素作用增加与发病率上升之间有关系；三是该因素作用减少与发病率下降之间有关系；四是该因素足以发生该疫病的结论可以被生物学合理说明。如果某种污染物与某种疾病有疫学上因果关系，就足以认定两者有刑法上因果关系。这种因果关系理论的特点是：它是一种推定的因果关系理论；只适用于公害犯罪因果关系的认定，而且只适用于单一污染物情况下（因果关系推定原则的规定不适用于复合污染构成犯罪的情形，故其适用范围有局限性）；它是以流行病学为基础的因果关系理论；因子对疾病的发生无须证明，具有必然性。之后，1970年日本国会通过的《公害罪法》规定了疫学因果关系认定规则，其第5条规定：“在某工厂或者事业场所，在其事业活动中排放了有害人体健康的物质，且其单独排放量已使公众的生命或健康早已由此物质的排放而受到损害和威胁，则可推定此种危害纯系该排放者所排放的此种有害物质所致。”

我国贵州毕节农药污染环境案也采用了该理论来认定刑法因果关系。贵州毕节地区某供销社仓库存放了179吨农药，工人不慎引起仓库失火，农药在高温、强光、上升热气流和消防水的浇淋下，通过挥发、蒸发、渗透等形式进入周围环境。之后，毕节城有49人中毒死亡，23000多人中度、轻度中毒。人民法院根据危害行为产生的后果以及危害结果发生的时间、分布范围，认定中毒是由该供销社对农药的管理不善引起的，追究了肇事者的刑事责任。

不过，需要清醒地认识到，疫学因果关系说是认定因果关系存在的“事实推定法则”，因而具有高度盖然性的特点，故对其适用应加以严格的限制，严格按照前述的认定法则，并且允许被告人提出反证。这种推定运用在刑事诉讼中，其诉讼证明也要遵守刑事诉讼的证据证明规则（排除合理怀疑），并且其诉讼证明要求仍然高于民事诉讼证明要求（优势证据）。

（3）关于主体要件。本罪是一般主体，包括自然人（即已满十六周岁且精神正常因而具有刑事责任能力的人）和单位（刑法第 346 条规定）。但从司法实践来看，构成本罪的主体主要是从事生产经营的单位和个体经营者。

2016 年 12 月发布的《办理环境污染刑事案件解释》第 7 条规定：“明知他人无危险废物经营许可证，向其提供或者委托其收集、贮存、利用、处置危险废物，严重污染环境的，以共同犯罪论处。”

（4）关于主观要件。对本罪的主观罪过形式主要存在几种认识：有的认为，构成本罪必须出于过失。① 有的则认为，污染环境罪的基本犯的责任形式只能是故意，不可能是过失，因而也不能采取混合说或者模糊罪过说。② 有的认为，本罪的主观要件既包括故意也包括过失。③

解决这里的争议之关键是：污染环境罪是否为结果犯？如果是，那么污染环境罪的罪过形式就不能仅仅以对污染行为本身的认识和意志内容来决定；如果认为不是结果犯，是行为犯，那么就应当以行为本身为认识和意志的对象。运用法教义学解释刑法第 14、15 条的规定，得出的结论是：罪过的判定标准可以是对“实施的危害行为会发生危害社会的结果”的认识和意志，也可以是“对某一特定行为”的认识和意志。这两个标准的区别是，前者适用于结果犯的罪过判定，必须考察行为人对危害行为与危害结果之间因果关系的认识和意志；后者适用于对行为犯的罪过判定，仅限于对行为本身的认识和意志。据此分析，在我国理论界，凡是主张本罪的主观要件为犯罪故意的观点都是限于对排污行为本身的认识和意志所得出的结论；凡是将本罪的罪过形式确定为犯罪过失的见解，都是以对“污染

---

① 高铭暄，马克昌．刑法学：第 7 版[M]．北京：高等教育出版社，2016：582．冯军，敦宁．环境犯罪刑事治理机制[C]．北京：法律出版社，2018：94．

② 张明楷．污染环境罪的争议问题[J]．法学评论，2018(2)：1．另见周详等：论污染环境罪的罪过形式：“故意说”之提倡与贯彻．南京工业大学学报（社会科学版）[J]．2021(1)：32．

③ 冯军等．环境污染犯罪治理问题研究[M]．北京：法律出版社，2019：123．

环境行为会产生危害结果”这一因果关系的认识和意志为判断对象而得出的结论。

从污染行为的实施到破坏生态平衡、造成环境的损害将经历十分复杂的化学反应、生物化学反应等过程，因此，“严重污染环境”是一个十分复杂的判断结论。正因为如此复杂，2016 年 12 月发布的《最高人民法院、最高人民检察院关于办理环境污染刑事案件适用法律若干问题的解释》对于“严重污染环境”的认定规定了 17 种情形。就这 17 种情形来看，有的是污染行为必须导致了传统的法益实害结果（即实害结果犯）；有的是污染行为必须导致某一危险状态（具体危险犯）；有的是污染行为必须达到一定的强度（行为犯即情节犯）。所以，就现阶段来看，本罪的罪过不能一概而论：有些情形是犯罪过失（对结果犯而言），有的情形是犯罪故意（对行为犯而言）。或许将来在立法对污染环境犯罪再进一步分解之后，这种复杂的局面才能够改观。

司法解释是把本罪定位为故意犯罪的，而且还明确了对犯罪故意认定的常见情形。根据 2019 年发布的《办理环境污染案件纪要》，实践中，具有下列情形之一，犯罪嫌疑人、被告人不能作出合理解释的，可以认定其故意实施环境污染犯罪，但有证据证明确系不知情的除外：（1）企业没有依法通过环境影响评价，或者未依法取得排污许可证，排放污染物，或者已经通过环境影响评价并且防治污染设施验收合格后，擅自更改工艺流程、原辅材料，导致产生新的污染物质的；（2）不使用验收合格的防治污染设施或者不按规范要求使用的；（3）防治污染设施发生故障，发现后不及时排除，继续生产放任污染物排放的；（4）生态环境部门责令限制生产、停产整治或者予以行政处罚后，继续生产放任污染物排放的；（5）将危险废物委托第三方处置，没有尽到查验经营许可的义务，或者委托处置费用明显低于市场价格或者处置成本的；（6）通过暗管、渗井、渗坑、裂隙、溶洞、灌注等逃避监管的方式排放污染物的；（7）通过篡改、伪造监测数据的方式排放污染物的；（8）其他足以认定的情形。

2. 本罪的刑事责任

刑法第 338 条规定，本罪的基本犯，处 3 年以下有期徒刑或者拘役，并处或者单处罚金；情节严重的，处 3 年以上 7 年以下有期徒刑，并处罚金；有下列情形之一的，处 7 年以上有期徒刑，并处罚金：（1）在饮用水水源保护区、自然保护地核心保护区等依法确定的重点保护区域排放、倾倒、处置有放射性的废物、含传染病病原体的废物、有毒物质，情节特别严重的；（2）向国家确定的重要江河、湖泊水域排放、倾倒、处置有放射性的废物、含传染病病原体的废物、有毒物质，情节特别严重的；(3) 致使大量永久基本农田基本功能丧失或者遭受永久性破坏的；(4) 致使多人重伤、严重疾病，或者致人严重残疾、死亡的。有前款行为，同时构成其他犯罪的，依照处罚较重的规定定罪处罚。

经过《刑法修正案（十一）》的修正，污染环境罪的法定刑配置形成基本犯（严重污染环境）、情节严重、情节特别严重三个梯度，体现了目前国家“重典治污”的刑事政策。尤其是四种加重情形有助于贯彻罪责刑相适应基本原则，也有助于实现罪与罪之间的横向平衡。在《刑法修正案（十一）》之前，法定刑设为两档，基本犯和“后果特别严重”的结果加重犯。当时，对于“后果特别严重”，2016 年 12 月发布的《办理环境污染刑事案件解释》第 3 条规定：“实施刑法第三百三十八条、第三百三十九条规定的行为，具有下列情形之一的，应当认定为‘后果特别严重’：（一）致使县级以上城区集中式饮用水水源取水中断十二小时以上的；（二）非法排放、倾倒、处置危险废物一百吨以上的；（三）致使基本农田、防护林地、特种用途林地十五亩以上，其他农用地三十亩以上，其他土地六十亩以上基本功能丧失或者遭受永久性破坏的；（四）致使森林或者其他林木死亡一百五十立方米以上，或者幼树死亡七千五百株以上的；（五）致使公私财产损失一百万元以上的；（六）造成生态环境特别严重损害的；（七）致使疏散、转移群众一万五千人以上的；（八）致使一百人以上中毒的；（九）致使十人以上轻伤、轻度残疾或者器官组织损伤导致一般功能障碍的；（十）致使三人以上重伤、中度残疾或者器官组织损伤导致严重功能障碍的；（十一）致使一人以上重伤、中度残疾或者器官组织损伤导致严重功能障碍，并致使五人以上轻伤、轻度残疾或者器官组织损伤导致一般功能障碍的；（十二）致使一人以上死亡或者重度残疾的；（十三）其他后果特别严重的情形。”

现在，《刑法修正案（十一）》把法定刑设为三档，从上述 13 种情形中摘出来 4 种对应第三档法定刑，提高为“7 年以上有期徒刑，并处罚金”①，所以在没有新的司法解释出台之前，所剩余的其他情形应当属于

---

① 在《刑法修正案（十一）》出台之前，主张污染环境罪是过失犯罪的一个很重要的理由，就是其法定刑是按过失犯罪配置的。现在，经过本次修正案的修改提高了污染环境罪的法定刑，这是为了满足惩治污染环境罪实际需要的产物。鉴此，笔者对该罪的完善建议是继续坚持现行刑法规定的污染环境罪是过失犯罪，同时主张增设故意污染环境罪。当然，在法定刑配置时要注意罪与罪之间的横向平衡，即故意污染环境罪借用现行立法所设置的法定刑；过失污染环境罪的法定刑与公共安全罪中的事故类犯罪持平。详见本书第八章有关部分。

本罪的“情节严重”，以对应于第二档法定刑（3 年以上 7 年以下有期徒刑，并处罚金）。

鉴于有的污染环境行为还可能同时构成其他犯罪，所以立法明示了想象竞合的处罚规则：依照处罚较重的规定定罪处罚。比如犯本罪，可能同时会构成非法处置进口的固体废物罪、投放危险物质罪等。对于行为人明知其排放、倾倒、处置的污染物含有毒害性、放射性、传染病病原体等危险物质，仍实施环境污染行为放任其危害公共安全，造成重大人员伤亡、重大公私财产损失等严重后果，以污染环境罪论处明显不足以罚当其罪的，可按投放危险物质罪定罪量刑。关键是看其行为是否危害公共安全，此类情形主要是向饮用水水源保护区，饮用水供水单位取水口和出水口，南水北调水库、干渠、涵洞等配套工程，重要渔业水体以及自然保护区核心区等特殊保护区域排放、倾倒、处置毒害性极强的污染物，危害公共安全并造成严重后果的情形。重点是应当区分其行为到底是危害了环境安全还是公共安全。

《最高人民法院、最高人民检察院关于办理环境污染刑事案件适用法律若干问题的解释》第 5 条规定：“实施刑法第三百三十八条规定的行为，刚达到应当追究刑事责任的标准，但行为人及时采取措施，防止损失扩大、消除污染，全部赔偿损失，积极修复生态环境，且系初犯，确有悔罪表现的，可以认定为情节轻微，不起诉或者免予刑事处罚；确有必要判处刑罚的，应当从宽处罚。”这是因为犯罪的社会危害性包括客观危害性、主观恶性和人身危险性这三方面的内容，所以行为人初犯并积极防止损失扩大、消除污染、修复生态环境，则案件事实包含的社会危害性降低了，加上刑事政策因素的考量，故确定为“可以不起诉或者定罪免刑”，或者从宽处罚。根据刑法第 346 条规定，单位犯本罪的，对单位判处罚金，并对其直接负责的主管人员和其他直接责任人员依上述规定处罚。就单位犯罪的入罪门槛和情节，该解释第 11 条作出了与自然人犯本罪一样的规定。

对于单位犯罪的认定，2019 年的《办理环境污染案件纪要》指出：为了单位利益，实施环境污染行为，并具有下列情形之一的，应当认定为单位犯罪：（1）经单位决策机构按照决策程序决定的；（2）经单位实际控制人、主要负责人或者授权的分管负责人决定、同意的；（3）单位实际控制人、主要负责人或者授权的分管负责人得知单位成员个人实施环境污染犯罪行为，并未加以制止或者及时采取措施，而是予以追认、纵容或者默许的；（4）使用单位营业执照、合同书、公章、印鉴等对外开展活动，并调用单位车辆、船舶、生产设备、原辅材料等实施环境污染犯罪行为的。

单位犯罪中的“直接负责的主管人员”，一般是指对单位犯罪起决定、批准、组织、策划、指挥、授意、纵容等作用的主管人员，包括单位实际控制人、主要负责人或者授权的分管负责人、高级管理人员等；“其他直接责任人员”，一般是指在直接负责的主管人员的指挥、授意下积极参与实施单位犯罪或者对具体实施单位犯罪起较大作用的人员。

3. 对于利用职业犯罪者的保安处分

刑法第37条之一规定，因利用职业便利实施犯罪，或者实施违背职业要求的特定义务的犯罪被判处刑罚的，人民法院可以根据犯罪情况和预防再犯罪的需要，禁止其自刑罚执行完毕之日或者假释之日起从事相关职业，期限为3～5年。据此，法院可以根据犯罪情况和预防再犯罪的需要，禁止污染环境罪的犯罪者自刑罚执行完毕之日或者假释之日起一定的期限（3～5年）内从事相关职业。

（二）非法处置进口的固体废物罪

根据刑法第339条第1款规定，非法处置进口的固体废物罪，是指违反国家规定，将境外的固体废物进境倾倒、堆放、处置的行为。

1. 本罪的犯罪构成

（1）关于客体要件。非法处置进口的固体废物罪的客体要件是国家关于禁止进口固体废物的法律秩序所确立的生态法益，而生命健康权和重大的公私财产权是本罪的随机客体。

固体废物是环境污染的重要来源之一，固体废物污染与大气污染、水污染和噪声污染被称为“四大污染”。由于对有害废物的无害化和安全处理费用很高，一些发达国家常常以各种经济利益为诱饵，假借废物再生利用的名义，将其本国的废弃物、工业垃圾等向发展中国家转移；国内的一些不法之徒见利忘义，与外国的企业或者个人相勾结，狼狈为奸，互相利用，造成国家间的污染转嫁。为防止境外固体废物流入境内，我国先后颁布了一系列有关防治固体废物污染环境的法律法规，除了《环境保护法》《海洋环境保护法》《水污染防治法》《大气污染防治法》《固体废物污染环境防治法》等都有关固体废物污染防治管理制度的规定之外，还颁布了专项法律《废物进口污染环境防治法》，该法第24条明确规定：“禁止中国境外的固体废物进境倾倒、堆放、处置。”非法处置进口的固体废物罪直接破坏了禁止进口固体废物的国家整体法律秩序，侵害了该法律秩序所确立的环境生态法益。

本罪是行为犯，在没有造成人员伤亡或者重大公私财产损失时，成立基本犯。“人员的伤亡之严重后果或者重大公私财产遭受损失”，属于本罪的加重结果，所以生命健康权和财产权是本罪的随机客体。

（2）关于客观要件。非法处置进口的固体废物罪之客观要件是违反国家规定，将境外的固体废物进境倾倒、堆放、处置的行为。

第一，必须是违反有关进口固体废物处置的国家规定。即上述《环境保护法》《废物进口污染环境防治法》等法律法规中有关固体废物污染防治管理制度的规定。这里有一个问题需要探讨，即如何理解非法处置进口的固体废物罪中的“违反国家规定”？从实际情况来看，“违反国家规定”可能涉及两种情况，一是固体废物合法进口后，其处置违反了国家规定；二是废物固体废物的进口就违反了国家规定。这两种情形是否都包括在本罪的“违反国家规定”呢？非也。根据本罪的立法目的和体系性解释（兼顾到刑法对有关犯罪的规定），这里的“违反国家规定”只包括“可用作原料的固体废物合法进口后，其处置违反了国家规定”这一种情况，即主要违反的是有关境外固体废物在境内处置的禁止性规定，而非有关禁止进口境外固体废物的具体规定。原因有二：（1）合法进口的只能是国家限制进口的可用作原料的固体废物，国家禁止进口的固体废物是不可用作原料的固体废物，国家禁止进口的固体废物是不可能合法进口的；（2）如果是走私进口国家禁止进口的可用作原料的固体废物、液体废物或者气体废物，那么，根据刑法第 339 条第 2 款的规定，应当定性为擅自进口固体废物罪；如果是走私进口国家禁止进口的不可用作原料的固体废物、液体废物或者气体废物，根据刑法第 339 条第 3 款的规定，应当定性为走私废物罪①。

第二，实施了将境外的固体废物进境倾倒、堆放、处置的行为。这里的“倾倒”，是指以各种载运工具，违反规定，向土地、水体（不包括海洋）、大气倾卸境外固体废物的行为。这里的“堆放”是指违反规定将境外的固体废物随意堆存在我国境内某一地方的行为。这里的“处置”，是指非法将（境外的）固体废物焚烧或用其他改变固体废物的物理、化学、生物特性的方法，达到减少已产生的固体废物数量、缩小固体废物体积、减少或消除其危险成分的活动，或者将固体废物最终置于某一场所或设施并不再取回的活动。

需要说明，销售也属于一种特殊的处置行为。例如，李×运非法处置进口的固体废物案的行为方式就是如此。被告人李×运在承包北京市平谷

---

① 2002 年的《中华人民共和国刑法修正案（四）》第 2 条规定，在刑法第 152 条中增加一款：“逃避海关监管将境外固体废物、液态废物和气态废物运输进境，情节严重的，处五年以下有期徒刑，并处或者单处罚金；情节特别严重的，处五年以上有期徒刑，并处罚金。”

县某造纸厂期间，因缺少造纸原料，于1995年9月至10月从中国远洋运输公司集装箱总部购买进口废纸（实为生活垃圾）639.4吨。后李×运在组织人力对该批废纸进行分拣过程中，发现其中混杂大量垃圾，但其未向有关部门反映，反而非法销售100余吨，非法经营额达人民币10万余元。平谷县人民法院以投机倒把罪一审判处李×运有期徒刑5年，追缴其投机倒把所获人民币102495元。宣判后，李×运不服，提出上诉。二审期间，新刑法颁布实施。根据新刑法，北京市第二中级人民法院对原判认定李×运犯投机倒把罪予以改判，以非法处置进口的固体废物罪判处李×运有期徒刑3年，并追缴其违法所得人民币102495元。该案中的销售行为就被认定为非法处置行为。

第三，关于“境外的各种固体废物”的地位（是犯罪对象还是行为对象）及其范围。犯罪对象是刑法保护的而被犯罪行为所具体作用的某一种或几种社会关系的体现者（具体的人或物），由此犯罪对象应当是合法的客观实在。所以，本罪的犯罪对象是一定范围的自然环境，而“境外的各种固体废物”是特定范围的自然环境的异质，是行为对象。

根据《固体废物污染环境防治法》第2条、第74条、第75条规定，“固体废物”是指在生产建设、日常生活和其他活动中产生的污染环境的固态、半固态废弃物质，主要包括工业固体废物、城市生活垃圾和危险废物，还包括液态废物和置于容器的气态废物，但不包括排入水体的废水和排入大气的废气、放射性固体废物，污染海洋的固体废物也不在此列。其中，“工业固体废物”是指在工业、交通等生产活动中产生的固体废物。“城市生活垃圾”是指在城市日常生活中或者为城市日常生活提供服务的活动中产生的固体废物，以及法律、行政法规规定视为城市生活垃圾的固体废物。“危险废物”是指列入《国家危险废物名录》或者根据国家规定的危险废物鉴别标准和鉴别方法认定的具有危险特性的废物。固体废物的分类方法很多，按固体废物的化学性质，分为有机废物和无机废物；按固体废物的危害状况，分为有害废物和一般废物；按固体废物的形状，分为固体的废物（粉状、颗粒状、块状）和泥状的废物；通常为便于管理，则按其来源分为矿业固体废物、工业固体废物、城市垃圾、农业废弃物和放射性固体废物5类。非法处置进口的固体废物罪就是处置境外上述范围的固体废物。

行为人处置的固体废物必须是来源于境外的固体废物，境内的固体废物不属于本罪处置的对象。所谓“境外”，是指我国国（边）境以外的其他国家和地区。所谓“进口”，是指从国外输入商品的贸易活动。正是本罪要求处置的固体废物被限定为境外的固体废物，所以如果非法倾倒、堆放、处置的是境内的固体废物，则不能以非法处置进口的固体废物罪论处。造成重大环境污染危害的，应以重大环境污染事故罪定罪处罚。

事实上，并非所有境外固体废物都可以成为本罪处置的污染物质。根据有关规定，国家对废物进口分两类进行管理，一类是禁止进口的废物，另一类是可作为原料但必须严格限制进口的废物。如1995年公布的《固体废物污染环境防治法》第25条第1款、第2款规定："国家禁止进口不能用作原料的固体废物；限制进口可以用作原料的固体废物。国务院环境保护行政主管部门会同国务院对外经济贸易主管部门制定、调整并公布可以用作原料进口的固体废物的目录，未列入该目录的固体废物禁止进口。"[①]《刑法修正案（四）》第5条将刑法第339条第3款修改为："以原料利用为名，进口不能用作原料的固体废物，液态废物和气态废物的，依照本法第152条第2款、第3款的规定定罪处罚。"由此可见，国家明确规定所有禁止进口的固体废物已不在本罪所非法处置的污染物质之列。所以，本罪处置的固体废物应指国家严格限制进口的固体废物，而不包括禁止进口的固体废物。将国家禁止进口的固体废物进境倾倒、堆放、处置，必然违反海关法律法规，逃避海关监管，因此可能构成走私废物罪。

第四，本罪是行为犯。虽然刑法规定的本罪条文表述中没有明确的情节要求，但是根据刑法第13条"但书"，行为人处置境外固体废物的行为必须达到一定的危害程度，即本罪的危害行为仍需要一定的行为强度。[②]如果非法处置进口的固体废物，但没有达到入罪标准的，只能是一般违法行为。

有学者认为本罪是抽象危险犯。实际上，抽象危险犯一般是预备行为独立化的犯罪，属于行为犯的范畴，但行为犯并不都是抽象危险犯。如果把本罪的法益定为传统法益，那么可以说非法处置进口的固体废物行为对生命健康和重大财产具有抽象的危险，但现行立法对非法处置进口的固体废物的危害性评价是"侵犯环境权利"，非法处置进口的固体废物对环境的危害是现实的而不是抽象的，故再将该罪视为抽象危险犯，就不合适了。

（3）关于主体要件。本罪的主体要件是一般主体，包括自然人（即已

---

① 现行有效的《固体废物污染环境防治法》（2020年修订）已删除本条款，此处之所以引用，只是为说明国家对废物进口的分类管理。

② 牛忠志.犯罪构成四要件的"立体化"修正[J].政法论丛，2019(1)：53.

满十六周岁且精神正常因而具有刑事责任能力的人）和单位（依刑法第346条）两类。实践中，非法处置进口的固体废物罪的主体大多为废物进口单位或废物利用单位。废物进口单位是指从事废物进口的对外贸易经营单位，废物利用单位是指实际从事废物加工利用的单位。

（4）关于主观要件。本罪的主观要件是犯罪故意，即行为人明知违反国家规定将境外的固体废物进境倾倒、堆放、处置的行为会产生破坏国家对进口固体废物管理的法律秩序、危害环境权利，但希望或者放任这一行为的实施。至于行为人的犯罪动机可能是多种多样的，有的是出于谋利，有的是污染转嫁等，但无论其动机如何均不影响本罪的成立。

2. 本罪的刑事责任

根据刑法第339条第1款的规定，本罪的基本犯处5年以下有期徒刑或者拘役，并处罚金；造成重大环境染污事故，致使公私财产遭受重大损失或者严重危害人体健康的，处5年以上10年以下有期徒刑，并处罚金；后果特别严重的，处10年以上有期徒刑，并处罚金。

2016年12月发布的《最高人民法院、最高人民检察院关于办理环境污染刑事案件适用法律若干问题的解释》第5条规定："实施刑法第三百三十八条、第三百三十九条规定的行为，刚达到应当追究刑事责任的标准，但行为人及时采取措施，防止损失扩大、消除污染，全部赔偿损失，积极修复生态环境，且系初犯，确有悔罪表现的，可以认定为情节轻微，不起诉或者免予刑事处罚；确有必要判处刑罚的，应当从宽处罚。"

该解释第2条对于应当认定为"致使公私财产遭受重大损失或者严重危害人体健康"或者"致使公私财产遭受重大损失或者造成人身伤亡的严重后果"的情形作了明确，第3条规定也对本罪的"后果特别严重"情形作了详细的规定。

单位犯本罪的，对单位判处罚金，并对其直接负责的主管人员和其他直接责任人员依上述规定处罚。就单位犯罪的入罪门槛和情节，该解释第11条规定："单位实施本解释规定的犯罪的，依照本解释规定的定罪量刑标准，对直接负责的主管人员和其他直接责任人员定罪处罚，并对单位判处罚金。"

依据刑法第37条之一规定，对于利用职业便利犯本罪的，人民法院可以依法予以职业禁止处分。根据第64条规定，犯罪分子违法所得的一切财物，应当予以追缴或者责令退赔；被害人的合法财产，应当及时返还；违禁品和供犯罪所用的本人财物，应当予以没收。没收的财物和罚金一律上缴国库，不得挪用和自行处理。①

（三）擅自进口固体废物罪

根据刑法第339条第2款规定，“擅自进口固体废物罪”是指未经国务院有关主管部门许可，擅自进口固体废物用作原料，造成重大环境污染事故，致使公私财产遭受重大损失或者严重危害人体健康的行为。

1. 本罪的犯罪构成

（1）关于客体要件。对此，学者们有不同观点：有的认为本罪的客体要件是国家对固体废物管理制度和公民的环境权②；有的认为本罪的客体要件是环境权③；有的认为本罪的客体要件是国家对固体废物利用的污染防治管理活动④；有的认为本罪的客体要件是国家有关固体废物污染环境防治的管理制度和国家对外贸易的管理制度。

评析：首先，上述观点的说法大多太过粗疏。这是因为，国家规定的固体废物管理制度是所有固体废物犯罪（不限于本罪还包括非法处置进口的固体废物罪等）的亚同类客体，环境权益（权利）是所有环境犯罪的同类客体。其次，“国家对固体废物利用的污染防治管理活动”这一说法并不精确。再次，对公民的健康权、财产权与环境权利关系理解的不同，导致了复杂客体和简单客体之争。本罪的客体要件是国家关于禁止进口固体废物的法律秩序。这一法律秩序承载着权利主体关于清洁生产和生活的环境权益。“造成重大环境污染事故，致使公私财产遭受重大损失或者严重危害人体健康”是“国家管理禁止进口的废物法律秩序”严重受侵害的标准。可见，就现行立法而言，本罪对于环境权益的保护是间接的、隐性的。

根据《固体废物污染环境防治法》的规定，国家禁止进口不能用作原料的废物，限制进口可以用作原料的固体废物。擅自进口固体废物罪就是对这一法律秩序的严重破坏。

（2）关于客观要件。本罪的客观要件即未经国务院有关主管部门许可，擅自进口固体废物用作原料，造成重大环境污染事故，致使公私财产遭受重大损失或者严重危害人体健康的行为。

首先，行为人必须违反了国家有关境外固体废物进口审批程序的规

---

① 环境犯罪很多场合都涉及职业禁止科处和刑事没收、追缴适用，为了借鉴篇幅，以下各罪的论述点到为止，不再详细阐述。

② 蒋兰香.环境刑法[M].北京：中国林业出版社，2004：123.

③ 吴献萍著.环境犯罪与环境刑法[M].北京：知识产权出版社，2010：180.

④ 赵秉志.刑法新教程[M].北京：中国人民大学出版社，2012：568.

定。这是构成本罪的前提。进口境外固体废物用作原料必须经过国家有关主管部门审批。《固体废物污染环境防治法》规定，进口固体废物用作原料应当经过国务院许可。《国务院办公厅关于坚决控制境外废物向我国转移的紧急通知》规定，对可用作原料必须进口的废物只有国家环保局有审批权，其他地方各级人民政府都无权审批。如果行为人违反了上述规定，就具备了“未经国务院有关主管部门许可”的前提条件。

其次，行为人擅自进口固体废物用作原料。这里的废物必须是已经列入《国家限制进口的可用作原料的废物目录》的废物。这些固体废物具有特定性：(1) 只能是境外的固体废物，且是行为人自己擅自进口的固体废物。(2) 只能是国家允许或限制进口的，可以用作原料的废物目录所载明的废物，即所进口的固体废物可用于废物加工利用或专门从事生产经营。《刑法修正案（四）》第 5 条将刑法第 339 条第 3 款修改为：“以原料利用为名，进口不能用作原料的固体废物，液态废物和气态废物的，依照本法第一百五十二条第二款、第三款的规定定罪处罚。”据此，本罪所指的废物是可以用作原料的固体废物。(3) 本罪的废物不包括国家禁止进口的废物。对于以原料为名，擅自进口禁止的固体废物以走私固体废物罪论处。国家允许或限制进口，列入可以用作原料进口的固体废物目录中的固体废物是行为对象。本罪的犯罪对象是特定范围的自然环境。

所谓“擅自进口固体废物”，是指行为人未经许可私自决定进口固体废物的行为。一般是指不符合申请进口废物的条件，或者虽符合申请进口废物的条件，但还没有获得国家环境保护主管部门和国务院对外贸易主管部门批准的情形；伪造、变造国家环境保护局《进口废物批准书》的情形；逾期未向国家环境保护局补办进口废物经营审批手续，并继续从事进口废物经营活动的情形。行为人除了“擅自进口”的行为外还应当有将其所进口的废物用作原料的目的行为。如果其目的行为不是用作原料，而是移作他用，或者以原料利用为名擅自进口境外因体废物用于牟利，或者进行倒买倒卖，不构成本罪；构成犯罪的，应以所构成之罪论处。行为人以合法方式进口境外固体废物，造成重大环境污染事故，致使公私财产遭受重大损失或者严重危害人体健康的行为，应以重大环境污染事故罪认定。如行为人在处理进口固体废物过程中违反国家规定，则构成刑法第 339 条第 1 款规定的非法处置进口的固体废物罪。

最后，必须具备法定的危害结果。只有在其使用中造成重大环境污染事故的，才构成重大环境污染事故罪。这里有两层意思：第一，擅自进口固体废物罪是结果犯，即擅自进口固体废物用作原料的行为必须是已经造成重大环境污染事故才构成本罪；第二，擅自进口固体废物用作原料的行为与公私财产遭受重大损失、严重损害人体健康的后果之间有刑法上的因果关系。

关于严重后果的判定标准，2016 年 12 月发布的《最高人民法院、最高人民检察院关于办理环境污染刑事案件适用法律若干问题的解释》第 2 条规定：实施刑法第 339 条、第 408 条规定的行为，致使公私财产损失三十万元以上，或者具有本解释第一条第十项至第十七项规定情形之一的，应当认定为“致使公私财产遭受重大损失或者严重危害人体健康”或者“致使公私财产遭受重大损失或者造成人身伤亡的严重后果”。

（3）关于主体要件。根据《固体废物污染环境防治法》的有关规定，对从事危险废物经营活动的单位和个人实行许可证管理制度，因此，本罪是特殊主体。那种认为本罪是一般主体的理解并不正确。无权从事危险废物经营活动权的单位或者自然人伪造、变造许可证或通过其他形式非法取得许可证进口固体废物，危害严重的，可以构成其他犯罪。2016 年 12 月发布的《最高人民法院、最高人民检察院关于办理环境污染刑事案件适用法律若干问题的解释》第 6 条规定：“无危险废物经营许可证从事收集、贮存、利用、处置危险废物经营活动，严重污染环境的，按照污染环境罪定罪处罚；同时构成非法经营罪的，依照处罚较重的规定定罪处罚。”实践中，自然人单独犯本罪的情况并不多见。

（4）关于主观要件。理论界对擅自进口固体废物罪的主观要件的理解存在争议，主要有三种不同的认识：其一，主张犯罪过失，至于行为人违反规定未经许可，擅自进口固体废物的行为，也可能是故意的，并常常具有营利或牟利的目的；[①] 其二，本罪的主观方面是故意；[②] 其三，本罪是行为故意、结果过失。[③]

参照前述关于环境污染罪的罪过分析，由于本罪也是结果犯，所以，罪过的确定也必须以“危害行为造成危害结果的因果关系”为认识和意志的内容。鉴于此，本罪的罪过属于犯罪过失，即行为人应当预见到擅自进口固体废物用作原料的行为会造成重大环境污染的严重后果（导致人身伤亡或者公私财产的重大损失），由于疏忽大意没有预见，或者虽然已经预见但轻信能够避免，以致发生这一危害结果的心理态度。至于行为人对于其擅自进口固体废物用作原料的行为，则可以是明知故犯。

① 赵秉志.刑法新教程[M].北京：中国人民大学出版社，2012：568.
② 高铭暄，马克昌.刑法学[M].北京：高等教育出版社，2016：585.
③ 刘仁文.环境资源保护与环境资源犯罪[M].北京：中信出版社，2004：317.

2. 本罪的刑事责任

根据刑法第339条第2款的规定，本罪的基本犯处5年以下有期徒刑或者拘役，并处罚金；后果特别严重的，处5年以上10年以下有期徒刑，并处罚金。

2016年12月发布的《最高人民法院、最高人民检察院关于办理环境污染刑事案件适用法律若干问题的解释》第5条规定："实施刑法第三百三十八条、第三百三十九条规定的行为，刚达到应当追究刑事责任的标准，但行为人及时采取措施，防止损失扩大、消除污染，全部赔偿损失，积极修复生态环境，且系初犯，确有悔罪表现的，可以认定为情节轻微，不起诉或者免予刑事处罚；确有必要判处刑罚的，应当从宽处罚。"这里的"后果特别严重"，前述解释第3条作了与污染环境犯罪"后果特别严重"一样的解释（请参见前述）。

单位犯本罪的，对单位判处罚金，并对其直接负责的主管人员和其他直接责任人员依上述规定予以处罚。就单位犯罪的入罪门槛和情节，该解释第11条规定："单位实施本解释规定的犯罪的，依照本解释规定的定罪量刑标准，对直接负责的主管人员和其他直接责任人员定罪处罚，并对单位判处罚金。"

此外，还应当注意职业禁止和刑事没收、追缴对本罪的适用。

二、关于破坏动物资源保护的犯罪

（一）非法捕捞水产品罪

根据刑法第340条规定，非法捕捞水产品罪是指违反保护水产资源法规，在禁渔区、禁渔期或者使用禁用的工具、方法捕捞水产品，情节严重的行为。

1. 本罪的犯罪构成

（1）关于客体要件。本罪的客体要件是国家保护水产资源的法律秩序，这一法律秩序承载了以水产资源为纽结的可持续利用生物资源的环境权益。

水产资源是国家的宝贵财富。为了加强对水产资源的保护，国家通过立法对水产资源繁殖、养殖和捕捞等方面作了具体规定：一方面，国家鼓励、扶持外海和远洋捕捞业的发展，并合理安排内水和近海捕捞作业；另一方面，又要求在内水、近海从事捕捞业的单位和个人必须遵循捕捞许可证关于作业类型、场所、时限和渔具数量之规定进行作业，不得在禁渔区和禁渔期进行捕捞，不得使用禁用的渔具、捕捞方法以及小于规定的最小网目尺寸的网具进行捕捞。非法捕捞水产品的行为是竭泽而渔，急功近利，它破坏了国家对水产资源管理的法律秩序，危害水产资源的可持续利用和发展，具有严重的社会危害性，因而必须依法对情节严重的非法捕捞水产品行为予以刑事惩治。

本罪的犯罪对象是指除珍贵、濒危水生动物以外的其他所有水产资源。所谓水产资源是我国水域中出产的动物、藻类等的统称，主要是指具有一定经济价值的水生动物和水生植物，包括各种鱼类、虾蟹类、贝类、海藻类、淡水食用水生植物类以及其他龟鳖、乌贼、海参等。其中，以非法捕捞鱼、虾、贝类的情况最为常见。由于刑法第341条将非法猎捕、杀害珍贵、濒危野生动物的行为单列出来，独立成罪，故非法捕捞水产品罪的犯罪对象是受国家水产资源法保护的除了珍贵、濒危野生水生动物之外的水产资源。

(2) 关于客观要件。本罪的客观要件是违反保护水产资源保护法规，在禁渔区、禁渔期或者使用禁用的工具、方法捕捞水产品，情节严重的行为。

首先，该行为违反了保护水产资源法规的禁止性规定。现行《环保法》规定："保护、发展和合理利用水生生物，禁止灭绝性的捕捞和破坏。"《渔业法》对渔业生产的领导、管理、监督、养殖业和捕捞业的管理，渔业资源的增殖和保护以及法律责任等方面都作了明确的规定。尤其是《渔业法》第38条第1款规定："使用炸鱼、毒鱼、电鱼等破坏渔业资源方法进行捕捞的，违反关于禁渔区、禁渔期的规定进行捕捞的，或者使用禁用的渔具、捕捞方法和小于最小网目尺寸的网具进行捕捞或者渔获物中幼鱼超过规定比例的，没收渔获物和违法所得，处五万元以下的罚款；情节严重的，没收渔具，吊销捕捞许可证；情节特别严重的，可以没收渔船；构成犯罪的，依法追究刑事责任。"《渔业法实施细则》进一步具体划分了近海渔场与外海渔场，强调了国家对捕捞业实行捕捞许可证制度，规定了对非法捕捞水产品的具体处罚方法。这些规定对捕捞对象、捕捞时间、水域、工具、方法等提出了要求并作了一系列禁止性规定。违反上述规定是构成非法捕捞水产品罪的前提。

其次，该行为以特定的地点、时间、方式为必要要件。其行为方式主要包括：第一，在禁渔区捕捞水产品。禁渔区是指由国家法令或者地方政府规定，对某些重要鱼、虾、蟹、贝、藻等，以及其他重要水生生物的产卵场、幼体索饵场、越冬场和洄游通道，划定一定的范围，禁止所有渔业生产作业的区域，或者禁止某种渔业生产作业的区域。第二，在禁渔期捕捞水产品。所谓禁渔期，是指对某些重要水生生物的产卵场、幼体索饵场、越冬场和洄游通道，规定禁止渔业生产作业或者限制作业的一定期限。第三，使用禁用的工具捕捞水产品。所谓禁用的工具，是指禁止使用的超过国家对不同捕捞对象所分别规定的最小网目尺寸的渔具。第四，使用禁用的方法捕捞水产品。所谓禁用的方法，是指禁止采用损害水产资源正常繁殖、生长的方法，如炸鱼、毒鱼、电鱼等。

本罪是选择罪名，即以行为方式、方法以及行为时间、地点为选择。行为人只要违反以上“四个禁止”之一进行捕捞的就属于非法捕捞，同时实行上述两个甚至“四个禁止”行为的，也只成立一罪。

非法捕捞私人养殖的水产品的，应当以何罪论处？这要看养殖的目的，如私人鱼塘中人工养殖的水产品实际是公民私人财产的一部分，而不体现生态价值，则非法捕捞私人养殖的水产品的行为侵犯的是公私财产所有权，应当以盗窃罪论处。

最后，非法捕捞水产品的行为达到“情节严重”的程度，这是入罪门槛。2008 年发布的《最高人民检察院、公安部关于公安机关管辖的刑事案件立案追诉标准的规定（一）》（以下简称《立案追诉标准（一）》）第 63 条规定：“违反保护水产资源法规，在禁渔区、禁渔期或者使用禁用的工具、方法捕捞水产品，涉嫌下列情形之一的，应予立案追诉：（一）在内陆水域非法捕捞水产品五百公斤以上或者价值五千元以上的，或者在海洋水域非法捕捞水产品二千公斤以上或者价值二万元以上的；（二）非法捕捞有重要经济价值的水生动物苗种、怀卵亲体或者在水产种质资源保护区内捕捞水产品，在内陆水域五十公斤以上或者价值五百元以上，或者在海洋水域二百公斤以上或者价值二千元以上的；（三）在禁渔区内使用禁用的工具或者禁用的方法捕捞的；（四）在禁渔期内使用禁用的工具或者禁用的方法捕捞的；（五）在公海使用禁用渔具从事捕捞作业，造成严重影响的；（六）其他情节严重的情形。”该司法解释同时规定了内陆和海洋非法捕捞的两套标准。

《最高人民法院、最高人民检察院关于办理破坏野生动物资源刑事案件适用法律若干问题的解释》第 3 条第 1 款规定：“在内陆水域，违反保护水产资源法规，在禁渔区、禁渔期或者使用禁用的工具、方法捕捞水产品，具有下列情形之一的，应当认定为刑法第三百四十条规定的‘情节严重’，以非法捕捞水产品罪定罪处罚：（一）非法捕捞水产品五百公斤以上或者价值一万元以上的；（二）非法捕捞有重要经济价值的水生动物苗种、怀卵亲体或者在水产种质资源保护区内捕捞水产品五十公斤以上或者价值一千元以上的；（三）在禁渔区使用电鱼、毒鱼、炸鱼等严重破坏渔业资源的禁用方法或者禁用工具捕捞的；（四）在禁渔期使用电鱼、毒鱼、炸鱼等严重破坏渔业资源的禁用方法或者禁用工具捕捞的；（五）其他情节严重的情形。”

该解释第 19 条规定：“在海洋水域，非法捕捞水产品，非法采捕珊瑚、砗磲或者其他珍贵、濒危水生野生动物，或者非法收购、运输、出售珊瑚、砗磲或者其他珍贵、濒危水生野生动物及其制品的，定罪量刑标准适用《最高人民法院关于审理发生在我国管辖海域相关案件若干问题的规定（二）》（法释〔2016〕17号）的相关规定。”

2016 年 8 月发布的《最高人民法院关于审理发生在我国管辖海域相关案件若干问题的规定（二）》第 4 条规定：“违反保护水产资源法规，在海洋水域，在禁渔区、禁渔期或者使用禁用的工具、方法捕捞水产品，具有下列情形之一的，应当认定为刑法第三百四十条规定的‘情节严重’：（一）非法捕捞水产品一万公斤以上或者价值十万元以上的；（二）非法捕捞有重要经济价值的水生动物苗种、怀卵亲体二千公斤以上或者价值二万元以上的；（三）在水产种质资源保护区内捕捞水产品二千公斤以上或者价值二万元以上的；（四）在禁渔区内使用禁用的工具或者方法捕捞的；（五）在禁渔期内使用禁用的工具或者方法捕捞的；（六）在公海使用禁用渔具从事捕捞作业，造成严重影响的；（七）其他情节严重的情形。”这一规定适用于中华人民共和国内水、领海、毗连区、专属经济区、大陆架，以及中华人民共和国管辖的其他海域；并且对前述《立案追诉标准（一）》中有关“海域”中危害行为的入罪标准作了修改。该司法解释适用的范围“是指中华人民共和国内水之外的领海、毗连区、专属经济区、大陆架，以及中华人民共和国管辖的其他海域”。根据规范的适用法理，前述《立案追诉标准（一）》因而就只能适用于内陆与海洋不沾边地方的“非法捕捞水产品案件”。

（3）关于主体要件。自然人达到刑事责任年龄且精神正常的，以及单位（刑法第 346 条）均可构成本罪。司法实践中，本罪的主体大部分是专门从事捕捞业的人员或单位，如渔民、渔场等，有的则是非专业从事捕捞业者，这都不影响其构成本罪主体。不论是专业从事捕捞业者还是非专业人员，只要进行了非法捕捞就都可构成本罪。

（4）关于主观要件。本罪的主观要件是犯罪故意，即行为人明知禁渔区、禁渔期而捕捞水产品，或者明知是禁用的工具、方法而捕捞水产品。过失不构成本罪。至于行为人非法捕捞水产品是为了营利或者其他目的，均不影响本罪的成立。

2. 本罪的刑事责任

根据刑法第 340 条规定，本罪只有一个法定刑幅度，即处 3 年以下有期徒刑、拘役、管制或者罚金。根据刑法第 346 条规定，单位犯本罪的，对单位判处罚金，并对其直接负责的主管人员和其他直接责任人员依上述规定处罚。

《最高人民法院、最高人民检察院关于办理破坏野生动物资源刑事案件适用法律若干问题的解释》第 7 条第 2 款规定："实施前款规定的行为，具有下列情形之一的，从重处罚：（一）暴力抗拒、阻碍国家机关工作人员依法履行职务，尚未构成妨害公务罪、袭警罪的；（二）对水生生物资源或者水域生态造成严重损害的；（三）二年内曾因破坏野生动物资源受过行政处罚的。"实施非法捕捞水产品的行为，根据渔获物的数量、价值和捕捞方法、工具等，认为对水生生物资源危害明显较轻的，综合考虑行为人自愿接受行政处罚、积极修复生态环境等情节，可以认定为犯罪情节轻微，不起诉或者免予刑事处罚；情节显著轻微危害不大的，不作为犯罪处理。

对于实践中经常发生本罪与盗窃罪以及爆炸罪、投放危险物质罪的想象竞合情形，按照刑法理论从一重罪而处罚。此外，还应注意职业禁止和刑事没收、追缴对本罪的适用。

（二）危害珍贵、濒危野生动物罪

根据刑法第 341 条第 1 款规定，危害珍贵、濒危野生动物罪①是指违反野生动物保护法规，猎捕、杀害国家重点保护的珍贵、濒危野生动物的，或者非法收购、运输、出售珍贵、濒危野生动物及其制品的行为。

1. 本罪的犯罪构成

（1）关于客体要件。非法猎捕、杀害珍贵、濒危野生动物罪的客体要件是国家禁止非法猎捕、杀害国家重点保护的珍贵、濒危野生动物，以及禁止非法收购、运输、出售国家重点保护的珍贵、濒危野生动物及其制品的国家整体法律秩序。这一法律秩序承载了以国家重点保护的珍贵、濒危野生动物为纽结的可持续利用生物资源的环境权益。珍贵、濒危野生动物是国家十分宝贵的自然资源，不仅具有重要的经济价值，而且具有重要的生态价值、文化价值、社会价值以及政治价值。因此，国家通过制定一系

---

① 2021 年 2 月发布的《最高人民法院、最高人民检察院关于执行〈中华人民共和国刑法〉确定罪名的补充规定（七）》将"非法猎捕、杀害国家重点保护的珍贵、濒危野生动物罪"和"非法收购、运输、出售珍贵、濒危野生动物及其制品"合并为"危害珍贵、濒危野生动物罪"。

列保护野生动物的法律法规对珍贵、濒危野生动物予以重点保护。如《中华人民共和国野生动物保护法》（以下简称《野生动物保护法》）、《中华人民共和国陆生野生动物保护实施条例》、《中华人民共和国水生野生动物保护实施条例》。这些法律法规共同构建了有关国家重点保护的珍贵、濒危野生动物的法律秩序。非法捕杀珍贵、濒危野生动物行为具有导致国家重点保护的珍贵、濒危野生动物灭绝的危险，因而严重破坏了国家对野生动物资源的保护和管理法律秩序及其所承载的环境权益。

本罪的犯罪对象是国家重点保护的珍贵、濒危野生动物及其制品。国家重点保护的珍贵、濒危野生动物包括陆生野生动物和水生野生动物，其中珍贵野生动物是指在生态、科学研究、经济、文化等方面具有重要价值的野生动物，濒危野生动物是指濒于灭绝的野生动物。非珍贵、濒危野生动物不能成为本罪的对象。珍贵、濒危野生动物乃珍贵、濒危陆生野生动物和水生野生动物的总称。其中，陆生野生动物是指依法受保护的珍贵、濒危、有益的和有重要经济、科学研究价值的陆生野生动物，水生野生动物是指珍贵、濒危的水生野生动物。《国家重点保护野生动物名录》把我国重点保护的野生动物分为一级保护野生动物和二级保护野生动物。刑法第341条第1款规定的“珍贵、濒危野生动物”，包括列入国家重点保护野生动物名录的国家一、二级保护野生动物、列入《濒危野生动植物种国际贸易公约》附录一、附录二的野生动物，以及驯养繁殖①的上述物种。

根据《最高人民法院、最高人民检察院关于办理破坏野生动物资源刑事案件适用法律若干问题的解释》（法释〔2022〕12号）第4条规定：“刑法第三百四十一条第一款规定的‘国家重点保护的珍贵、濒危野生动物’包括：（一）列入《国家重点保护野生动物名录》的野生动物；（二）经国务院野生动物保护主管部门核准按照国家重点保护的野生动物管理的野生动物。”

重点保护的珍贵、濒危野生动物的制品是指对捕获或得到的珍贵、濒危野生动物，通过某种加工手段而获得的成品与半成品，如标本、皮张或

① 驯养繁殖的珍贵、濒危动物也在本法保护范围，如2016年王×被定犯非法出售珍贵、濒危野生动物罪的案件，即鹦鹉案。案件的争点就是人工驯养繁殖的鹦鹉是否属于刑法所指的“珍贵、濒危野生动物”。一审法院认定，王×贩卖两只“小太阳”鹦鹉证据充分，另查获的45只被保护鹦鹉待售，属犯罪未遂。2017年3月30日一审判决王×犯非法出售珍贵、濒危野生动物罪，判处有期徒刑5年，并处罚金3000元。2017年11月6日在深圳市中级人民法院二审开庭，二审辩护律师为王×作无罪辩护；2018年3月30日，深圳中院对该案作出终审宣判，判处王×有期徒刑两年。2018年4月，最高人民法院核准判处两年有期徒刑并处罚金3000元的刑事判决。

者其他有极高经济价值的动物部位、肉食等。

（2）关于客观要件。本罪的客观要件为非法猎捕、杀害国家重点保护的珍贵、濒危野生动物，以及收购、运输、出售国家重点保护的珍贵、濒危野生动物及其制品的行为。首先，构成本罪必须以违反野生动物保护法规的规定为前提，即行为违反野生动物保护法及其他保护野生动物法规和规章中的禁止性规定；其次，实施了非法猎捕、杀害国家重点保护的珍贵、濒危野生动物，或者收购、运输、出售行为国家重点保护的珍贵、濒危野生动物及其制品的行为。

这里的“杀害”比较容易理解，关键是“猎捕”，对之应当广义地理解，包括一切猎取、捕捉等获得珍贵、濒危野生动物的行为方式。实践中同时具有非法猎取、捕捞和杀害行为的，也只构成一罪，不数罪并罚。至于其捕杀行为是在何时、何地，用何种工具，采用何种方法，都不影响非法猎捕、杀害珍贵、濒危野生动物罪的成立。所以，本罪属于行为犯。2008 年发布的《最高人民检察院、公安部关于公安机关管辖的刑事案件立案追诉标准的规定（一）》第 64 条也规定：“非法猎捕、杀害国家重点保护的珍贵、濒危野生动物的，应予立案追诉。”尽管刑法规定本罪条文表述和司法解释都没有明确的情节要求，但是，根据刑法第 13 条但书，行为人非法猎捕、杀害珍贵、濒危野生动物的行为必须达到一定的危害程度，即本罪的危害行为仍需要一定的行为强度（在具体案件中由检察官和法官综合案件酌情而定）。实践中，经常出现野生动物侵害人的生命健康的案例。这时，如果符合紧急避险条件的，便阻却违法，行为人的猎捕、杀害行为不构成犯罪。

这里的“收购”包括以营利、自用等为目的的购买行为；“运输”包括采用携带、邮寄、利用他人、使用交通工具等方法进行运送的行为，但不包括跨越国（边）境的转移；“出售”包括以出卖和以营利为目的的加工、利用行为。实践中，对于单独以携带、邮寄方式运输珍贵、濒危野生动物及其制品的，如果达到立案标准，应按本罪论处；因受雇而从事珍贵、濒危野生动物及其制品的运输者，如果不知所运输的为珍贵、濒危野生动物及其制品，则运输者不构成本罪，反之，如果运输者明知为珍贵、濒危野生动物及其制品而予以运送的，应以本罪论处。按照 2014 年发布的《全国人民代表大会常务委员会关于〈中华人民共和国刑法〉第三百四十一条、第三百一十二条的解释》，行为人知道或者应当知道是国家重点保护的珍贵、濒危野生动物及其制品，为食用或者其他目的而非法购买的，也属于本罪的非法收购。

现实生活中，非法收购、运输、出售等行为方式之间往往具有客观上的相互联系。收购与出售行为，通常是一种双向的行为，虽然不能否认单独的运输行为亦可构成本罪，但是运输行为多数情况下是与收购、出售行为相伴而生的。

本罪属于选择罪名，存在对象选择和行为方式选择。无论行为人实施的是其中一种行为，还是同时实施数种行为，均可构成危害珍贵、濒危野生动物罪。在同时实施杀害、猎捕以及非法收购、运输、出售数种行为时，也仅定一罪而不并罚。当行为人既杀害、猎捕国家重点保护的珍贵、濒危野生动物又实施非法收购、运输、出售珍贵、濒危野生动物及其制品时，也只成立一罪，同样不并罚。当然，上述结论是针对行为对象同一的情况而言的。

（3）关于主体要件。本罪的犯罪主体既可以是自然人（即已满十六周岁且精神正常因而具有刑事责任能力的人），也可以是单位。实践中，多数情况下，本罪主体多系直接从事狩猎或者在野生动物自然栖息的周围能够直接接触到野生动物的人员或单位，以及专门从事野生动物研究和保护的单位和个人。这并不排除其他个人和单位因追求营利的目的而实施大量非法猎捕、杀害珍贵、濒危野生动物，或者非法收购、运输、出售珍贵、濒危野生动物及其制品的行为，从而成为本罪的犯罪主体。

（4）关于主观要件。本罪的主观要件为犯罪故意，即行为人必须明知是国家重点保护的珍贵、濒危野生动物或其制品而故意加以猎捕、杀害或者非法收购、运输、出售。行为人确实不知道是国家重点保护的珍贵、濒危野生动及其制品物或出于过失而捕杀或者运输非法收购、运输、出售均不构成本罪。至于行为人的动机，可能是多种多样的，或者出于牟利，或者为了食用或医药，或者为了驯养等。这里的明知应当作扩张解释，包括确切知道，也包括推定知道。

2. 本罪的刑事责任

根据刑法第 341 条第 1 款规定，本罪的基本犯，处 5 年以下有期徒刑或者拘役，并处罚金；情节严重的，处 5 年以上 10 年以下有期徒刑，并处罚金；情节特别严重的，处 10 年以上有期徒刑，并处罚金或者没收财产。

关于猎捕和杀害珍贵、濒危野生动物的行为的“情节严重”和“情节特别严重”。2021 年 12 月 13 日发布的《最高人民法院、最高人民检察院关于办理破坏野生动物资源刑事案件适用法律若干问题的解释》规定了“应当认定为情节（特别）严重”和“可以认定为情节（特别）严重”两类情形。该解释第 6 条第 1 款规定：“非法猎捕、杀害国家重点保护的珍贵、濒危野生动物，或者非法收购、运输、出售国家重点保护的珍贵、濒危野生动物及其制品，价值二万元以上不满二十万元的，应当依照刑法第三百四十一条第一款的规定，以危害珍贵、濒危野生动物罪处五年以下有期徒刑或者拘役，并处罚金；价值二十万元以上不满二百万元的，应当认定为‘情节严重’，处五年以上十年以下有期徒刑，并处罚金；价值二百万元以上的，应当认定为‘情节特别严重’，处十年以上有期徒刑，并处罚金或者没收财产。”

根据该解释第 6 条第 3 款规定，实施第 1 款规定的行为，不具有第 2 款规定的从重处罚的情形，且未造成动物死亡或者动物、动物制品无法追回，行为人全部退赃退赔，确有悔罪表现的，非法猎捕、杀害或者非法收购、运输、出售国家重点保护的珍贵、濒危野生动物及其制品价值二百万元以上的，可以认定为“情节严重”，处五年以上十年以下有期徒刑，并处罚金。

实践中，经常发生猎捕杀害行为同时构成本罪与盗窃罪、故意毁坏财物罪的想象竞合情形，按照刑法理论从一重罪而处罚。行为人首先猎捕、杀害、收购、运输后又走私的，或者先走私入境再实施杀害、运输、出售的，构成本罪与走私珍贵动物、珍贵动物制品罪竞合，实施数罪并罚。

该解释第 18 条规定，单位犯本罪的，定罪量刑标准依照本解释的有关规定执行。

此外，还应注意职业禁止和刑事没收、追缴对本罪的适用。

（三）非法狩猎罪

根据刑法第 341 条第 2 款规定，非法狩猎罪是指违反狩猎法规，在禁猎区、禁猎期或者使用禁用的工具、方法进行狩猎，破坏野生动物资源，情节严重的行为。

1. 本罪的犯罪构成

(1) 关于客体要件。非法狩猎罪的客体要件是国家有关保护野生动物资源所确立的法律秩序。《野生动物保护法》第 8 条规定：“国家保护野生动物及其生存环境，禁止任何单位和个人非法猎捕或者破坏。”非法狩猎罪破坏了国家关于保护野生动物资源的管理之法律秩序。由于水产品以及珍贵、濒危野生动的保护已有专门的刑法条文规定，因此本罪的犯罪对象是指水产品以及珍贵、濒危野生动之外的野生动物资源。相应地，这里的法律秩序是指除了相应的特殊管理秩序之外国家保护野生动物资源的法律秩序。

(2) 关于客观要件。本罪的客观要件为违反狩猎法规，在禁猎区、禁猎期或者使用禁用的工具、方法进行狩猎，破坏野生动物资源，情节严重的行为。

首先，行为要违反狩猎法规，包括《环保法》《野生动物保护法》等。其次，在禁猎区、禁猎期或者使用禁用的工具、方法进行狩猎。所谓禁猎区，是指适宜野生动物栖息繁殖或者野生动物资源贫乏和破坏比较严重的地区。所谓禁猎期，是指国家根据不同野生动物的繁殖及生长期（如肉食、皮毛成熟季节），依法禁止进行狩猎活动的一定时间期限，其目的在于保证野生动物能够拥有良好的繁殖时间，使其正常发展，保持并增加种群数量，供人们永续利用。所谓禁用的工具，是指足以破坏野生动物资源，危害人兽安全以及破坏森林的工具。《野生动物保护法》第21条明确规定："禁止使用军用武器、毒药、炸药进行猎捕。"《陆生野生动物保护实施条例》第11条规定："禁止使用军用武器、气枪、毒药、炸药、地枪、排铳、非人为直接操作并危害人畜安全的狩猎装置……"此外，禁用工具还包括地弓、大铁夹等等。所谓禁用的方法，是指以破坏、妨害野生动物正常繁殖和生长的方法，如投毒、爆炸、火攻、烟熏、掏窝、拣蛋、夜间照明行猎、歼灭性围攻等等。采用其中任何一种形式或是数种形式非法狩猎野生动物，且情节严重的，即可构成犯罪。

非法狩猎行为必须是情节严重的行为，才能构成犯罪。

根据《最高人民法院、最高人民检察院关于办理破坏野生动物资源刑事案件适用法律若干问题的解释》第3条第1款规定，违反狩猎法规，在禁猎区、禁猎期或者使用禁用的工具、方法进行狩猎，破坏野生动物资源，具有下列情形之一的，应当认定为刑法第341条第2款规定的"情节严重"，以非法狩猎罪定罪处罚：（1）非法猎捕野生动物价值一万元以上的；（2）在禁猎区使用禁用的工具或者方法狩猎的；（3）在禁猎期使用禁用的工具或者方法狩猎的；（4）其他情节严重的情形。

这里的"其他情节严重"主要指以下几种情形：为首组织或者聚众非法狩猎的；在禁猎区或者禁猎期内多次猎捕或大量猎捕野生动物的；使用禁用工具或方法狩猎，使野生动物资源遭受重大损失的；长期非法狩猎屡教不改的；非法狩猎不听劝阻，威胁、殴打保护人员的；其他手段特别恶劣的；等等。

（3）关于主体要件。本罪的主体要件没有特殊要求，故为一般主体。既可以由达到刑事责任年龄且精神正常因而具有刑事责任能力的自然人构成，也可以由单位构成。实践中，本罪主体较为常见的是专门从事经营狩猎的农村集体经济组织，如牧村、牧场以及上述组织内的成员，如牧民、猎户等。此外，其他人员也可成为本罪的主体，如经常出入禁猎区的旅游者或其他人员等，但实践中较为少见。

(4) 关于主观要件。非法狩猎罪的主观要件是犯罪故意，即明知是在禁猎区、禁猎期或使用禁用的工具、方法进行狩猎危害社会而故意为之。过失不能构成本罪。通常认为，本罪故意的内容以具有有意违反“四禁”(禁猎区、禁猎期、使用工具、禁用方法) 规定之一的即为已足，不以具体认识是属于哪一类野生动物为必要。也就是说，行为人在主观上知道自己的行为是违法的，会给野生动物资源造成危害就足够了。即便他们在主观上并没有弄清自己要猎捕的动物属于哪一类，仍属于本罪的故意。至于行为人非法狩猎出于何种目的，或是为了出卖牟利，或是为了自己食用或药用，或为泄愤报复，抑或其他个人目的等，均不影响本罪的成立。

2. 本罪的刑事责任

根据刑法第 341 条第 2 款的规定，犯非法狩猎罪的，处 3 年以下有期徒刑、拘役、管制或者罚金。根据前述司法解释规定：“实施非法狩猎行为，具有下列情形之一的，从重处罚：(一) 暴力抗拒、阻碍国家机关工作人员依法履行职务，尚未构成妨害公务罪、袭警罪的；(二) 对野生动物资源或者栖息地生态造成严重损害的；(三) 二年内曾因破坏野生动物资源受过行政处罚的。其中，二次以上实施本解释规定的行为构成犯罪，依法应当追诉的，或者二年内实施本解释规定的行为未经处理的，数量、数额累计计算。”

实施非法狩猎行为，根据猎获物的数量、价值和狩猎方法、工具等，认为对野生动物资源危害明显较轻的，综合考虑猎捕的动机、目的、行为人自愿接受行政处罚、积极修复生态环境等情节，可以认定为犯罪情节轻微，不起诉或者免予刑事处罚；情节显著轻微危害不大的，不作为犯罪处理。

行为人非法狩猎的对象如果涉及属于国家重点保护的珍贵、濒危野生动物，应按非法猎捕、杀害珍贵、濒危野生动物罪论处。所以，如果在一个案件中行为对象既有珍贵、濒危野生动物又有普通的野生动物且都构成犯罪的，应当数罪并罚。

此外，还应注意职业禁止、刑事没收、追缴对本罪的适用。

(四) 非法猎捕、收购、运输、出售陆生野生动物罪

2020 年 12 月通过的《刑法修正案（十一）》在刑法第 341 条中增加一款作为第 3 款。据此，非法猎捕、收购、运输、出售陆生野生动物罪是指违反野生动物保护管理法规，以食用为目的非法猎捕、收购、运输、出

售该条第 1 款规定以外的在野外环境自然生长繁殖的陆生野生动物，情节严重的行为。

1. 本罪的犯罪构成

(1) 关于客体要件。现行刑法将本罪设置在分则第六章第六节，按照刑法理论，其犯罪客体应该是有关的国家环保法律秩序（环境权利），详言之，即以人类所享有的以特定的陆生野生动物为对象的生态平衡法益为核心的国家环保法律秩序。

之所以是“人类享有的”，是因为坚持人类中心主义的伦理观，不承认动物的权利主体地位。之所以是“以动物为对象的生态平衡法益”，是因为坚持可持续发展的弱的人类中心主义。当今科学技术飞速发展，人类对自然的改造、干预和破坏能力急剧增强，人类的活动空间延展极大程度地挤压了野生动物的生活空间，降低了其生存可能性，尤其是有的地方存在食用野味的陋习，比如各种猴、鼠、蛇、蝙蝠、果子狸、鸟甚至昆虫都成为一些偏嗜者的盘中“美餐”。在人类的“强力魔掌”之下，几乎任何陆生野生动物都无处遁逃。问题是，一方面，这危害生物多样性，打断自然食物链，破坏生态平衡；另一方面，在对野生动物进行猎捕、收购、运输、出售、食用过程中，一些寄居在中间宿主身上的传染病病菌、病毒、寄生虫乘机侵入人体，引发传染病的大流行和暴发。21 世纪之初席卷全世界的非典型性肺炎（SARS）、中东呼吸综合征的暴发都是惨痛的教训。鉴于此，必须对野生动物加强保护，可持续地有序利用。之所以是“以特定的”陆生野生动物，是因为刑法第 341 第 1 款已经对国家重点保护的珍贵、濒危野生动物作了专门保护。本罪的保护对象是在野外环境自然生长繁殖的野生动物，即野生的不包括驯养繁殖的，仅指陆生不包括水生。这与其他犯罪的保护对象有差别，如危害珍贵、濒危野生动物罪的保护对象是国家重点保护的珍贵、濒危野生动物（包括驯养的），并且不限于陆生，还包括水生（如娃娃鱼、中华鲟等）。可见，有学者认为，本罪的犯罪对象与危害珍贵、濒危野生动物罪的犯罪对象是“互斥关系”[①]，这种判断并不严谨。

有的学者从公共卫生安全的角度解读本罪保护的法益，将本罪归结为对国家公共卫生法律制度的保护。[②] 这一理解有其根据，2020 年 6 月，时任全国人民代表大会常务委员会法制工作委员会副主任的李宁对本罪的设立目的曾有官方说明：设立本罪是为了保护公共安全，总结新冠疫情防控

① 时延安等.《刑法修正案（十一）》评注与案例[M].北京：中国法制出版社，2021：478.

② 赵秉志.《刑法修正案（十一）》理解与适用[M].北京：中国人民大学出版社，2021：297.

经验和需要，与野生动物保护法、生物安全法、传染病防治法的规定相衔接，强化公共卫生刑事法治保障。[①] 这就是说，本罪设立的缘起或者说"导火索"可能是"为公共健康安全提供保障"。但是，基于现行立法，这种理解不可取。按照罪刑法定原则，刑法理论对罪刑规范的解读必须忠实于条文的设置，而不能拘泥于在立法过程中的某一个阶段的大众舆论或者某一次重要领导的讲话。

（2）关于客观要件。本罪的客观要件即违反野生动物保护管理法规，猎捕、收购、运输、出售特定的在野外环境自然生长繁殖的陆生野生动物，情节严重的行为。有几个要点需注意。

首先，构成本罪必须以违反野生动物保护管理法规为前提，这是刑法的谦抑性和保障法地位的要求，不能动辄就把一些事项直接诉诸刑法调整。

其次，行为人实施了以食用为目的非法猎捕、收购、运输、出售特定的在野外环境自然生长繁殖的陆生野生动物的行为。这里的"猎捕"也应该广义地理解为包括一切猎取、捕捉等获得野生陆生动物的行为方式；这里的"收购"包括以营利、自用等为目的的购买行为；"运输"包括采用携带、邮寄、利用他人、使用交通工具等方法进行运送的行为，但不包括跨越国（边）境的转移；"出售"包括出卖和以营利为目的的加工、利用行为。

值得注意的是，本罪与危害珍贵、濒危野生动物罪相比，没有规定"杀害"的行为方式。这无疑是立法的小瑕疵。如果行为人实施了杀害行为，怎么处理呢？按照法教义学理论，依照举轻以明重的扩大解释规则，故可以把"杀害"解释为本罪的"猎捕、收购、运输、出售"行为之内。例如，先猎捕后杀害、先收购后杀害、先杀害后运输、先杀害后出售等都属于本罪的行为方式。

这里的行为对象即特定范围的野生陆生动物，与犯罪对象重合，具体范围请见前述犯罪对象论述。

最后，"情节严重"是本罪的入罪门槛。目前还缺乏明确的司法解释规定。不过，按照以往的司法实践经验和刑法理论，这里的"情节严重"主要包括行为对象的数量较多（客观危害结果较大），行为人实施的行为频度较高（人身危险性大、主观恶性大），行为的方式、方法以及时间、地点的特殊（增加了行为的客观危害性）等。

---

① 李宁.《关于中华人民共和国刑法修正案（十一）》（草案）的说明[R]，2020 年 6 月 28 日在第十三届全国人民代表大会常务委员会第二十次会议上的说明。

(3) 关于主体要件。本罪的主体要件没有特殊要求，故为一般主体。既可以由达到刑事责任年龄且精神正常因而具有刑事责任能力的自然人构成，也可以由单位构成。

(4) 关于主观要件。本罪的主观要件是犯罪故意，即基于食用的目的，明知是在野外环境自然生长繁殖的陆生野生动物而加以猎捕、收购、运输、出售是违反野生动物保护管理法规的还希望或者放任这些行为实施的心理态度。这里的食用目的，应该平义解释为目的就是“吃”，而不能拆开解释为“食”和“用”。所以，如果不是为了“食用”，而是为了当宠物、药用或者进行科研活动等非“食用”的目的，则不构成本罪。

2. 本罪的刑事责任

根据刑法第 341 条第 3 款的规定，本罪只有一个法定档次：处 3 年以下有期徒刑、拘役、管制或者罚金。根据刑法第 346 条规定，单位犯本罪的，对单位判处罚金，并对其直接负责的主管人员和其他直接责任人员依上述规定处罚。

此外，还应注意职业禁止和刑事没收、追缴对本罪的适用。

三、关于破坏土地与矿产资源保护的犯罪

(一) 非法占用农用地罪

根据刑法第 342 条规定，非法占用农用地罪是指违反土地管理法规，非法占用耕地、林地等农用地，改变被占用土地用途，数量较大，造成耕地、林地等农用地大量毁坏的行为。

1. 本罪的犯罪构成

(1) 关于客体要件。本罪的客体要件是国家管理农用地的法律秩序，这一法律秩序承载了以农用地资源为纽结的可持续利用土地资源的环境权益。

土地是国家的重要自然资源，而耕地、林地等农用地则为人类的生存和发展提供了最基本的物质条件。我国《宪法》第 10 条规定：“城市的土地属于国家所有。农村和城市郊区的土地，除由法律规定属于国家所有的以外，属于集体所有；宅基地和自留区、自留山，也属于集体所有。国家为了公共利益的需要，可以依照法律规定对土地实行征收或者征用并给予补偿。任何组织和个人不得侵占、买卖、出租或者以其他形式非法转让土地。土地的使用权可以依照法律的规定转让。一切使用土地的组织和个人必须合理地利用土地。”我国《土地管理法》第 3 条规定：“十分珍惜、合理利用土地和切实保护耕地是我国的基本国策。各级人民政府应当采取措

施，全面规划，严格管理，保护、开发土地资源，制止非法占用土地的行为。”《宪法》和《土地管理法》明确规定了土地（含耕地在内）的所有权属于国家或集体，禁止任何单位或个人非法占用耕地。本罪的行为对象是农用地，包括耕地、林地、草地等。农用地资源分为已开垦的农用地和尚未开发利用的后备农用地。本罪就是针对违反上述法律的相关规定，危害农用土地的管理秩序，情节严重的非法占用行为而设立的。

（2）关于客观要件。本罪的客观要件为违反土地管理法规，非法占用农用地改作他用，数量较大，造成耕地、林地等农用地大量毁坏的行为。

首先，行为必须违反土地管理法规，非法占用农用地改作他用。根据2009年发布的《全国人民代表大会常务委员会关于〈中华人民共和国刑法〉第二百二十八条、第三百四十二条、第四百一十条的解释》规定，“‘违反土地管理法规’，是指违反了土地管理法、森林法、草原法等法律以及有关行政法规中关于土地管理的规定。”例如，《土地管理法》第35条规定：“各级人民政府应当采取措施，维护排灌工程设施，改良土壤，提高地力，防治土地荒漠化、盐渍化、水土流失和污染土地。”第36条第1款规定：“非农业建设必须节约使用土地，可以利用荒地的，不得占用耕地；可以利用劣地的，不得占用好地。”《土地管理法》对土地的征收作了详细规定：征收基本农田、基本农田以外的耕地超过35公顷、其他土地超过70公顷的，由国务院批准；征收上述规定以外的土地，由省、自治区、直辖市人民政府批准，并报国务院备案。如果违反上述有关土地管理的审批程序或所规定的数量而多征用、使用农用地的行为，就是违反土地管理法的非法占用农用地的行为。

非法占用农用地是指未经法定程序审批、登记、核发证书、确认土地使用权，而占用农用地的行为。非法占有农用地行为常见表现为：其一，未经批准占用农用地，即未经国家土地管理机关审理，并报经人民政府批准，擅自占用农地的；其二，少批多占农地的，即部分农用地的占用是经过合法批准的，但超过批准的数量且多占的数量较大的；其三，骗取批准而占用农用地的，主要是以提供虚假文件、谎报用途或借用、盗用他人的名义申请等欺骗手段取得批准手续而占用农用地，且数量较大的。

改作他用是指改变农用地用途而作其方面使用，诸如开办企业、建造住宅、筑路、采石、采矿、采土、采河，或者倾倒废物等。

其次，非法占用耕地、林地、草地等农用地，改作他用，数量较大，造成大量毁坏结果，是非法占用农用地罪的必备要件。第一，构成本罪是以非法占用农用地数量较大为前提的，如果不是“数量较大”，那么就不会造成大量破坏。2000年发布的《最高人民法院关于审理破坏土地资源刑事案件具体应用法律若干问题的解释》（以下简称《土地资源案件解释》）第3条规定，非法占用耕地“数量较大”是指非法占用基本农田5亩以上或者非法占用基本农田以外的耕地10亩以上。第二，关于“造成农用地大量毁坏”。前述《土地资源案件解释》规定，“造成耕地大量毁坏”是指行为人非法占用耕地建窑、建坟、建房、挖沙、采石、采矿、取土、堆放固体废弃物或者进行其他非农业建设，造成基本农田5亩以上或者基本农田以外的耕地10亩以上种植条件严重毁坏或者严重污染。由此可见，本罪是结果犯。对于“造成耕地大量毁坏”的认定，不应当以当时实际产生的具体结果来判断，而是要综合非法占用耕地改作他用的状况和数量来判断，实际造成耕地毁坏的，无疑构成本罪；足以造成耕地大量毁坏的，也应以本罪论处。此后，2008年发布的《最高人民检察院、公安部关于公安机关管辖的刑事案件立案追诉标准的规定（一）》重申了上述司法解释的内容。

此外，最高人民法院分别于2005年就破坏林地行为、2012年就破坏草地行为的定罪量刑标准作了规定。

(3) 关于主体要件。自然人犯罪主体的条件即年满16周岁并且精神正常具备刑事责任能力。单位也可构成本罪。

(4) 关于主观要件。本罪的主观要件为犯罪故意，即明知自己非法占用农用地的行为是违反法律的行为，会造成农用地资源的毁坏，并且希望或者放任这种危害结果发生。

2. 本罪的刑事责任

刑法第342条规定，本罪只有一个法定档次，即犯本罪的，处5年以下有期徒刑或者拘役，并处或者单处罚金。

单位犯本罪的，对单位判处罚金，并对其直接负责的主管人员和其他直接责任人员依上述规定处罚。

此外，还应注意职业禁止和刑事没收、追缴对本罪的适用。

(二) 破坏自然保护地罪

《刑法修正案（十一）》（2020年12月26日通过）在刑法第342条后增加一条，作为第342条之一；2021年2月发布的《最高人民法院、最高人民检察院关于执行〈中华人民共和国刑法〉确定罪名的补充规定（七）》将此条的罪名确定为“破坏自然保护地罪”。由此，本罪即违反自然保护地管理法规，在国家公园、国家级自然保护区进行开垦、开发活动或者修建建筑物，造成严重后果或者有其他恶劣情节的行为。

(1) 关于客体要件。本罪的客体要件是国家管理自然保护土地的法律秩序。这一法律秩序承载了以自然保护地资源、自然遗产为纽结的可持续利用土地资源和生物多样性的人类的生态权益。犯罪对象为国家公园和国家级自然保护区。

(2) 关于客观要件。本罪的客观要件为违反自然保护地管理法规，在国家公园、国家级自然保护区进行开垦、开发活动或者修建建筑物，造成严重后果或者有其他恶劣情节。

首先，行为必须违反自然保护地管理法规。国家管理自然保护区土地的法律包括《环保法》《土地管理法》《自然保护区条例》等。如《自然保护区条例》(2017 年 10 月 7 日国务院令第 2 次修订) 第 35 条规定："违反本条例规定，在自然保护区进行砍伐、放牧、狩猎、捕捞、采药、开垦、烧荒、开矿、采石、挖沙等活动的单位和个人，除可以依照有关法律、行政法规规定给予处罚的以外，由县级以上人民政府有关自然保护区行政主管部门或者其授权的自然保护区管理机构没收违法所得，责令停止违法行为，限期恢复原状或者采取其他补救措施；对自然保护区造成破坏的，可以处以 300 元以上 1 万元以下的罚款。"第 40 条规定："违反本条例规定，造成自然保护区重大污染或者破坏事故，导致公私财产重大损失或者人身伤亡的严重后果，构成犯罪的，对直接负责的主管人员和其他直接责任人员依法追究刑事责任。"此外，还有中共中央办公厅、国务院办公厅 2017 年 9 月印发的《建立国家公园体制总体方案》，中共中央办公厅、国务院办公厅 2019 年 6 月印发的《关于建立以国家公园为主体的自然保护地体系的指导意见》等规范性文件。这些法律和规范性文件共同构筑了国家保护自然保护区法律制度体系。

其次，行为人在国家公园、国家级自然保护区进行开垦、开发活动或者修建建筑物，造成严重后果或者有其他恶劣情节。"自然保护区"是指对有代表性的自然生态系统、珍稀濒危野生动植物物种的天然集中分布区、有特殊意义的自然遗迹等保护对象所在的陆地、陆地水体或者海域，依法划出一定面积予以特殊保护和管理的区域，分为国家级自然保护区和地方级自然保护区。在国内外有典型意义、在科学上有重大国际影响或者有特殊科学研究价值的自然保护区，列为国家级自然保护区。除列为国家级自然保护区的外，其他具有典型意义或者重要科学研究价值的自然保护区列为地方级自然保护区。地方级自然保护区可以分级管理。设立本罪只保护国家级自然保护区。"国家公园"是指由国家批准设立并主导管理、边界清晰、以保护具有国家代表性的大面积自然生态系统为主要目的，实现自然资源科学保护和合理利用的特定陆地或海洋区域。“开垦”即对国家公园和国家级自然保护区内尚没有利用过的土地进行改造以便种植养殖等利用；“开发活动或者修建建筑物”即进行开矿、采石、挖沙或者修建厂房、库房、办公楼、住宅等活动。“造成严重后果”或者“有其他恶劣情节”是本罪的入罪门槛，二者是选择关系。现实中主要是指对国家公园、国家级自然保护区的破坏严重，恢复困难；破坏的面积大；多次实施开垦、开发活动或者修建建筑物等破坏行为等。当然，具体标准需要将来的司法解释加以明确。

(3) 关于主体要件。自然人犯罪主体的条件即年满16周岁并且精神正常具备刑事责任能力；单位也可构成本罪。

(4) 关于主观要件。本罪的主观要件为犯罪故意，即明知在国家公园、国家级自然保护区进行开垦、开发活动或者修建建筑物是违反法律会造成破坏生态利益的结果而并且希望或者放任这种危害结果发生。

2. 本罪的刑事责任

刑法第342条规定，本罪只有一个法定档次，即犯本罪的，处5年以下有期徒刑或者拘役，并处或者单处罚金。

单位犯本罪的，对单位判处罚金，并对其直接负责的主管人员和其他直接责任人员依上述规定处罚。

犯本罪同时构成其他犯罪（如盗伐林木罪，非法采矿罪，非法猎捕、运输出售野生陆生动物罪，危害珍贵、濒危野生动物罪，危害国家重点保护植物罪等）的，依照处罚较重的规定定罪处罚。

此外，还应注意职业禁止和刑事没收、追缴对本罪的适用。

（三）非法采矿罪

根据刑法第343条第1款规定，非法采矿罪是指违反矿产资源法的规定，未取得采矿许可证擅自采矿，擅自进入国家规划矿区、对国民经济具有重要价值的矿区和他人矿区范围采矿，或者擅自开采国家规定实行保护性开采的特定矿种，情节严重的行为。

1. 本罪的犯罪构成

(1) 关于客体要件。非法采矿罪的客体要件是国家管理矿产资源的法律秩序。根据《中华人民共和国宪法》和《中华人民共和国矿产资源法》的规定，矿产资源属于国家所有，国家保护矿产资源的合理开发利用，禁止任何组织或个人利用任何手段破坏矿产资源。但是，国家可在不改变对矿产资源的所有权性质的前提下，按照所有权和采矿权适当分离的原则，将矿产资源的开采权依法授予特定的组织或个人，并有权对任何组织或者个人的采矿活动实施监督管理。国家对矿产资源的开发实行严格的管理，禁止无证开采和超越批准的矿区范围采矿。非法采矿罪就是对国家管理矿产资源的法律秩序的严重破坏，这一法律秩序承载了以矿产资源为纽结的可持续利用矿产资源的环境权益。

（2）关于客观要件。本罪的客观要件为违反矿产资源法的规定，未取得采矿许可证擅自采矿，擅自进入国家规划矿区、对国民经济具有重要价值的矿区和他人矿区范围采矿，或者擅自开采国家规定实行保护性开采的特定矿种，情节严重的行为。

第一，行为人违反矿产资源法的规定，实施了非法采矿行为。构成本罪必须是违反矿产资源保护与管理法律、法规中禁止性规定的行为，即违反《中华人民共和国矿产资源法》《中华人民共和国水法》等法律、行政法规有关矿产资源开发、利用、保护和管理的规定的行为。

非法采矿罪的犯罪对象是矿产资源，是指在地质运动过程中形成的，蕴于地壳之中的，具有特殊价值，并能为人们用于生产和生活的各种矿物质的总称。包括各种呈固态、液态和气态的金属、非金属矿产、燃料矿产和地下热能等。

应该注意的是，2006年发布的《最高人民法院、最高人民检察院关于办理盗窃油气、破坏油气设备等刑事案件具体应用法律若干问题的解释》第6条规定："违反矿产资源法的规定，非法开采或者破坏性开采石油、天然气资源的，依照刑法第三百四十三条的规定以及《最高人民法院关于审理非法采矿、破坏性采矿刑事案件具体应用法律若干问题的解释》的规定追究刑事责任。"2016年11月28日发布的《最高人民法院、最高人民检察院关于办理非法采矿、破坏性采矿刑事案件适用法律若干问题的解释》第5条规定："未取得海砂开采海域使用权证，且未取得采矿许可证，采挖海砂，符合刑法第三百四十三条第一款和本解释第二条、第三条规定的，以非法采矿罪定罪处罚。实施前款规定行为，虽不具有本解释第三条第一款规定的情形，但造成海岸线严重破坏的，应当认定为刑法第三百四十三条第一款规定的'情节严重'。"这两个司法解释对"矿产资源"都作了扩大解释。

依据刑法第343条第1款规定，非法采矿行为方式，包括三种情形。

其一，无证采矿，即没有经过法定程序取得采矿许可证而擅自采矿的。国家对矿产资源的开采实施审查批准和颁发采矿许可证制度，凡未经过合法程序取得采矿许可证的，均视为无证采矿行为。2016年11月28日发布的《最高人民法院、最高人民检察院关于办理非法采矿、破坏性采矿刑事案件适用法律若干问题的解释》第 2 条规定:“具有下列情形之一的,应当认定为刑法第三百四十三条第一款规定的‘未取得采矿许可证’:(一)无许可证的;(二)许可证被注销、吊销、撤销的;(三)超越许可证规定的矿区范围或者开采范围的;(四)超出许可证规定的矿种的(共生、伴生矿种除外);(五)其他未取得许可证的情形。”该解释第 4 条第 1 款规定:“在河道管理范围内采砂,具有下列情形之一,符合刑法第三百四十三条第一款和本解释第二条、第三条规定的,以非法采矿罪定罪处罚:(一)依据相关规定应当办理河道采砂许可证,未取得河道采砂许可证的;(二)依据相关规定应当办理河道采砂许可证和采矿许可证,既未取得河道采砂许可证,又未取得采矿许可证的。”该解释第 5 条规定:“未取得海砂开采海域使用权证,且未取得采矿许可证,采挖海砂,符合刑法第三百四十三条第一款和本解释第二条、第三条规定的,以非法采矿罪定罪处罚。”

其二,擅自进入国家规划区矿区、对国民经济具有重要价值的矿区或者他人的矿区采矿的行为。根据法律规定,国家对国家规划区和对国民经济具有重要价值的矿区,实行有计划开采,未经国务院有关主管部门批准,任何单位和个人不得开采;任何个人和单位不得擅自进入他人的矿区采矿开采。《中华人民共和国矿产资源法》第 20 条规定:“非经国务院授权的有关主管部门的同意,不得在下列地区开采矿产资源:(一)港口、机场、国防工程设施圈定地区以内;(二)重要工业区、大型水利工程设施、城镇市政工程设施附近一定距离以内;(三)铁路、重要公路两侧一定距离以内;(四)重要河流、堤坝两侧一定距离以内;(五)国家划定的自然保护区、重要风景区,国家重点保护的不能移动的历史文物和名胜古迹所在地;(六)国家规定不得开采矿产资源的其他地区。”凡是违反上述规定擅自采矿的,即为非法采矿。“国家规划区”是指在一定时期内,根据国民经济建设长期的需要和资源分布情况,经国务院或国务院有关主管部门依法定程序审查、批准,确定列入国家矿产资源开发长期或中期规划的矿区以及作为老矿区后备资源基地的矿区。“对国民经济具有重要价值的矿区”是指对国民经济来说,经济价值重大或经济效益很高,对国家经济建设的全局性、战略性有重要影响的矿区。“矿区范围”是指矿井(露天采场)设计部门确定并依照法律程序批准的矿井四周边界的范围。所谓“擅自进入他人的矿区采矿开采”,是指没有可开采矿的资质,也无合法根据而擅自进入他人矿区开采的行为,即通常说的“越界采矿”的行为。行为人虽持有采矿许可证,但违反采矿许可证上所规定的采矿地点、范围和其他要求，擅自进入他人矿区进行非法采矿的行为。根据《中华人民共和国矿产资源法》规定，任何单位和个人不得进入他人依法设立的国有矿山企业和其他矿山企业矿区范围采矿。超越批准的矿区范围采矿的，责令退回本矿区范围内开采，并赔偿对方的赔偿损失，没收越界开采的矿产品和违法所得，可以并处罚款；拒不退回本矿区范围内开采，造成矿产资源严重破坏的，构成犯罪的，依照刑法有关规定追究刑事责任。

其三，擅自开采国家规定实行保护性开采的特定矿种。“保护性开采的特定矿种”是指对国民经济建设、高科技发展具有特殊重要价值，资源严重稀缺，矿产品贵重或者在国际市场上占有明显优势等，在一定时期内由国家依法定程序确定保护性开采的矿种。国家把黄金矿产列为实施保护性开采的特定矿种，实行有计划的开采，未经国家黄金管理局批准，任何单位和个人不得开采。除黄金之外，我国还将钨、锡、锑、离子型稀土矿等矿种列为保护性开采的特定矿种。

第二，非法采矿犯罪的成立，除了实施上述非法采矿的行为类型外，还需具备“情节严重”的条件。2016 年 11 月 28 日发布的《最高人民法院、最高人民检察院关于办理非法采矿、破坏性采矿刑事案件适用法律若干问题的解释》第 3 条第 1 款规定：“实施非法采矿行为，具有下列情形之一的，应当认定为刑法第三百四十三条第一款规定的‘情节严重’：（一）开采的矿产品价值或者造成矿产资源破坏的价值在十万元至三十万元以上的；（二）在国家规划矿区、对国民经济具有重要价值的矿区采矿，开采国家规定实行保护性开采的特定矿种，或者在禁采区、禁采期内采矿，开采的矿产品价值或者造成矿产资源破坏的价值在五万元至十五万元以上的；（三）二年内曾因非法采矿受过两次以上行政处罚，又实施非法采矿行为的；（四）造成生态环境严重损害的；（五）其他情节严重的情形。”该解释第 4 条第 2 款规定，在河道管理范围内，未取得许可证而采砂，虽不具有本解释第 3 条第 1 款规定的情形，但严重影响河势稳定，危害防洪安全的，应当认定为刑法第 343 条第 1 款规定的“情节严重”。该解释第 5 条第 2 款规定，未取得海砂开采海域使用权证，且未取得采矿许可证，采挖海砂，虽不具有本解释第 3 条第 1 款规定的情形，但造成海岸线严重破坏的，应当认定为刑法第 343 条第 1 款规定的“情节严重”。

（3）关于主体要件。达到刑事责任年龄且精神正常因而具有刑事责任能力的自然人可以构成本罪的主体要件。自然人主体限于直接负责的主管人员和其他直接责任人员，那些仅仅从事开采劳动的人，一般不应追究其刑事责任。单位也可构成本罪。

(4) 关于主观要件。本罪的主观要件是犯罪故意，即行为人明知自己的采矿行为违反矿产资源法的规定，并且会产生破坏矿产资源的严重后果，而希望或者放任这种危害结果发生。行为的动机和目的不是本罪的选择要件，过失行为也不构成本罪。

2. 本罪的刑事责任

刑法第343条规定，本罪的基本犯，处3年以下有期徒刑、拘役或者管制，并处或者单处罚金；情节特别严重的，处3年以上7年以下有期徒刑，并处罚金。

关于情节特别严重，《最高人民法院、最高人民检察院关于办理非法采矿、破坏性采矿刑事案件适用法律若干问题的解释》第3条第2款规定："实施非法采矿行为，具有下列情形之一的，应当认定为刑法第三百四十三条第一款规定的'情节特别严重'：（一）数额达到前款第一项、第二项规定标准五倍以上的；（二）造成生态环境特别严重损害的；（三）其他情节特别严重的情形。"

应该注意的是，《刑法修正案（八）》把本罪修改为情节犯，而危害结果只是一种重要的情节，这就大大地增加了本罪的包容度，对此我们在认定犯罪和量刑时应该有清醒的认识。也正因为如此，2016年11月28日发布的《最高人民法院、最高人民检察院关于办理非法采矿、破坏性采矿刑事案件适用法律若干问题的解释》第10条规定："实施非法采矿犯罪，不属于'情节特别严重'，或者实施破坏性采矿犯罪，行为人系初犯，全部退赃退赔，积极修复环境，并确有悔改表现的，可以认定为犯罪情节轻微，不起诉或者免予刑事处罚。"第11条规定："对受雇佣为非法采矿、破坏性采矿犯罪提供劳务的人员，除参与利润分成或者领取高额固定工资的以外，一般不以犯罪论处，但曾因非法采矿、破坏性采矿受过处罚的除外。"对于多次违法行为，第8条规定："多次非法采矿、破坏性采矿构成犯罪，依法应当追诉的，或者二年内多次非法采矿、破坏性采矿未经处理的，价值数额累计计算。"

对于单位犯罪，该解释第9条规定："单位犯刑法第三百四十三条规定之罪的，依照本解释规定的相应自然人犯罪的定罪量刑标准，对直接负责的主管人员和其他直接责任人员定罪处罚，并对单位判处罚金。"

最高人民法院2011年发布的《关于进一步加强危害生产安全刑事案件审判工作的意见》规定，违反安全生产管理规定，非法采矿、破坏性采矿或排放、倾倒、处置有害物质严重污染环境，造成重大伤亡事故或者其他严重后果，同时构成危害生产安全犯罪和破坏环境资源保护犯罪的，依照数罪并罚的规定予以处罚。

此外，还应注意职业禁止和刑事没收、追缴对本罪的适用。

（四）*破坏性采矿罪*

根据刑法第343条第2款规定，破坏性采矿罪是指在持有特定范围采矿许可证的前提下，违反矿产资源法规定，采取破坏性的采矿方法开采矿产资源，造成矿产资源严重破坏的行为。

1. 本罪的犯罪构成

（1）关于客体要件。破坏性采矿罪的客体要件是国家管理矿产资源和矿业生产的法律秩序。国家保障矿产资源的合理开发利用，禁止任何组织或个人利用任何手段破坏矿产资源。国家对矿产资源的合理开发实行严格的管理，对矿产资源的开采顺序、开采方法、选矿工艺作了具体规定，对开采回采率、采矿贫化率、选矿回收率也有相应的标准。破坏性采矿行为往往造成矿产资源的严重破坏和巨大浪费。造成矿产资源严重破坏的行为将侵害国家管理矿产资源和矿业生产的法律秩序，这一法律秩序承载了以矿产资源为纽结的可持续利用矿产资源的环境权益。

（2）关于客观要件。本罪的客观要件是在持有特定范围采矿许可证的前提下，违反矿产资源保护法的规定，采用破坏性采矿方法，造成矿产资源严重破坏的行为。

首先，在持有特定范围采矿许可证的前提下，行为人违反矿产资源保护法的相应规定。行为人在持有特定范围采矿许可证的前提下，不按技术标准要求采矿，因而使矿产资源遭到严重破坏是本罪的关键。关于采矿的技术性规定，《中华人民共和国矿产资源法》第29条规定："开采矿产资源，必须采取合理的开采顺序、开采方法、选矿工艺。矿山企业的开采回采率、采矿贫化率和选矿回收率应当达到设计要求。"第30条规定："在开采主矿产的同时，对具有工业价值的共生和伴生矿产应当统一规划，综合开采，综合利用，防止浪费；对暂时还不能综合开采或者必须同时采出而暂时不能综合利用的矿产以及含有有用成分的尾矿，应当采取有效的保护性措施，防止损失破坏。"2016年11月发布的《最高人民法院、最高人民检察院关于办理非法采矿、破坏性采矿刑事案件适用法律若干问题的解释》第1条规定："违反《中华人民共和国矿产资源法》《中华人民共和国水法》等法律、行政法规有关矿产资源开发、利用、保护和管理的规定的，应当认定为刑法第三百四十三条规定的'违反矿产资源法的规定'。"

其次，必须有采取破坏性的开采方法开采矿产资源的行为。所谓"采取破坏性的开采方法开采矿产资源”，是指行为人违反地质矿产主管部门审查批准的矿产资源开发利用方案开采矿产资源，并造成矿产资源严重破坏的行为。实践中，这种情形是指使用不合理的开采顺序、开采方法和选矿工艺，致使矿产资源的开采回采率、采矿贫化率和选矿回收率达不到设计要求的行为。如果未按法定操作规程和保护性采矿的规定措施开采矿物的，则为破坏性采矿行为。可见，破坏性采矿行为主要是指违反有关规定，采用国家禁止使用的开采方法、采用不合理的开采顺序，或者采富弃贫、采厚弃薄、采易弃难，或者在矿区乱挖乱采的行为。

本罪的犯罪对象是矿产资源，与前述的“非法采矿罪”相同。

最后，构成本罪必须“造成矿产资源严重破坏”。关于“造成矿产资源严重破坏”，2016 年 11 月 28 日发布的《最高人民法院、最高人民检察院关于办理非法采矿、破坏性采矿刑事案件适用法律若干问题的解释》第 6 条规定：“造成矿产资源破坏的价值在五十万元至一百万元以上，或者造成国家规划矿区、对国民经济具有重要价值的矿区和国家规定实行保护性开采的特定矿种资源破坏的价值在二十五万元至五十万元以上的，应当认定为刑法第三百四十三条第二款规定的‘造成矿产资源严重破坏’。”

（3）关于主体要件。本罪的主体要件是特殊主体，是指已经具有采矿作业资格的人，既可以是自然人也可以是单位。实践中既可以是矿山企业，也包括个体采矿户。“那些仅仅从事开采劳动的人”应该排除在本罪主体范围之外。

（4）关于主观要件。本罪的主观要件是犯罪故意，即行为人明知自己的破坏性采矿行为违反矿产资源法的规定，并且会产生破坏矿产资源的严重后果，而希望或者放任这种危害结果发生。行为的动机和目的不是本罪的选择要件，过失不构成本罪。

2. 本罪的刑事责任

依照刑法第 343 条第 2 款规定，本罪只有一个量刑幅度：处 5 年以下有期徒刑或者拘役，并处罚金。

2016 年 11 月 28 日发布的《最高人民法院、最高人民检察院关于办理非法采矿、破坏性采矿刑事案件适用法律若干问题的解释》第 11 条规定：“对受雇佣为非法采矿、破坏性采矿犯罪提供劳务的人员，除参与利润分成或者领取高额固定工资的以外，一般不以犯罪论处，但曾因非法采矿、破坏性采矿受过处罚的除外。”对于多次违法行为，第 8 条规定：“多次非法采矿、破坏性采矿构成犯罪，依法应当追诉的，或者二年内多次非法采矿、破坏性采矿未经处理的，价值数额累计计算。”

对于单位犯罪，上述解释第 9 条规定："单位犯刑法第三百四十三条规定之罪的，依照本解释规定的相应自然人犯罪的定罪量刑标准，对直接负责的主管人员和其他直接责任人员定罪处罚，并对单位判处罚金。"

此外，还应注意职业禁止和刑事没收、追缴对本罪的适用。

四、关于破坏植物资源保护的犯罪

（一）危害国家重点保护植物罪

根据刑法第 344 条规定，危害国家重点保护植物罪①是指违反国家规定，非法采伐、毁坏珍贵树木或者国家重点保护的其他植物的，或者非法收购、运输、加工、出售珍贵树木或者国家重点保护的其他植物及其制品的行为。

1. 本罪的犯罪构成

（1）关于客体要件。本罪的客体要件是国家管理珍贵树木、重点保护的植物的法律秩序，这一法律秩序承载了以珍贵树木、重点保护的植物为纽结的环境法益。本罪的犯罪对象是珍贵树木、重点保护的植物及其制品，国家对其实行"加强保护，积极发展，合理利用"的方针。未经申请采伐证或虽申请未获批准，或者未按规定的种类、数量、地点、方法采伐珍贵树木和国家重点保护的其他植物的，或者非法收购、运输加工、出售国家重点保护植物及其制品，都严重侵犯了国家对珍贵树木、重点保护植物管理的法律秩序，危害了人们的环境权益。

（2）关于客观要件。本罪的客观要件为违反国家规定，非法采伐、毁坏珍贵树木或国家重点保护的其他植物的，或者非法收购、运输、加工、出售珍贵树木或者国家重点保护的其他植物及其制品的行为。

关于"违反国家规定"。97 年刑法规定的仅仅只是"违反《中华人民共和国森林法》的规定"，2002 年 12 月颁布的《刑法修正案（四）》将其修改为"违反国家规定"。自此，该行为构成犯罪的前提不仅是违反《中华人民共和国森林法》，还包括其他有关的法律法规。其中，《中华人民共和国森林法》第 31 条规定："国家在不同自然地带的典型森林生态地区、珍贵动物和植物生长繁殖的林区、天然热带雨林和具有特殊保护价值的其他天然林区，建立以国家公园为主体的自然保护地体系，加强保护管

① 2021 年 2 月发布的《最高人民法院、最高人民检察院关于执行〈中华人民共和国刑法〉确定罪名的补充规定（七）》（法释〔2021〕2 号）将"非法采伐、毁坏国家重点保护植物罪"和"非法收购、运输、加工、出售国家重点保护植物、国家重点保护植物制品罪"合并为"危害国家重点保护植物罪"。

理。国家支持生态脆弱地区森林资源的保护修复。县级以上人民政府应当采取措施对具有特殊价值的野生植物资源予以保护。”《中华人民共和国野生植物保护条例》第16条规定：“禁止采集国家一级保护野生植物。因科学研究、人工培育、文化交流等特殊需要，采集国家一级保护野生植物，应当按照管理权限向国务院野生植物行政主管部门或者其授权的机构申请采集证；或者向采集地的省、自治区、直辖市人民政府农业行政主管部或者其授权的机构申请采集证。采集国家二级保护野生植物的，必须经采集地的县级人民政府野生植物行政主管部门签署意见后，向省、自治区、直辖市人民政府野生植物行政主管部门或者其授权的机构申请采集证。采集城市园林或者风景名胜区内的国家一级或者二级保护野生植物的，须先征得城市园林或名胜区管理机构同意，分别依照前两款的规定申请采集证。采集珍贵野生树木或者林区内、草原上的野生植物时，依照森林法、草原法的规定办理……”违反这些规定或者其他法律法规的有关规定，非法采伐、毁坏珍贵树木或者国家重点保护的其他植物行为，则可构成本罪。

关于“行为方式”，即非法采伐和毁坏，或者非法收购、运输、加工、出售。“非法采伐”是指违反国家规定，擅自砍伐珍贵树木和其他国家重点保护的植物的行为。“毁坏”是指毁灭和损坏，使珍贵树木的价值或使用价值部分丧失或者全部丧失的行为。采伐和毁坏这两种行为方式可以单独实施，也可以合并实施，只要具有行为方式中任意一种，即可构成本罪。“收购”包括以营利、自用等为目的的购买行为；“运输”包括采用携带、邮寄、利用他人、使用交通工具等方法进行运送的行为；“出售”即出卖；“加工”是指对原材料、半成品做各种工作，使其达到规定的要求。对于上述行为，无论行为人实施的是其中一种，还是同时实施数种，均可构成本罪。

关于“行为对象”。本罪的行为对象只能是珍贵树木或者国家重点保护的其他植物及其制品。根据《中华人民共和国野生植物保护条例》第10条规定，野生植物分为国家重点保护野生植物和地方重点保护野生植物。国家重点保护野生植物分为国家一级保护野生植物和国家二级保护野生植物。2021年调整后的《国家重点保护的野生植物名录》共罗列了国家一级保护野生植物54种，国家二级保护野生植物401种，其中之珍贵树木皆属本罪对象，凡载入《国家重点保护的野生植物名录》所列的树木、植物皆为珍贵树木和国家重点保护的植物。2000年11月发布的《最高人民法院关于审理破坏森林资源刑事案件具体应用法律若干问题的解释》第1条规定：“刑法第三百四十四条规定的‘珍贵树木’，包括由省级以上林业主管部门或者其他部门确定的具有重大历史纪念意义、科学研究价值或者年代久远的古树名木，国家禁止、限制出口的珍贵树木以及列入国家重点保护野生植物名录的树木。”2008 年发布的《最高人民检察院、公安部关于公安机关管辖的刑事案件立案追诉标准的规定（一）》第 70 条规定的“珍贵树木或者国家重点保护的其他植物”，包括由省级以上林业主管部门或者其他部门确定的具有重大历史纪念意义、科学研究价值或者年代久远的古树名木，国家禁止、限制出口的珍贵树木以及列入《国家重点保护野生植物名录》的树木或者其他植物。在这里，司法解释对本罪的犯罪对象都作了扩大解释。未列入这两个名录的树木和植物，不能成为非法采伐、毁坏国家重点保护植物罪的对象。若行为人非法采伐、毁坏，亦不构成本罪。“珍贵树木和国家重点保护的其他植物”的制品，也属于本罪的犯罪对象。制品是指对采伐的珍贵树木或国家重点保护的其他植物通过某种加工手段而获得的成品和半成品，如标本等。

关于“入罪门槛”。2008 年发布的《最高人民检察院、公安部关于公安机关管辖的刑事案件立案追诉标准的规定（一）》第 70 条规定，违反国家规定，非法采伐、毁坏珍贵树木或者国家重点保护的其他植物的，应予立案追诉。第 71 条规定，违反国家规定，非法收购、运输、加工、出售珍贵树木或者国家重点保护的其他植物及其制品的，应予立案追诉。也就是说，本罪是行为犯。不过，根据刑法第 13 条“但书”规定，本罪的实行行为仍然有一个强度要求。如果办案人员自由酌定认为案件整体情况属于“情节显著轻微危害不大”的，则不宜作为犯罪处理。

（3）关于主体要件。本罪的主体要件无特殊要求，所以本罪的主体为一般主体，包括自然人（即已满十六周岁且精神正常因而具有刑事责任能力的人）和单位。

（4）关于主观要件。本罪的主观要件只能是犯罪故意，即行为人明知是国家予以特殊保护植物仍然希望或者放任对其采伐或者毁坏，或者明知是珍贵树木或者国家特殊保护的其他植物及其制品而加以非法收购、运输、加工、出售。行为人实施本罪，有的是以营利为目的，有的仅仅是为了搭建住宅而用，有的是为了采集标本科学研究而用，但无论何种目的，都不影响本罪的罪过成立。但是，如果不知道是特殊保护植物及其制品的，则不构成本罪。

2. 本罪的刑事责任

根据刑法第 344 条规定，本罪的基本犯，处 3 年以下有期徒刑、拘役或者管制，并处罚金；情节严重的，处 3 年以上 7 年以下有期徒刑，并处罚金。

2000 年发布的《最高人民法院关于审理破坏森林资源刑事案件具体应用法律若干问题的解释》第 2 条规定："具有下列情形之一的，属于非法采伐、毁坏珍贵树木行为'情节严重'：（一）非法采伐珍贵树木二株以上或者毁坏珍贵树木致使珍贵树木死亡三株以上的；（二）非法采伐珍贵树木二立方米以上的；（三）为首组织、策划、指挥非法采伐或者珍贵树木的；（四）其他情节严重的情形。"

单位犯本罪的，对单位判处罚金，并对其直接负责的主管人员和其他直接责任人员依上述规定处罚。

此外，还应注意职业禁止和刑事没收、追缴对本罪的适用。

（二）非法引进、释放、丢弃外来入侵物种罪

《刑法修正案（十一）》（2020 年 12 月 26 日通过）在刑法第 344 条后增加一条，作为第 344 条之一。2021 年 2 月发布的《最高人民法院、最高人民检察院关于执行〈中华人民共和国刑法〉确定罪名的补充规定（七）》将本罪确定为"非法引进、释放、丢弃外来入侵物种罪"。由此，本罪是指违反国家规定，非法引进、释放或者丢弃外来入侵物种，情节严重的行为。

1. 本罪的犯罪构成

（1）关于客体要件。本罪旨在保护生物生态平衡和生态安全与《中华人民共和国生物安全法》（2020 年 10 月 17 日通过，以下简称《生物安全法》）相衔接。《生物安全法》第 81 条规定："违反本法规定，未经批准，擅自引进外来物种的，由县级以上人民政府有关部门根据职责分工，没收引进的外来物种，并处五万元以上二十五万元以下的罚款。违反本法规定，未经批准，擅自释放或者丢弃外来物种的，由县级以上人民政府有关部门根据职责分工，责令限期捕回、找回释放或者丢弃的外来物种，处一万元以上五万元以下的罚款。"第 82 条规定："违反本法规定，构成犯罪的，依法追究刑事责任；造成人身、财产或者其他损害的，依法承担民事责任。"刑法设立本罪以刑法做后盾保障《生物安全法》的有效实施。因此，本罪的犯罪客体是国家生物安全法律秩序。关于生物安全，《生物安全法》第 2 条第 1 款有规定："本法所称生物安全，是指国家有效防范和应对危险生物因子及相关因素威胁，生物技术能够稳定健康发展，人民生命健康和生态系统相对处于没有危险和不受威胁的状态，生物领域具备维护国家安全和持续发展的能力。"

（2）关于客观要件。本罪的客观要件即违反国家规定，非法引进、释

放或者丢弃外来入侵物种，情节严重的行为。“违反国家规定”即违反《生物安全法》的有关规定，“非法引进”是指没有经过国家批准的各种擅自引进，“释放”是指将处于管理状态的入侵物种放归大自然，“丢弃”即将外来入侵物种不加约束的随意抛弃到自然环境之中。“入侵物种”是列入国家外来入侵物种名单的物种，如巴西龟就被原农业部在2013年列入《国家重点管理外来入侵物种名录》。我国于2003年、2010年、2014年、2016年先后发布了4批《中国外来入侵物种名单》。所谓“情节严重”既与刑法第13条“但书”相照应，也是为了与《生物安全法》规定的行政法律违法行为形成梯次和衔接。至于“情节严重”的具体情形，目前还没有司法解释。

（3）关于主体要件。本罪的主体要件无特殊要求，所以本罪的主体为一般主体，包括自然人（已满十六周岁且精神正常因而具有刑事责任能力的人）和单位。

（4）关于主观要件。本罪的主观要件只能是犯罪故意，即行为人明知是外来入侵物种而仍然希望或者放任对其的非法引进、释放或者丢弃。

2. 本罪的刑事责任

本罪只有一个法定刑档次：处3年以下有期徒刑或者拘役，并处或者单处罚金。可见，本罪是属于轻罪范畴，案情轻微的情况下法律允许单处罚金。

单位犯本罪的，对单位判处罚金，并对其直接负责的主管人员和其他直接责任人员依上述规定处罚。

此外，还应注意职业禁止和刑事没收、追缴对本罪的适用。

（三）盗伐林木罪

根据刑法第345条第1款规定，盗伐林木罪是指以非法占有为目的，违反森林法的规定，砍伐国家、集体或者他人的森林或者其他林木，数量较大的行为。

1. 本罪的犯罪构成

（1）关于客体要件。本罪的客体要件，有的学者认为是国家对森林资源的管理制度和国家、集体或公民个人对林木的所有权。[①] 本书不赞同。首先，在刑法学领域，“行为”侵犯“制度”这种提法不符合刑法的谦抑性和保障法地位。民事违法是侵犯某一民事法律制度，行政违法行也是侵犯行政法律制度；民事违法行为、行政违法行为首先侵犯某一法律制度，

① 高铭暄，马克昌. 刑法学：第7版[M]. 北京：高等教育出版社，2016：589.

并破坏了特定的法律秩序。只有当行为违法严重以致立法者认为对法律秩序的破坏不得不动用刑罚加以惩治时，这种破坏行为就进入刑法的调整范围，即在犯罪情况下，危害行为所侵害的不再是简单的法律秩序而是“国家整体法律秩序”。所以，准确地说，犯罪客体要件是国家整体法律秩序；盗窃林木罪的犯罪客体要件是国家关于林木管理的整体法律秩序。其次，这一法律秩序和“他人的合法所有权”不是并列关系，而是形式与内容之间的辩证关系，亦即对于盗伐林木罪，其犯罪客体要件是关于林木所有权管理的国家整体法律秩序。如果把林木所有权“抠”出来之后，这一“整体法律秩序”便成了没有实质内容的空壳。

森林是国家的重要自然资源，不仅因其经济价值对国民经济建设具有重要作用，而且对调节气候、蓄水保土、改造生态环境等都有重大意义，林木资源的生态价值将日益受到重视。所以，本罪侵犯的关于林木所有权管理的国家整体法律秩序，承载着以林木所有权为纽结的环境法益。这是理解和适用本罪必须保有的刑法理念。

本罪的犯罪对象是《森林法》中规定的森林及其他林木。森林是指大片的树木，包括原始林和人造林。其他林木包括防护林、用材林、经济林、薪炭林和特种用途林。其中，防护林是以防护风沙等为主要目的的灌木丛；用材林是以生产木材为主要目的的森林和林木，包括以生产木材为主要目的的林木；经济林是以生产果品、食用油料、饮料、调料、工业原料和药材等为主要目的的林木；薪炭林是以生产燃料为主要目的的林木；特种用途林是以国防、环保、科学实验为目的的林木，包括国防林、实验林、母树林、环保林、风景林、名胜古迹和革命纪念地林木及自然保护区森林。同时，需要特别指出的是，作为本罪犯罪对象的林木应当是正在生长着的林木，而不应当包括干枯或者被砍伐下来的林木，农村房前屋后个人所有的零星树木不是本罪的犯罪对象。

（2）关于客观要件。盗伐林木罪的客观要件为盗伐国家、集体或他人的森林或者其他林木，数量较大的行为。

“盗伐”是指未经林业行政主管部门批准，私自采伐国有、集体或个人承包经营管理的林木的行为。这里的“盗伐”不能限制为“秘密砍伐”，而是指所有的“擅自”砍伐不属于自己所有的林木行为，由于行为人对其砍伐的林木无所有权故属盗伐，这也是与滥伐行为的区别所在。盗伐国家、集体或他人的森林或者其他林木包括三种情形：①擅自砍伐国家、集体、他人所有或者他人承包经营管理的森林或者其他林木的；②擅自砍伐本单位或者本人承包经营管理的森林或者其他林木的；③在林木采伐许可证规定的地点以外采伐国家、集体、他人所有或者他人承包经营管理的森林或者其他林木的行为。

构成本罪还要求数量较大。2000年12月发布的《最高人民法院关于审理破坏森林资源刑事案件具体应用法律若干问题的解释》第4条规定："盗伐林木'数量较大'，以二至五立方米或者幼树一百至二百株为起点。"2008年发布的《最高人民检察院、公安部关于公安机关管辖的刑事案件立案追诉标准的规定（一）》重申了上述标准。林木数量以立木蓄积计算，计算方法为原木材积除以该树种的出材率；"幼树"是指胸径五厘米以下的树木。

非法实施采种、采脂、挖笋、掘根、剥树皮等行为，牟取经济利益数额较大的，首先考虑依照以盗窃罪定罪处罚；如果同时构成盗伐林木罪的，则按照想象竞合犯处理规则，择一重罪而处断。

（3）关于主体要件。盗伐林木罪的主体是一般主体，即已满16周岁且精神正常具有刑事责任能力的自然人，单位有资格触犯本罪。

（4）关于主观要件。本罪的主观要件是犯罪故意，并且有非法占有他人林木所有权的目的。即行为人明知林木不归自己或者本单位所有，而以非法占有为目的，具有故意盗伐林木的心理态度。如果行为人出于泄私愤、或者故意毁坏的目的砍伐他人所有的林木之行为，首先考虑可构成破坏生产经营罪或者故意毁坏财物罪；如果构成想象竞合的，则按照择一重罪而处断的规则处理。

2. 本罪的刑事责任

刑法第345条规定，本罪的基本犯，处3年以下有期徒刑、拘役或者管制，并处或单处罚金；数量巨大的，处3年以上7年以下有期徒刑，并处罚金；数量特别巨大的，处7年以上有期徒刑，并处罚金。

盗伐林木"数量较大"，在林区以2～5立方米或者幼树100～200株为起点；盗伐林木"数量特别巨大"，在林区以100～200立方米或者幼树5000～10000株为起点。介于"数量较大"和"数量特别巨大"之间的属于"数量巨大"。

刑法第345条第4款规定，盗伐国家级自然保护区内的林木或者其他林木的，从重处罚。但是，《刑法修正案（十一）》新增了破坏保护区地罪，因而会发生想象竞合情况。

对于一年内多次盗伐、滥伐少量林木未经处罚的，累计其盗伐、滥伐林木的数量，构成犯罪的，依法追究刑事责任。盗伐、滥伐珍贵树木，同时触犯刑法第344条、第345条规定的，依照处罚较重的规定定罪处罚。将国家、集体、他人所有并已经伐倒的树木窃为己有，以及偷砍他人房前屋后、自留地种植的零星树木，数额较大的，依照刑法规定的盗窃罪定罪处罚。

单位犯本罪的，对单位判处罚金，并对其直接负责的主管人员和其他直接责任人员依照上述规定处罚。

危害行为同时构成本罪与非法采伐毁坏国家重点保护的植物罪的，则构成法条竞合，按特别法优于普通法的规则处理。

此外，还应注意职业禁止和刑事没收、追缴对本罪的适用。

（四）滥伐林木罪

根据刑法第345条第2款规定，滥伐林木罪是指违反森林法的规定，滥伐森林或其他林木，数量较大的行为。

1. 本罪的犯罪构成

（1）关于客体要件。滥伐林木罪的客体要件是国家管理林木资源的国家整体法律秩序。《森林法》及《森林法实施条例》规定，采伐林木的，必须申请采伐许可证，按许可证的规定进行采伐（但采伐竹子和不是以生产竹材为主要目的的竹林、农村居民采伐自留地、房前屋后自己的零星林木等除外）。取得采伐许可证必须履行严格的审核程序。实施采伐许可证制度是为了保持林木的可持续发展与利用。所以，没有获得许可或者超越许可范围擅自实施采伐林木行为，就是对林木资源管理法律秩序的侵犯，情节严重的，则构成本罪。随着对林木生态价值的逐步认可，我们必须依据保护环境法益的刑法理念来理解和适用本罪。

（2）关于客观要件。滥伐林木罪的客观要件是，违反森林法的规定，滥伐森林或其他林木，数量较大的行为。划清罪与非罪的关键，一是要认定采伐森林或者其他林木的行为是否属于滥伐，二是滥伐林木是否达到“数量较大”。

首先，滥伐林木的行为包括四种情形：（1）无证采伐本人或者本单位的林木，即违反森林法和其他保护森林或者其他林木资源的法律法规的规定，未经县级以上林业主管部门或者法律规定的其他主管部门批准并核发林木采伐许可证任意采伐本人、本单位所有的森林或者其他林木。由法律规定的其他主管部门审批的可采伐的主要是铁路、公路护路林和城镇树木。但无证采伐林木并非都是滥伐林木，农村居民采伐自留地和房前屋后个人所有的零星树木无须办理林木采伐许可证。对扑救火灾，防洪救灾等紧急情况需要采伐林木的，可以先采伐，但组织抢险的单位或者部门应当在紧急情况结束之日起30天内报告县级以上人民政府林业主管部门。

(2) 虽持有林木采伐许可证，但违反林木采伐许可证规定的时间、数量、树种或者方式任意采伐本单位、本人所有的森林或者其他林木。违反林木采伐许可证规定的时间是指超过林木采伐许可证规定的有效期，实践中主要是跨年度采伐。这里的数量是指实际采伐的数量超过林木采伐许可证规定的数量，这是滥伐林木犯罪的主要形式。这里的树种是指不按采伐林木采伐许可证规定的树种而采伐其他树种，造成林木质量的下降或与培育目标相违背。这里的方式是指改择伐为皆伐或者不按采小留大、采劣留优的规定进行间伐，而是采大留小、采优留劣。2000 年 12 月发布的《最高人民法院关于审理破坏森林资源刑事案件具体应用法律若干问题的解释》没有作出关于违反林木采伐许可证规定的地点任意采伐本单位、本人所有的森林或者其他林木如何处理的规定。森林或者其他林木的采伐必须符合一定的条件，如特种用途林中的名胜古迹和革命纪念地林木、自然保护区森林禁止砍伐；防护林和特种用途林中的国防林、母树林、环境保护林、风景林只能进行抚育和更新性质的采伐；用材林中的成熟林、过熟林可以采伐，近熟林可以择伐，幼林只能抚育间伐。如果批东采西，任意采伐不能采伐的森林或者其他林木，即使没有违反限额采伐的规定，也同样造成森林资源和生态环境的破坏，法规也应有明确的处罚规定。(3) 超过林木采伐许可证规定的数量采伐他人所有的森林或者其他林木的行为。行为者主要是受雇于他人的采伐工，为多获劳务报酬，违背雇主意志，超过林木采伐许可证规定的数量采伐。另一种情形是林木的所有者将林木出售给他人，由买受人自行采伐并以实际采伐的数量结算，而买受人超过林木采伐许可证规定的数量采伐。(4) 林木权属争议的一方在林木权属确权以前，擅自采伐森林或者其他林木的行为。这种行为，数量较大的，以滥伐林木罪论处。但是，在实践中有这样一种情形，采伐林木者无权属证明，也无经营事实，而以非法占有为目的，明知是他人的森林或其他林木，故意制造权属争议而采伐。另一情形是两块相互毗邻的山林，虽然权属清晰，势力强的一方故意以权属及四至不清为由，以非法占有为目的，任意采伐四至范围以外本属他人的森林或其他林木。对这种行为不宜以滥伐林木罪论处，而应认定为盗伐林木罪。

其次，滥伐林木“数量较大”的认定。2000 年 12 月发布的《最高人民法院关于审理破坏森林资源刑事案件具体应用法律若干问题的解释》规定，滥伐林木“数量较大”以 10～20 立方米或者幼树 500～1000 株为起点。关于数量计算，林木数量以立木蓄积计算，计算方法为原木材积除以该树种的出材率。本解释所称“幼树”，是指胸径五厘米以下的树木。对于一年内多次滥伐少量林木未经处罚的，累计计算其滥伐林木的数量。单位犯滥伐林木罪的，定罪量刑标准按本解释的规定执行，即单位犯罪与自然人犯罪的定罪量刑标准相同。

（3）关于主体要件。滥伐林木罪的犯罪主体为一般主体，可以是任何具有刑事责任能力的自然人，也可以是单位。农村居民滥伐自留山或者自己承包经营的责任山上的森林或者其他林木，通过转让取得林木所有权后采伐、受雇于他人擅自采伐森林或者其他林木造成滥伐的，都可以成为犯罪主体。国有、集体林场，村级集体经济组织或者其他企事业单位滥伐本单位所有的森林或者其他林木，也可以成为单位犯罪主体。实践中存在有的所有者、经营者将森林或者其他林木转让给他人或者雇用他人采伐的情况，此时犯罪主体应如何认定呢？若转让协议规定林木采伐许可证由出让方办理，但批得的林木采伐计划不足转让的数量，出让方和受让方都知道而超计划采伐的，应由出让方、受让方各负相应的责任，双方均为犯罪主体。若转让协议规定林木采伐许可证由受让方办理，但未按照林木采伐许可证的规定采伐的，犯罪主体为受让方。雇用他人采伐，若雇工按照雇主的指令和意图而造成滥伐的，雇工一般不负责任，雇主为犯罪主体，若雇工为多获劳务报酬，擅自在雇主指定的四至范围、数量以外采伐造成滥伐的，由雇工负责，则犯罪主体为雇工。但雇主默许或有放任行为的，则双方都可以成为犯罪主体。一般滥伐林木犯罪的责任由采伐者或者采伐的组织、指挥者承担，但采伐方式为皆伐的可能有例外，因采伐区的调查设计由林业部门工作人员实施，拟采伐的数量也是由他测算的。因此，只要采伐者在林木采伐许可证规定的四至范围内采伐，即使采伐的数量超过林木采伐许可证的规定并达到“数量较大”，也不能将采伐者作为犯罪主体以滥伐林木罪追究责任，而应当按照刑法中渎职罪的有关规定追究负直接责任的林业部门工作人员的责任。但采伐者明知伐区内拟应当采伐的数量或者为偷逃税费串通林业部门工作人员少批多采的，则应按滥伐林木罪论处。

（4）关于主观要件。滥伐林木罪的主观要件是犯罪故意。过失不构成本罪，但本罪不要求以非法占有为目的。例如，洪某在担任某村党支部书记兼村长期间，为村盖日光温室和向外租赁砂石场，分别于1992年9月、1993年11月，未经主管部门批准，擅自决定砍伐防护林场杨树121株，计立木材积56.79立方米，其中所伐44株销往河北省，得款220元入村财目。此案中洪某并非为了个人私利，而是为了集体的利益滥伐林木，多余林木出售所得款项也并未私吞，而是作为集体的收益入到村账目上，但这并不影响其行为构成滥伐林木罪。

2. 本罪的刑事责任。刑法第 345 条规定，本罪的基本犯，处 3 年以下有期徒刑、拘役或者管制，并处或单处罚金；数量巨大的，处 3 年以上 7 年以下有期徒刑，并处罚金。滥伐林木“数量较大”，以 2～5 立方米或者幼树 100～200 株为起点；滥伐林木“数量巨大”，以 20～50 立方米或者幼树 1000～2000 株为起点。

盗伐国家级自然保护区内的林木或者其他林木的，从重处罚。对于一年内多次盗伐、滥伐少量林木未经处罚的，累计其盗伐、滥伐林木的数量，构成犯罪的，依法追究刑事责任。盗伐、滥伐珍贵树木，同时触犯刑法第 344 条、第 345 条规定的，依照处罚较重的规定定罪处罚。

单位犯本罪的，对单位判处罚金，并对其直接负责的主管人员和其他直接责任人员，依照上述规定处罚。

此外，还应注意职业禁止和刑事没收、追缴对本罪的适用。

（五）非法收购、运输盗伐、滥伐的林木罪

根据刑法第 345 条第 3 款规定，非法收购、运输盗伐、滥伐林木罪是指非法收购、运输明知是盗伐、滥伐的林木，情节严重的行为。

1. 本罪的犯罪构成

（1）关于客体要件。非法收购、运输盗伐、滥伐的林木罪的客体要件是国家管理林木资源的法律秩序。根据《森林法》和《森林法实施条例》相关规定，木材收购单位和个人不得收购没有林木采伐许可证或者其他合法来源证明的木材。在林区经营（加工）木材必须经县级以上林业行政主管部门批准。非法收购、运输盗伐、滥伐的林木的行为，为盗伐、滥伐林木的犯罪分子提供帮助，严重破坏了国家依法对林木资源管理的法律秩序。随着对林木生态价值的逐步认可，我们必须依据保护环境法益的刑法理念来对本罪加以理解和适用。

（2）关于客观要件。本罪的客观要件是非法收购、运输盗伐、滥伐的林木，情节严重的行为。

在 97 年刑法中，只规定了一种行为方式即“收购”，并且以“非法牟利”为目的要件，后来在《刑法修正案（四）》中又加进了“运输”，并删除了“在林区”这一犯罪地点要件和“非法牟利”这一目的要件，由此扩大了本罪的调整范围。

本罪的行为方式是“收购”“运输”，“收购”是指未经有关部门批准以金钱作价，买进盗伐、滥伐的林木的行为，“运输”是指未经批准，擅自运输盗伐、滥伐的林木的行为。无论是行为人实施收购、运输其中一种行为，还是同时实施了两种行为，均构成一罪。

本罪的犯罪对象是盗伐、滥伐的林木。这里的林木不包括珍贵树木或者国家重点保护的其他植物。如果非法收购、运输盗伐、滥伐的珍贵树木或者国家重点保护的其他植物，构成犯罪的，按照特别法优于一般法的法条竞合原则，以非法收购、运输珍贵树木或者国家重点保护植物罪论处。

“情节严重”是构成本罪的必备要件。2000 年 12 月发布的《最高人民法院关于审理破坏森林资源刑事案件具体应用法律若干问题的解释》第 11 条第 1 款规定：“具有下列情形之一的，属于在林区非法收购盗伐、滥伐的林木‘情节严重’：（一）非法收购盗伐、滥伐的林木二十立方米以上或者幼树一千株以上的；（二）非法收购盗伐、滥伐的珍贵树木二立方米以上或者五株以上的；（三）其他情节严重的情形。”

（3）关于主体要件。对自然人而言，其要件是指行为人已满十六周岁且精神正常因而具有刑事责任能力。此外，单位也可以构成本罪。

（4）关于主观要件。非法收购、运输盗伐、滥伐的林木罪的主观要件是犯罪故意，要求行为人在主观上明知其收购、运输的对象是盗伐、滥伐的林木。“明知”应该包括确切知道和推定明知、知道或者应当知道。具有下列情形之一的，可以推定为明知，但是有证据证明确属被蒙骗的除外：（1）在非法的木材交易场所或者销售单位收购木材的；（2）收购以明显低于市场价格出售的木材的；（3）收购违反规定出售的木材的。

鉴于《刑法修正案（四）》将“以牟利为目的”删除，故本罪不再是目的犯。

2. 本罪的刑事责任。

根据刑法第 345 条第 2 款规定，本罪的基本犯，处 3 年以下有期徒刑、拘役或者管制，并处或者单处罚金；情节特别严重的，处 3 年以上 7 年以下有期徒刑，并处罚金。

单位犯本罪的，对单位判处罚金，并对直接负责的主管人员和其他直接责任人员依上述规定处罚。

此外，还应注意职业禁止和刑事没收、追缴对本罪的适用。

五、与环境资源保护密切关联的其他犯罪

这一组犯罪虽然被现行刑法评价为主要是危害了国家环境管理秩序之外其他法律秩序，但它们对环境法律秩序的危害或者是次要的或者是相伴相生的，因而被纳入广义环境犯罪的范畴。其涉及的犯罪在本书第一章环

境犯罪的外延部分有所论述。鉴于国家之间的关税壁垒正逐步被技术壁垒或者绿色壁垒所取代，下列走私犯罪最有可能调整到破坏环境资源保护罪一节。同时，由于篇幅所限，故这里只简单对其加以讨论。

（一）走私珍贵动物、珍贵动物制品罪

根据刑法第 151 条第 2 款规定，走私珍贵动物、珍贵动物制品罪，是指违反海关法规，逃避海关监管，非法携带、运输、邮寄国家禁止进出口的珍贵动物或其制品进出国（边）境的行为。

1. 本罪的犯罪构成

（1）关于客体要件。本罪的客体要件是复杂客体，既侵犯了国家对外贸易管理制度中的关于禁止珍贵动物、珍贵动物制品进出口的管理制度，又危害了国家有关环境资源保护和利用的法律秩序。走私珍贵动物、珍贵动物制品的犯罪行为往往成为猎捕、杀害珍贵、濒危野生动物罪和非法猎捕、收购、运输、出售陆生野生动物罪等犯罪的"帮凶"。

我国有关禁止珍贵动物、珍贵动物制品进出口的管理制度体现在许多法律、法规中，最主要的是《野生动物保护法》。该法明确规定，出口国家重点保护野生动物或其产品的，应当经国务院野生动物保护主管部门或国务院批准，并取得国家濒危物种进出口管理机构核发的允许进出口证明书。海关凭允许进出口证明书办理进出镜检疫，并依法办理其他海关手续。涉及科学技术保密的野生动物物种出口的，按照国务院有关规定办理。非法进出口野生动物或其产品的一般违法行为，由海关依照海关法处罚；情节严重，构成犯罪的，依照刑法关于走私罪的规定追究刑事责任。

（2）关于客观要件。本罪的客观要件表现为违反海关法规，逃避海关监管，非法携带、运输、邮寄国家禁止进出口的珍贵动物及其制品。

本罪的犯罪对象是国家禁止进出口的珍贵动物及其制品。首先，依据 2014 年 8 月发布的《最高人民法院、最高人民检察院关于办理走私刑事案件适用法律若干问题的解释》，刑法第 151 条第 2 款规定的"珍贵动物"，包括列入《国家重点保护野生动物名录》中的国家一、二级保护野生动物，《濒危野生动植物种国际贸易公约》附录Ⅰ、附录Ⅱ中的野生动物，以及驯养繁殖的上述动物。走私该解释附表中未规定的珍贵动物的，参照附表中规定的同属或者同科动物的数量标准执行。其中，《野生动物保护法》把国家重点保护的珍贵动物分为一级保护动物和二级保护动物。其次，根据 2021 年 2 月 5 日发布的《国家重点保护野生动物名录》，属于珍贵动物的有 980 种和 8 类，如大熊猫、金丝猴、猕猴、文昌鱼、白唇鹿、扬子鳄、丹顶鹤、天鹅、野骆驼等。最后，《濒危野生动植物种国际贸易公约》附录一和附录二所列非原产我国的所有野生动物也应成为本罪的犯罪对象。至于珍贵动物制品，是指用上述珍贵动物的毛皮、羽毛、骨、内脏、血、肉、角、卵、精液、胚胎等制成的标本、食品、药品、服装、装饰品、工艺品、纪念品及其他物品。上述珍贵动物及其制品还必须为国家禁止进出口，才能成为本罪对象。

违反海关法规，逃避海关监管是本罪的本质特征，如果行为人没有逃避海关监管的行为，就不能按本罪处理。走私珍贵动物及其制品的行为，除了绕道过关、欺骗过关等直接走私行为外，还包括刑法所规定的间接走私。根据刑法第 155 条关于间接走私的规定，直接向走私人非法收购国家禁止进出口的珍稀植物及其制品的，以及在我国内海①、领海、界河、界湖运输、收购、贩卖国家禁止出口的珍稀植物及其制品的，都以本罪定罪处罚。

本罪是行为犯。只要实施了走私珍贵动物、珍贵动物制品的行为，不论数量多少、情节轻重，原则上就构成了本罪。当然，依据刑法第 13 条“但书”的规定，对于情节显著轻微、危害不大的行为，不以犯罪论处，可以根据《野生动物保护法》第 56 条规定由海关依据海关法处罚。

（3）关于主体要件。本罪的主体要件可以是年满十六周岁并且精神正常的自然人，同时，单位可成为本罪的主体。另外，刑法第 156 条规定，与走私珍贵动物、珍贵动物制品罪的罪犯通谋，为其提供货款、资金、帐号、发票、证明，或者为其提供运输、保管、邮寄或者其他方便的，应以走私珍贵动物、珍贵动物制品罪的共犯论处。

（4）关于主观要件。本罪的主观要件是犯罪故意。如果行为人不知道是珍贵动物及其其制品，即使有走私的客观行为，也不构成本罪。

2. 本罪的刑事责任

根据刑法第 151 条第 2 款规定，本罪的基本犯，处 5 年以上 10 年以下有期徒刑，并处罚金；情节特别严重的，处 10 年以上有期徒刑或者无期徒刑，并处没收财产；情节较轻的，处 5 年以下有期徒刑，并处罚金。

关于情节较轻和情节特别严重，《最高人民法院、最高人民检察院关于办理破坏野生动物资源刑事案件适用法律若干问题的解释》第 2 条规定：“走私国家禁止进出口的珍贵动物及其制品，价值二十万元以上不满二百万元的，应当依照刑法第一百五十一条第二款的规定，以走私珍贵动

① 2014 年 8 月发布的《最高人民法院、最高人民检察院关于办理走私刑事案件适用法律若干问题的解释》第 20 条第 2 款规定，刑法第 155 条第 2 项规定的“内海”，包括内河的入海口水域。

物、珍贵动物制品罪处五年以上十年以下有期徒刑，并处罚金；价值二百万元以上的，应当认定为'情节特别严重'，处十年以上有期徒刑或者无期徒刑，并处没收财产；价值二万元以上不满二十万元的，应当认定为'情节较轻'，处五年以下有期徒刑，并处罚金。实施前款规定的行为，具有下列情形之一的，从重处罚：（一）属于犯罪集团的首要分子的；（二）为逃避监管，使用特种交通工具实施的；（三）二年内曾因破坏野生动物资源受过行政处罚的。实施第一款规定的行为，不具有第二款规定的情形，且未造成动物死亡或者动物、动物制品无法追回，行为人全部退赃退赔，确有悔罪表现的，按照下列规定处理：（一）珍贵动物及其制品价值二百万元以上的，可以处五年以上十年以下有期徒刑，并处罚金；（二）珍贵动物及其制品价值二十万元以上不满二百万元的，可以认定为'情节较轻'，处五年以下有期徒刑，并处罚金；（三）珍贵动物及其制品价值二万元以上不满二十万元的，可以认定为犯罪情节轻微，不起诉或者免予刑事处罚；情节显著轻微危害不大的，不作为犯罪处理。"根据刑法第151条第4款规定，单位犯本罪的，对单位判处罚金，并对其直接负责的主管人员和其他直接责任人员，依照本条各款的规定处罚。二次以上实施上述司法解释规定的行为构成犯罪，依法应当追诉的，或者二年内实施上述司法解释规定的行为未经处理的，数量、数额累计计算。

本罪属选择性罪名，具体可分解为走私珍贵动物罪、走私珍贵动物制品罪。走私其中之一的即构成本罪，既走私珍贵动物又走私珍贵动物制品，也只构成一罪，不能实行数罪并罚。

实施走私犯罪，具有下列情形之一的，应当认定为犯罪既遂：①在海关监管现场被查获的；②以虚假申报方式走私，申报行为实施完毕的；③以保税货物或者特定减税、免税进口的货物、物品为对象走私，在境内销售的，或者申请核销行为实施完毕的。

刑法第157条规定："武装掩护走私的，依照本法第一百五十一条第一款的规定从重处罚。以暴力、威胁方法抗拒缉私的，以走私罪和本法第二百七十七条规定的阻碍国家机关工作人员依法执行职务罪，依照数罪并罚的规定处罚。"

此外，还应注意职业禁止和刑事没收、追缴对本罪的适用。

（二）走私国家禁止进出口的货物物品罪

刑法第151条第3款规定，走私国家禁止进出口的货物物品罪，是指违反海关管理法律、法规，逃避海关监管，非法运输、携带、邮寄珍稀植物及其制品等国家禁止进出口的其他货物、物品的行为。

1. 本罪的犯罪构成

(1) 关于客体要件。本罪是复杂客体，其主要客体要件是国家的珍稀植物、珍稀植物制品进出口管理秩序，次客体要件是国家对珍稀植物、植物制品的管理和保护秩序。走私国家禁止进出口的货物物品犯罪行为往往成为危害国家重点保护植物罪和非法引进、释放、丢弃外来入侵物种罪等犯罪的帮凶。

(2) 关于客观要件。本罪的客观要件是违反海关法规，逃避海关监管，非法携带、运输、邮寄珍稀植物及其制品等国家禁止进出口的其他货物、物品，进出国（边）境，或者在内海、领海运输、收购、贩卖国家禁止进出口的珍稀植物以及其制品的行为。

本罪的行为方式主要表现为逃避海关监管，多表现为通关走私与绕关走私。通关走私就是通过海关进出境，但是同时采用假报、伪装、藏匿等欺骗手段，瞒过海关的监督、检查，偷运、偷带或夹寄国家禁止进出口的珍稀植物及其制品；绕关走私是指不通过海关或边境哨卡、检查站而携带、运输禁止进出口的珍稀植物、珍稀植物制品进出境。另外，根据刑法第155条关于间接走私的规定，直接向走私人非法收购国家禁止进出口的珍稀植物及其制品的，以及在我国内海、领海、界河、界湖运输、收购、贩卖国家禁止出口的珍稀植物及其制品的，都以本罪定罪处罚。

本罪区别于其他走私罪的关键，在于本罪的犯罪对象是珍稀植物及其制品等国家禁止进出口的货物、物品。2014年8月发布的《最高人民法院、最高人民检察院关于办理走私刑事案件适用法律若干问题的解释》第12条规定："刑法第一百五十一条第三款规定的'珍稀植物'，包括列入《国家重点保护野生植物名录》《国家重点保护野生药材物种名录》《国家珍贵树种名录》中的国家一、二级保护野生植物、国家重点保护的野生药材、珍贵树木，《濒危野生动植物种国际贸易公约》附录Ⅰ、附录Ⅱ中的野生植物，以及人工培育的上述植物。本解释规定的'古生物化石'，按照《古生物化石保护条例》的规定予以认定。走私具有科学价值的古脊椎动物化石、古人类化石，构成犯罪的，依照刑法第一百五十一条第二款的规定，以走私文物罪定罪处罚。"

关于本罪的入罪门槛，前述司法解释第11条第1款规定："走私国家禁止进出口的货物、物品，具有下列情形之一的，依照刑法第一百五十一条第三款的规定处五年以下有期徒刑或者拘役，并处或者单处罚金：（一）走私国家一级保护野生植物五株以上不满二十五株，国家二级保护野生植物十株以上不满五十株，或者珍稀植物、珍稀植物制品数额在二十万元以上不满一百万元的；（二）走私重点保护古生物化石或者未命名的古生物化石不满十件，或者一般保护古生物化石十件以上不满五十件的；（三）走私禁止进出口的有毒物质一吨以上不满五吨，或者数额在二万元以上不满十万元的；（四）走私来自境外疫区的动植物及其产品五吨以上不满二十五吨，或者数额在五万元以上不满二十五万元的；（五）走私木炭、硅砂等妨害环境、资源保护的货物、物品十吨以上不满五十吨，或者数额在十万元以上不满五十万元的；（六）走私旧机动车、切割车、旧机电产品或者其他禁止进出口的货物、物品二十吨以上不满一百吨，或者数额在二十万元以上不满一百万元的；（七）数量或者数额未达到本款第一项至第六项规定的标准，但属于犯罪集团的首要分子，使用特种车辆从事走私活动，造成环境严重污染，或者引起甲类传染病传播、重大动植物疫情等情形的。

（3）关于主体要件。本罪的主体要件为年满 16 周岁并且精神正常具有刑事责任能力的自然人；单位可以构成本罪的犯罪主体。刑法第 156 条规定，与走私珍贵动物、珍贵动物制品罪的罪犯通谋，为其提供货款、资金、帐号、发票、证明，或者为其提供运输、保管、邮寄或者其他方便的，应以走私珍贵动物、珍贵动物制品罪的共犯论处。

（4）关于主观要件。本罪的主观要件是犯罪故意。行为人必须明知其运输、携带、邮寄的是国家禁止进出口的珍稀植物及其制品。如果不知道是珍稀植物及其制品的，即使有走私的客观行为，亦不能构成本罪。至于其行为的目的，既可以是非法牟利，也可以是其他，都不会影响本罪成立。

本罪主观要件要求“明知”，刑法理论称之为表现犯。从该罪名的设置目的来看，国家主要是加强对珍稀植物及其制品的保护，要求本罪主观上必须是直接故意，显然不适当地缩小了处罚的范围。所以，行为人只要认识到运输、携带、邮寄的可能是国家禁止进出口的珍稀植物及其制品而仍然决意实施行为的，就应当以该罪论处。

2. 本罪的刑事责任。根据刑法第 151 条第 3 款规定，本罪的基本犯，处 5 年以下有期徒刑或者拘役，并处或者单处罚金；情节严重的，处 5 年以上有期徒刑，并处罚金。

关于“情节严重”是指具有下列情形之一：①走私数量或者数额超过前述司法解释第 11 条第 1 款第 1 项至第 6 项规定的标准的；②达到前述司法解释第 11 条第 1 款第 1 项至第 6 项规定的标准，且属于犯罪集团的首要分子，使用特种车辆从事走私活动，造成环境严重污染，或者引起甲类传染病传播、重大动植物疫情等情形的。

根据刑法第151条第4款规定，单位犯本罪的，对单位判处罚金，并对其直接负责的主管人员和其他直接责任人员，依照本条各款的规定处罚。

实施走私犯罪，具有下列情形之一的，应当认定为犯罪既遂：①在海关监管现场被查获的；②以虚假申报方式走私，申报行为实施完毕的；③以保税货物或者特定减税、免税进口的货物、物品为对象走私，在境内销售的，或者申请核销行为实施完毕的。

本罪属选择性罪名，如果走私了珍稀植物或珍稀植物制品其中之一的，则根据对象分别以走私珍稀植物罪或者走私珍稀植物制品罪定罪处刑。既走私了珍稀植物又走私了其制品的，亦只构成一罪，无需数罪并罚，罪名则为走私珍稀植物、珍稀植物制品罪。

刑法第157条规定："武装掩护走私的，依照本法第一百五十一条第一款的规定从重处罚。以暴力、威胁方法抗拒缉私的，以走私罪和本法第二百七十七条规定的阻碍国家机关工作人员依法执行职务罪，依照数罪并罚的规定处罚。"

此外，还应注意职业禁止和刑事没收、追缴对本罪的适用。

（三）走私废物罪

该罪由2002年颁布的《刑法修正案（四）》对刑法第155条第3款规定的走私固体废物罪修改而成。走私废物罪是指违反海关法规和国家关于废物管理的规定，逃避海关监管将境外的固体废物、液态废物和气态废物运输进境，或者以原料利用为名，进口不能用作原料的固体废物、液态废物和气态废物的，情节严重的行为。

1. 本罪的犯罪构成

（1）关于客体要件。本罪是复杂客体，其主要客体要件是国家对外贸易管制的法律秩序，即国家通过海关对进口货物和其他物及其数量实行控制监督的法律秩序；其次要客体是国家对自然环境管理的法律秩序。

（2）关于客观要件。本罪的客观要件为逃避海关监管将境外的固体废物、液态废物和气态废物运输进境，或者以原料利用为名，进口不能用作原料的固体废物、液态废物和气态废物，情节严重的行为。

首先，构成本罪以违反海关法规和国家有关废物进出境的规定为前提条件。《中华人民共和国海关法》第82条规定了走私行为。

其次，存在运输境外废物进境的行为，或者以原料利用为名，进口不能用作原料的固体废物、液态废物和气态废物，情节严重的行为。

本罪的行为方式包括绕关走私、瞒关走私、后续走私以及间接走私。《刑法修正案（四）》为本罪的行为方式包括间接走私提供了明确的法律根据。这里的“废物”，根据《刑法修正案（四）》的规定，不再局限于境外固体废物，而是包括境外固体废物、液态废物和气态废物。这里的“进境”，是对中国大陆来说的，境内不包括“港”“澳”“台”。

最后，构成本罪必须是情节严重。具有下列情形之一的，应当认定为刑法第 152 条第 2 款规定的“情节严重”：①走私国家禁止进口的危险性固体废物、液态废物分别或者合计达到一吨以上不满五吨的；②走私国家禁止进口的非危险性固体废物、液态废物分别或者合计达到五吨以上不满二十五吨的；③走私国家限制进口的可用作原料的固体废物、液态废物分别或者合计达到二十吨以上不满一百吨的；④未达到上述数量标准，但属于犯罪集团的首要分子，使用特种车辆从事走私活动，或者造成环境严重污染等情形的。同时要注意的是，《最高人民法院、最高人民检察院关于办理走私刑事案件适用法律若干问题的解释》第 15 条规定：“国家限制进口的可用作原料的废物的具体种类，参照国家有关部门的规定确定。”

（3）关于主体要件。本罪的主体要件就自然人而言，是已满 16 周岁且精神正常因而具有刑事责任能力的人；单位也具有本罪的主体资格。另外，刑法第 156 条规定，与走私珍贵动物、珍贵动物制品罪的罪犯通谋，为其提供货款、资金、帐号、发票、证明，或者为其提供运输、保管、邮寄或者其他方便的，应以走私珍贵动物、珍贵动物制品罪的共犯论处。

（4）关于主观要件。本罪只能由故意构成，即明知其走私物品为境外的固体废物、液态废物和气态废物而逃避海关监管，运输进入境内。至于其目的，一般是牟利，但是否具有这种目的，并不影响本罪成立。如果行为人不知道自己所运输的是固体废物、液态废物和气态废物，则不能以本罪论处，但可能构成其他犯罪，如走私普通货物、物品罪等。

2. 本罪的刑事责任

根据《刑法修正案（四）》第 2 条规定，本罪的基本犯，处 5 年以下有期徒刑，并处或者单处罚金；情节特别严重的，处 5 年以上有期徒刑，并处罚金。

这里的“情节特别严重”是指具有下列情形之一：①走私数量超过前述司法解释第 14 条第 1 款规定的标准的；②达到前述司法解释第 14 条第 1 款规定的标准，且属于犯罪集团的首要分子，使用特种车辆从事走私活动，或者造成环境严重污染等情形的；③未达到前述司法解释第 14 条第 1 款规定的标准，但造成环境严重污染且后果特别严重的。走私置于容器中的气态废物，构成犯罪的，参照前述司法解释第 14 条第 1 款规定的标准处罚。

实施走私犯罪，具有下列情形之一的，应当认定为犯罪既遂：①在海关监管现场被查获的；②以虚假申报方式走私，申报行为实施完毕的；③以保税货物或者特定减税、免税进口的货物、物品为对象走私，在境内销售的，或者申请核销行为实施完毕的。

刑法第 152 条第 3 款规定，单位犯本罪的，对单位判处罚金，并对其直接负责的主管人员和其他直接责任人员依前两款规定处罚。

《刑法》第 157 条规定，武装掩护走私的，依照本法第 151 条第 1 款的规定从重处罚。以暴力、威胁方法抗拒缉私的，以走私罪和本法第 277 条规定的阻碍国家机关工作人员依法执行职务罪，依照数罪并罚的规定处罚。

此外，还应注意职业禁止和刑事没收、追缴对本罪的适用。

第三节　对我国环境犯罪立法的评价

我国环境犯罪的立法取得了可喜的成就，同时也存在一定的不足。

一、现行刑法已经编就了惩治环境犯罪的实体法网

（一）环境犯罪法网不断严密

回顾改革开放 40 多年以来我国环境犯罪的立法进程，尤其是 1997 年对刑法典的修正及其之后通过的修正案可以看出，刑法加大与扩大了对环境要素的保护力度和保护范围，加强了对危害环境行为方式的打击，降低了一些犯罪的门槛。

我国刑法对环境犯罪的立法显现出规定从散在到集中、环境犯罪的设定由从少到多、入罪门槛适度下调、法网由疏到密的立法轨迹。既有对污染行为的惩治，又有对破坏资源行为的打击。对于主要的环境要素的保护，如水资源、土地资源和自然保护区、空气、水产资源、野生动物、珍贵树木等国家重点保护的植物、森林（树木），以及生物多样性、生态平衡等，都设立有相应的罪名。犯罪既遂模式的设定，既有行为犯，又有情节犯（数额犯）、危险犯，还有结果犯，已经建立了较为严密的惩治环境犯罪的刑事法网，并适应国家惩治环境犯罪的需要而及时动态调整，有效地维护了国家、社会和个人的环境权益，为国家和社会的可持续发展提供

了制度保证。

（二）环境刑法逐步把环境权益作为“直接保护对象”并且不断加大对危害环境行为的惩治力度

1. 保护环境资源的范围和力度不断加大

刑事立法从前移环境保护的时机、减少犯罪的构成要素以降低犯罪门槛到逐步改对环境权的“附带保护”为“独立保护”等举措，强化了刑法保护环境资源的范围和力度，典型的有以下几个方面。

（1）《刑法修正案（四）》对刑法第345条第3款的修改，取消了“以牟利为目的”的主观要素和“在林区”的地点限制，增加了“非法运输”行为方式，从而扩大了本罪的容量，严密了惩治非法收购、运输盗伐、滥伐林木行为的刑事法网。

（2）《刑法修正案（七）》将刑法第151条第3款规定的“国家禁止进出口的”对象由“珍稀植物及其制品”修改为“珍稀植物及其制品等国家禁止进出口的其他货物、物品”以扩充保护范围；将刑法第337条第1款规定的“引起重大动植物疫情的”修改为“引起重大动植物疫情的，或者有引起重大动植物疫情危险”，因而把妨害动植物防疫、检疫罪的既遂模式由结果犯修改为具体危险犯。

（3）《刑法修正案（八）》对于非法采矿罪的修改，把入罪门槛由“经责令停止开采后拒不停止开采，造成矿产资源破坏”的结果要件改为“情节严重”，不再要求非法采矿罪的构成上的行政处罚前置，这不但使刑法介入矿产资源保护的时机有所提前，而且打消了实践中初次违法者不构成犯罪的侥幸心理。

（4）《刑法修正案（八）》对重大环境污染事故罪修改，把本罪的既遂标准“致使公私财产遭受重大损失或者人身伤亡的严重后果”改为“严重污染环境”，这一修改不但使犯罪既遂的时机前移，而且释放出了重要信号：刑法旨在直接保护环境权而不再把对环境权保护依附于传统的生命健康和财产。

（5）《刑法修正案（十一）》增设了非法猎捕、收购、运输、出售陆生野生动物罪，破坏自然保护地罪，非法引进、释放、丢弃外来入侵物种罪等，把普通的野生陆生动物纳入刑法保护范围，突出了刑法对自然保护区的生物多样性和生态平衡的保护，是积极的一般预防之刑事政策的立法体现。

2. 在法定刑配置上不断增量

（1）《刑法修正案（八）》对重大污染环境罪和非法采矿罪的修改，

虽然没有调整法定刑的下限和上限，但是由于把结果犯改为情节犯，本罪的门槛就降低了，其修改的结果不但使一些“一般违法行为”予以犯罪化，而且把结果加重犯改为情节加重犯因而对于某些污染环境行为，按修改之前的规定属于基本犯的，而按修改之后的规定则属于情节加重犯，从而增加了处刑量。

(2) 对于非法采矿罪的入罪门槛和法定刑升格条件分别由“造成矿产资源破坏”“造成矿产资源严重破坏”修改为“情节严重”“情节特别严重”，入罪的条件法定刑升格条件放宽，都不再局限于“造成矿产资源破坏”“造成矿产资源严重破坏”。

(3)《刑法修正案（十一）》进一步提高了污染环境罪的法定刑上限：“情节特别严重的，处七年以上有期徒刑。”这一修改解决了污染环境罪的法定刑设置过轻的立法不足问题，加大了对污染环境行为的刑罚配置力度。对于一些犯罪规定了想象竞合的处理规则（即从一重罪处罚），这有助于在具体的案件中妥当量刑以实现罪责刑均衡的刑法基本原则。

（三）立法体例和立法技术的不断进步

1. 立法体例上的进步

1997 年修订刑法时设专节规定环境犯罪，把原来分散的环境犯罪集中规定在一节，使环境犯罪成为一小类犯罪。这样做至少有两点好处：一是使环境犯罪的地位凸显。作为一小类犯罪加以集中规定，毕竟比分散在其他章节中好得多，显示了刑事立法对环境资源保护问题的重视。二是使环境犯罪的立法迈入系统化的轨道。1997 刑法颁布之后，我国刑法的修改以“修正案”的形式修改有关环境犯罪，仍然保持和延续了这一体例。按照系统论的观点，系统的整体功能大于系统各组成部分功能的简单相加，环境犯罪立法的系统化有助于从整体上发挥刑法保护环境、制裁危害环境行为的功能。

2. 立法技术上的进步

伴随着治理环境犯罪的立法和司法经验的日益积累，我国刑事立法技术的不断进步。例如，《刑法修正案（八）》对非法采矿罪行为方式的修改和对于既遂标准的修改，都是立法技术进步的典型体现。该修正案通过删除引起混乱的“的”字，并在适当的地方增加“或者”一词，把非法采矿罪的实行行为变为三大类：“违反矿产资源法的规定，未取得采矿许可证擅自采矿，情节严重的”“违反矿产资源法的规定，擅自进入国家规划矿区、对国民经济具有重要价值的矿区和他人矿区范围采矿，情节严重的”“违反矿产资源法的规定，擅自开采国家规定实行保护性开采的特定矿种，情节严重的。”这就理顺了原来法条表述中“违反矿产资源法的规定”和“情节严重”这两个条件与三种非法采矿行为的关系，消除了刑法与其前置法的不协调，也从根本上消解了刑法理论界对本罪罪状理解的争议。

总之，我国环境犯罪立法与经济转型升级相伴，为国家的可持续发展保驾护航，总体上呈现出“犯罪化和刑罚化步伐不停”的态势。“不断地犯罪化”，使惩处环境犯罪的法网日益严密；“不断地刑罚化”则不断加重调整罪刑关系，加大了对环境危害行为的惩处力度。现行刑法已经编就了惩治环境犯罪的刑事法网。刑法是对犯罪现象的反应，犯罪事实催生刑法。这一立法趋势是由我国的环境保护的艰巨任务、环境政策和宽严相济的基本刑事政策共同决定的。

二、现行刑法关于环境犯罪立法的不足

（一）犯罪构成设计方面的问题

我国现行刑法对环境犯罪的犯罪构成设计仍然存在一些不足，主要表现如下。

1. 一些环境犯罪仍然没有把环境法益作为独立的、直接的保护对象

（1）破坏环境资源犯罪被作为一节规定在刑法第六章“妨害社会管理秩序罪”一章之中。基于同类犯罪客体对犯罪客体解释的指导作用，在目前的立法框架下，刑法设立环境犯罪所直接保护的是环境行政管理的有效性，而对环境法益的保护因被“环境管理秩序”遮挡而成了“间接”的保护对象。如果没有恰当的地位，则难以表明对环境犯罪的应有重视。所以，现行刑法将环境犯罪在刑法典中的体系性安排不利于昭示因环境问题非常严峻所要求的对环境法益的突出保护的客观需要。“名不正则言不顺”，“破坏环境资源保护犯罪”的提法，过分强调对行政管理法益的保护，实际也不恰当。

（2）由于一些环境犯罪以对传统的法益而不是以对环境法益的侵害结果为法定的犯罪结果，由此导致了刑法保护环境资源的时机明显迟滞。例如，擅自进口固体废物罪的既遂标准仍然要求“造成重大环境污染事故，致使公私财产遭受重大损失或者严重危害人体健康”的犯罪结果，把本罪保护的法益仍然定位于传统的财产权和生命、健康权，而不是以对环境权危害程度罪作为犯罪既遂与否的依据，显示了刑法保护的迟滞性。这表明，刑法对环境权益的保护是在保护传统的生命健康权益、财产权益以及公共管理权力的主题下予以附带保护的。这种对环境权利不是直接地保护

而是间接性和附带性地保护，迟滞了刑法介入环境保护的时机。正因为如此，有学者才发出了“环境犯罪应当走上刑法‘前台’”① 的呼吁。

2. 现行立法贬抑了环境法益的价值序位

在犯罪行为侵害具有多重属性的法益载体时，其犯罪的类罪归属取决于处于优先地位的法律价值（被评价为犯罪的主要客体要件）。例如，刑讯逼供罪既侵害了公民的生命健康权，也危害了司法权公正运行的法律秩序，但考虑到生命健康权比司法权在法律价值排序中优先，故把刑讯逼供罪归入“侵犯公民人身权利、民主权利罪”一章。环境权是第三代基本人权，环境犯罪是危害第三代基本人权的犯罪，在价值序位上应该排在前面。但是，现行刑法囿于时代性限制而把一些主要危害环境的犯罪规定在分则的其他“章”“节”中。这种对环境危害行为社会危害性的错误判断需要更正，过时的价值判断则需要与时俱进地重新审视。例如，走私珍贵动物、珍贵动物制品罪，走私国家禁止进出口的货物物品罪，走私废物罪等，对这些犯罪的规制在改革开放之初的计划经济体制下因突出了经济建设重要性而具有其合理性，但是，我国已经加入世界贸易组织，关税壁垒逐步为绿色壁垒所替代，国家财政已经摆脱贫乏状况，环保问题日益摆上国家议事日程，所以今天仍然把这些犯罪归类于走私罪之中是不合理的。

3. 立法存在一定的粗疏

如对于污染环境危害行为，不但没有区分故意污染环境行为与过失污染环境行为，对污染空气、土壤、水体、海洋等危害行为也没有因污染的对象而分别立法，从而导致了很多理论争议和司法困境。

4. 法网不严

对一些重要环境资源要素疏于保护，例如对于草原、湿地等资源的刑法保护还不够，没有把严重的噪声污染规定为犯罪。目前我国对草原的保护是把草地纳入农用地的范畴，通过保护草地（即农用地）进而保护草原资源。其不足之处有二：一是没有注意到草地与其他土地资源的差异性；二是将“草地”简单等同于“草原”，也不合适。

（二）环境犯罪的刑事责任设定方面的问题

1. 各种刑罚（包括主刑和附加刑）在狭义的环境犯罪中的配置情况

以刑法分则第六章第六节规定的环境犯罪为研究标本，按照 2021 年“罪名确定”的最新司法解释，现行刑法共规定了 16 种环境犯罪，各种刑罚方法配置情况统计见表 6-1。

---

① 高铭暄，徐宏.环境犯罪应当走上刑法“前台”[J].中国检察官，2010(2)：3.

表 6-1　现行刑法对环境犯罪的罪刑设置一览

序号	罪名	罪过形式	行为模式	法定刑档次	最高档次主刑	基本犯最低刑罚	最高档次附加刑
1	过失污染环境罪	犯罪过失	情节犯	3	15 年有期徒刑	拘役	罚金
2	非法处置进口的固体废物罪	犯罪故意	行为犯	3	15 年有期徒刑	拘役	罚金
3	擅自进口固体废物罪	犯罪故意	结果犯	2	10 年有期徒刑	拘役	罚金
4	非法捕捞水产品罪	犯罪故意	情节犯	1	3 年有期徒刑	罚金	罚金
5	危害珍贵、濒危野生动物罪	犯罪故意	行为犯	3	15 年有期徒刑	拘役	罚金或者没收财产
6	非法狩猎罪	犯罪故意	情节犯	1	3 年有期徒刑	罚金	罚金
7	非法猎捕、收购、运输、出售陆生野生动物罪	犯罪故意	情节犯	1	3 年有期徒刑	罚金	罚金
8	非法占用农用地罪	犯罪故意	结果犯	1	5 年有期徒刑	拘役	罚金
9	破坏自然保护地罪	犯罪故意	结果犯/情节犯	1	5 年有期徒刑	拘役	罚金
10	非法采矿罪	犯罪故意	情节犯	2	7 年有期徒刑	管制	罚金

续表

序号	罪名	罪过形式	行为模式	法定刑档次	最高档次主刑	基本犯最低刑罚	最高档次附加刑
11	破坏性采矿罪	犯罪故意	结果犯	1	5 年有期徒刑	拘役	罚金
12	危害国家重点保护植物罪	犯罪故意	行为犯	2	7 年有期徒刑	管制	罚金
13	非法引进、释放、丢弃外来入侵物种罪	犯罪故意	情节犯	1	3 年有期徒刑	拘役	罚金
14	盗伐林木罪	犯罪故意	数额犯	3	15 年有期徒刑	管制	罚金
15	滥伐林木罪	犯罪故意	数额犯	2	7 年有期徒刑	管制	罚金
16	非法收购、运输盗伐、滥伐的林木罪	犯罪故意	情节犯	2	7 年有期徒刑	管制	罚金

（1）管制。对这 16 种犯罪，刑法为其中的 7 种犯罪配置了管制刑，其适用率为 43.8%。其中，只设一个法定刑档次的，如非法捕捞水产品罪、非法狩猎罪将管制作为选择刑种之一。在有两个以上法定刑档次的罪中，最低量刑档次也将管制刑作为选择刑种之一来加以规定。例如，非法采矿罪，盗伐林木罪，滥伐林木罪，非法收购、运输盗伐、滥发的林木罪，危害国家重点保护植物罪等。

（2）拘役。现行立法对这 16 种犯罪都规定了拘役刑，适用率 100%。分两种情况：一是只设一个量刑档次的环境犯罪，将拘役与有期徒刑（3 年以下或 5 年以下）和管制并列作为选择刑种，如非法捕捞水产品罪、破坏性采矿罪、非法占用农用地罪；二是在有两个以上量刑档次的罪中，最低量刑档次也将拘役刑作为选择刑种之一来加以规定，包括除上述3种犯罪之外的13种犯罪。

(3) 有期徒刑。现行立法对这16种犯罪都配置了有期徒刑，其适用率为100%。具体情况是：有的罪对有期徒刑的适用规定了一个量刑档次。有的罪设置了两个量刑档次。有的犯罪设置了三个量刑档次，其中法定刑最高为3年的，有4个犯罪（即非法捕捞水产品罪，非法狩猎罪，非法引进、释放、丢弃外来入侵物种罪，非法猎捕、收购、运输、出售陆生野生动物罪）；法定刑最高为5年的，有3个犯罪（非法占用农用地罪，破坏自然保护地罪，破坏性采矿罪）；法定刑最高为7年有期徒刑的有4个（即非法采矿罪，危害国家重点保护植物罪，滥伐林木罪，非法收购、运输盗伐、滥伐的林木罪）；法定刑最高为10年有期徒刑的，有1个犯罪（即擅自进口固体废物罪）；法定刑最高为15年期徒刑的，有4个犯罪（其中，7年以上有期徒刑的有2个犯罪，即污染环境罪、盗伐林木罪；10年以上有期徒刑的有2个犯罪，即非法处置进口的固体废物罪、危害珍贵、濒危野生动物罪）。

(4) 无期徒刑和死刑。这16种犯罪都未配置无期徒刑和死刑，其适用率为零。

(5) 罚金刑。现行立法对这16种犯罪都配置了罚金刑，适用率100%。这与环境犯罪属于贪利性犯罪、多数是经济活动的副产品属性密切相关。

(6) 资格刑的配置。我国现行刑法规定剥夺政治权利，显然不针对环境犯罪。所以，这16种犯罪都没有规定剥夺政治权利的适用，其适用率为零。

(7) 没收财产刑。只有一个环境犯罪配置了没收财产刑，即危害珍贵、濒危野生动物罪，规定了没收财产的刑罚方法。

2. 我国刑法对环境犯罪的法定刑配置与侵犯财产罪的横向比较

人类在没有认识到自己的生态利益之前，刑法对环境要素的保护多是以其财产价值为依据而进行的。如1979年刑法就曾把森林和树木作为经济价值的载体物加以保护，因而把盗伐、滥伐林木罪规定在“第三章破坏社会主义经济秩序罪”之中。然而，当今环境权被认为是第三代基本人权，财产权是第二代基本人权的重要内容，根据三代基本人权的沿革关系，“举轻以明重”，我们有理由将环境犯罪与侵犯财产罪相比较。通过比较，可以发现罪与罪之间刑罚配置的横向不平衡。

(1) 环境犯罪和侵犯财产罪的法定刑档次设定比较。在这16种环境犯罪中，4种犯罪（非法捕捞水产品罪，非法狩猎罪，非法引进、释放、丢弃外来入侵物种罪，非法猎捕、收购、运输、出售陆生野生动物罪）只有一个法定刑档次，占全部环境犯罪的25%；设有二个法定刑档次的犯罪有5种，占31.25%；设三个法定刑档次的有7种犯罪，占43.75%（其中法定最高刑为5年的3种，3年的4种）。再看侵犯财产罪，在13种侵犯财产罪中，没有只设一个法定刑档次的犯罪；设有二个法定刑档次的犯罪有9种，占69.23%；设有三个法定刑档次的犯罪有4种，占30.77%。所以，相比而言，环境犯罪法定刑档次的设置偏少。

（2）环境犯罪和侵犯财产罪的法定最高刑配置比较。16种环境犯罪的最高法定刑均局限于有期徒刑之内，没有无期徒刑和死刑的配置。设有一个法定刑档次的有7种犯罪，4种犯罪“处3年以下有期徒刑或者拘役，并处罚金”；3种犯罪“处5年以下有期徒刑或者拘役，并处罚金”。其余的9种犯罪虽设有结果加重或者情节加重，但这些加重犯（共计5种犯罪）的法定刑上限为“7年以上有期徒刑”或“10年以上有期徒刑”。也就是说，在16种环境犯罪中，无论在现实中造成的结果多么严重，“7种只有一个法定档次的犯罪”最多只能判处3年或者5年有期徒刑；在9种有加重处罚的犯罪中，有4种最重时可被判处有期徒刑（上限是15年），有1种最重时可判10年；有4种最重时可判7年。

再看13种侵犯财产罪，最高法定刑为死刑的，有1种（抢劫罪）；最高法定刑为无期徒刑的犯罪，有4种（盗窃罪、抢夺罪、诈骗罪和职务侵占罪）；最高法定刑为15年有期徒刑的，有2种；最高法定刑为10年有期徒刑的，有1种；最高法定刑为7年有期徒刑的，有4种；最高法定刑为15年有期徒刑，有1种。

比较盗伐林木罪、非法采矿罪与盗窃罪的法定最高刑，则发现前二罪要低得多。可见，环境犯罪与侵犯财产罪的法定最高刑配置相比，前者明显低于后者。

（3）环境犯罪和侵犯财产罪基本犯的法定最低刑配置比较。在16种环境犯罪中，法定最低刑为管制的，有5种；法定最低刑为拘役的，有7种；法定最低刑为罚金的，有3种。在13种侵犯财产罪（见表6-2）中，法定最低刑为管制的，有6种；法定最低刑为拘役的，有5种；法定最低刑为罚金的，有1种。抢劫罪是涉及人身伤害的犯罪，法定最低刑为3年有期徒刑。二者相比较，环境犯罪基本犯的法定最低刑配置与侵犯财产罪基本持平。

（4）环境犯罪和侵犯财产罪的最高档次的附加刑比较。二者的共性：

都以罚金刑为主；较少使用没收财产刑；都没有资格刑。二者的差别：一是环境犯罪都配有财产刑（罚金或者没收财产），侵犯财产罪有9个犯罪配置财产刑；二是环境犯罪有1个罪配置了没收财产刑，侵犯财产罪有4个罪配置。比较最高法定刑中没收财产刑的配置，环境犯罪低于侵犯财产罪。

表6-2　现行刑法对侵犯财产罪的罪刑设置一览

序号	罪名	罪过形式	行为模式	法定刑档次	最高档次主刑	基本犯最低刑罚	最高档次附加刑
1	抢劫罪	犯罪故意	行为犯	2	死刑	3年有期徒刑	罚金或者没收财产
2	盗窃罪	犯罪故意	数额犯/情节犯	3	无期徒刑	管制	罚金或者没收财产
3	诈骗罪	犯罪故意	数额犯	3	无期徒刑	管制	罚金或者没收财产
4	抢夺罪	犯罪故意	数额犯/情节犯	3	无期徒刑	管制	罚金或者没收财产
5	聚众哄抢罪	犯罪故意	数额犯或情节犯	2	10年有期徒刑	管制	罚金
6	侵占罪	犯罪故意	数额犯	2	5年有期徒刑	罚金	罚金
7	职务侵占罪	犯罪故意	数额犯	3	无期徒刑	拘役	罚金
8	挪用资金罪	犯罪故意	数额犯或者情节犯	3	15年有期徒刑	拘役	无
9	挪用特定款物罪	犯罪故意	结果犯	2	7年有期徒刑	拘役	无
10	敲诈勒索罪	犯罪故意	数额犯或者情节犯	3	15年有期徒刑	管制	罚金

续表

序号	罪名	罪过形式	行为模式	法定刑档次	最高档次主刑	基本犯最低刑罚	最高档次附加刑
11	故意毁坏财物罪	犯罪故意	行为犯	2	7年有期徒刑	拘役	无
12	破坏生产经营罪	犯罪故意	行为犯	2	7年有期徒刑	管制	无
13	拒不支付劳动报酬罪	犯罪故意	数额犯	2	7年有期徒刑	拘役	罚金

上述分析比较表明，在我国的刑法体系内，与侵犯财产罪相比，环境犯罪的法定刑档次设置偏少，最高档次主刑、基本犯最低刑罚、最高档次附加刑等都相对较轻。与德国、美国的污染环境犯罪的法定刑相比，我国刑法所规定的污染环境犯罪的法律后果明显轻于外国的规定；同时，在外国的刑法中，与其他犯罪的法定刑配置相比，污染环境犯罪的法定刑要重得多。①

3. 我国广义的环境犯罪之间法定刑配置的比较

(1) 狭义的环境犯罪之间法定刑的设置缺乏协调性。例如，滥伐林木行为与非法收购、运输盗伐、滥伐的林木的行为方式不同，其社会危害性也应该有程度的差别。但是，刑法却为滥发林木和非法收购、运输盗伐、滥伐的林木所构成的犯罪配置了相同的法定刑。又如，盗伐林木罪实际上也是“盗”，非法捕捞水产品、非法狩猎罪也往往具有“盗”的性质；但盗伐林木罪最高法定刑是“7年以上有期徒刑”，非法捕捞水产品和非法狩猎罪最高法定刑却只有3年有期徒刑。再如，非法采矿罪包含着“偷采矿产资源”的行为，但非法采矿罪的法定最高刑为7年有期徒刑，还不到15年有期徒刑的一半。

(2) 规定在刑法其他章节的环境犯罪比狭义环境犯罪的法定刑配置重。除了狭义的环境犯罪规定在刑法分则第六章第六节“破坏环境资源保护罪”中之外，分则其他章节也规定了一些广义上的环境犯罪，例如走私珍贵动物罪、走私珍贵动物制品罪、走私废物罪等。这些犯罪的法定最高刑比狭义环境犯罪的配置要重得多。又如，刑法第151条规定的走私珍贵

① 冯军等.环境污染犯罪治理问题研究[M].北京：法律出版社，2019：154-155.

动物罪、走私珍贵动物制品罪的法定最高刑是无期徒刑；危害珍贵、濒危野生动物罪的最高法定刑是 10 年以上有期徒刑；走私废物罪的法定最高刑为 15 年有期徒刑；擅自进口固体废物罪的最高法定刑为 10 年有期徒刑。实际上，危害珍贵、濒危野生动物罪包含猎捕、杀害珍贵、濒危野生动物的行为，这些“猎捕”“杀害”行为同等情况下要比“走私”珍贵动物行为的社会危害性严重得多，据此，现行立法的不合理性是显而易见的。

概括而言，与侵犯财产罪横向比较，刑法对于环境犯罪刑罚配置存在的主要问题有：主刑的配置较轻，缺乏与其他犯罪的横向协调①；法定刑档次偏少、法定最高刑偏低；在环境犯罪内部，刑罚的配置也缺乏应有的协调性。

---

① 这种较轻的结论是在我国的刑法体系范围内得出的，不是与德国、日本、俄罗斯以及瑞士等国的刑法相比得出的结论。我国刑罚结构被认为是重刑结构。

第七章　环境犯罪之个罪设定的完善

结合导论中对环境犯罪内涵与外延的分析，从立法完善的角度，本章讨论“具体环境犯罪”，涉及三个方面：(1) 现行刑法所规定的狭义环境犯罪；(2) 走私类环境犯罪，包括走私废物罪，走私珍贵动物罪、走私珍贵动物制品罪，走私国家禁止进出口的货物、物品罪；(3) 建议新设的环境犯罪，包括过失污染环境罪、噪声污染罪，增设破坏草原罪和明确确立破坏湿地罪等。至于妨害动植物防疫、检疫罪和渎职类的环境犯罪，由于笔者不主张将其在立法上纳入刑法分则的“环境犯罪”一章，故在这里不作讨论。

第一节　环境犯罪的立法原则和其作为类罪在刑法分则中的位置

一、环境犯罪的立法原则

犯罪化、刑罚化与非犯罪化、非刑罚化是一对矛盾，处于动态的发展变化过程之中。只承认一个方面，否认另一方面的观点都不是辩证的。立法者必须恰当处理犯罪化、刑罚化与非犯罪化、非刑罚化，找到二者的平衡点。犯罪化的积极标准：值得动用刑罚来惩治这种危害行为（刑罚的严厉性）；从消极的一端来看：不动用刑罚来惩治，整个国家法律秩序就会坍塌（刑罚不得已性）。一方面，坚持犯罪化的基准，只有在作为保护该法益的方法时，除了创制刑事法规、诉诸刑罚手段之外别无选择的情况下，才能进行犯罪化。① 犯罪化应立足于刑法的谦抑性而不能随心所欲以致造成超犯罪化的情况，必须依据一定的标准。另一方面，也不能以刑法的谦抑性为借口，杜绝一切犯罪化、刑罚化，导致刑法严重滞后。

① 大谷实.刑事政策学[M].黎宏，译，北京：法律出版社，2000：86.

前面已述，立足于我国的环保现实、国家的刑事政策和国家的环境政策，鉴于我国环境犯罪的立法还存在许多滞后和不足，我国对于环境犯罪应继续推进环境危害行为的犯罪化，以便进一步严密环境刑事法网，强化刑法对环境权的保护，以改变目前对环境权的附带性保护现状。① 在推进环境危害行为的犯罪化和刑罚化的时候，要切记：环境犯罪是经济发展的副产品，环境犯罪具有"利"与"害"的两面性，刑罚的配置应该考虑到这一点。如果刑事法网过于严密，刑罚的力度过大，则会挫伤社会经济发展的积极性。

根据《中华人民共和国宪法》和《中华人民共和国立法法》的规定，结合前面的所论述的环境刑事政策，我们认为，环境犯罪立法应该坚持六个原则：（1）必要性原则（"不得已"原则）；（2）明确性原则（罪和刑的设定都要明确）；（3）罪刑相当性原则；（4）效益性原则（以最小的刑罚支出获取最大的政治、经济和社会效益）；（5）可行性原则（犯罪的设定要符合国家同犯罪作斗争的现实需要和刑事追诉能力）；（6）依靠环境标准原则等立法原则。其中，依靠环境标准原则在环境犯罪立法原则中颇具有特色，这里稍加展开。

由于环境犯罪与经济活动相伴相生，我们不可能杜绝一切环境危害行为。基于刑法的保障法地位和我国对犯罪的定量式立法，环境犯罪的设立以严重违反环境资源保护法为前提，环境犯罪的罪状设计必须在"程度"上给予限定。具体犯罪的罪状设计要规定明确的数量或用其他程度词来说明环境危害行为达到了犯罪社会危害性的程度。② 现行刑法为了限制处罚的范围，在法律条文中往往使用量的限制。如刑法第 342 条非法占用耕地罪中"数量较大与大量毁坏"两个数量限制，刑法第 407 条中"情节严重，致使森林遭受严重破坏"的规定。所以，环境利用行为与环境违法犯罪行为的界限划分，必须依靠切实可行的环境技术标准，实现对危害行为严重性的量定。对环境权的侵害程度的考量，是一个技术性强、难度大的问题。在把环境权作为环境犯罪直接客体要件的情况下，罪与非罪的界限以及法定刑升格的关键依据就取决于环境破坏行为或者环境污染行为对环境标准的超越或者背反程度，这样在司法时就可直接依据这个"程

---

① 尽管非犯罪化和非刑罚是西方刑事改革的总趋势，但是，面对严重危及社会生存与发展、民众安宁与秩序的一些严重行为的犯罪化却是世界范围内的一种刑事政策选择现实与趋势。蔡道通.："重重"：世界范围内教育刑主义的反动[J].南京师大学报（社会科学版），2005(1)：31.

② 路军.我国刑法犯罪量化要件研究[D].吉林大学博士学位论文(2006.10)：164.

度”标准，定罪判刑。只要达到这个标准，就构成犯罪（无论是危险犯还是行为犯）；没有达到罪状所要求的程度，就可能是“情节显著轻微危害不大”的“不认为是犯罪”，或者属于犯罪的未完成形态。

二、环境犯罪作为一类犯罪在刑法分则中的位置

1. 环境犯罪应该由刑法分则设单独的一章予以集中规定

从世界范围内看，在现行刑法中，环境犯罪的立法模式主要有三种：第一，规定在刑法典中。这种模式下也存在细微的差别，一般是集中规定，如《德国刑法典》是把环境犯罪作为一章（污染环境的犯罪）规定的；《俄罗斯联邦刑法》是作为第九编之下的一章（生态犯罪）规定的；我国现行刑法是作为章下的一节来安排的。第二，以单行刑法的形式存在。如日本的《公害犯罪法》、我国曾经颁布的《关于惩治捕杀国家重点保护的珍贵、濒危野生动物犯罪的补充规定》等单行法规。第三，以附属刑法的形式散见在环境资源法之中。如美国即是在其制定法之环境法中设立环境犯罪的罪名和罚则。

我国理论界关于环境犯罪的立法模式有不同的主张。有学者主张对环境犯罪设立单行刑法，独立于刑法典之外；① 有的主张对环境犯罪采用集中立法和分散立法相结合的方式。② 本书认为，鉴于中国人的“大一统”观念具有悠久的历史，这种观念体现在刑法的立法模式上便是比较注意维护刑法典的稳定性、连续性和权威性，考虑到97刑法修订之后，国家立法机关基本不再采用单行刑法的立法模式，并且新颁布的附属刑法也不再新设犯罪，所以，采用单行刑法、附属刑法，或者采用集中立法和分散立法相结合的方式都难以为立法所采纳。由此，我国的环境犯罪应该作为刑法分则单独的一章予以集中规定。这种立法模式的必要性和合理性依据主要有四个方面。

（1）把环境权作为环境犯罪客体要件是可持续发展观的要求在刑法上的体现。可持续发展观自提出之后，立刻得到国际社会的响应并且成为国际社会的广泛共识。我国已经把可持续发展作为国家的一个发展战略，强调环境权的独立性，并且给予妥帖的保护，是可持续发展的必要要求。

（2）环境权是第三代人权的主要内容，刑法对环境权的保护必须彰显。把环境权作为环境犯罪客体要件是现代刑法突出人权保护和保障人权

---

① 吕欣.环境刑法的反思与重构—以新型环境伦理为视角[D].山东大学博士学位论文(2008.05):54.

② 张红艳.环境犯罪的基本问题研究[J].河南师范大学学报(哲学社会科学版),2009(5):61.

之功能的重要体现。传统刑法理论把刑法视为统治阶级专政的工具，认为刑法的目的在于维护统治阶级的统治秩序。因而刑法的功能也就局限于打击犯罪、维护统治秩序，而漠视人权保护和保障功能。

随着现代法治观念的发展和人权事业的进步，现代刑法的人权保护和保障功能逐步凸显。现代刑法应有的两种主要功能：一是保护功能，二是保障功能。保护功能体现秩序价值目标，保障功能体现正义价值目标。[①]"刑法的保障机能通过限制国家刑罚权，尤其是限制司法权，保障被告人的权利，进而实现对一般人权利的保障"，"刑法通过惩治犯罪保护法益，对社会秩序维护与控制"，"在现代社会，刑法的保护机能和保障机能具有统一的人性基础和社会基础"。[②] 作为突出体现国家强制力的法律，刑法的人权保护是根本性的，并且也为人权提供了最后一道法律保障，刑法的人权理念影响着整个人权保护法律体系的构建。人权的实现要靠法律的确认和保护，而在人权保护的各种法律手段中，最重要、最有力的手段便是刑法保护。现在，环境权作为一种新型的人权——第三代人权已经成为一种共识，并为我国的法律所确认，把环境权作为环境犯罪的客体要件是刑法的人权保护和保障功能得以实现的内在要求。

（3）环境权作为环境犯罪客体要件也是履行相关国际义务的要求。现代社会工业文明将环境危害带到世界的各个角落，这一危害针对不特定的人群发生。这些特点使得环境问题超出了一国的范围，成为国际热点问题。环境危害只有通过国际社会的通力合作才能够得到真正的解决，把环境权纳入人权体系进行保护和保障已经成为一种全球性的趋势。根据《里约环境与发展宣言》的规定，对环境权及其相关权利的保护已经成为一项日益普遍的国际法上的义务。我国已经签署了一系列环境保护公约，我们应当放弃传统"财产权、生命健康权""社会关系与生产力说"和"环境管理制度"等作为环境犯罪客体要件观点，明确环境权作为环境犯罪客体要件，通过刑法强力保护环境权及其切实实现。这是我国履行有关国际义务的重要内容。

（4）把环境犯罪单设为分则的一章，是发挥刑法惩治环境犯罪之系统功能的需要。环境犯罪是主要因人为的活动致使生态环境和自然资源遭受严重破坏或重大污染而侵害他人生活权益、环境权益及其他权益，依法应当承担刑事责任的危害行为。这类犯罪具有不同于传统的刑事犯罪的特点：犯罪主体的复杂性、环境犯罪行为的社会有益与有害互渗性、犯罪后

---

① 储槐植.刑法存活关系——关系刑法论纲[J].中国理论法学研究，1996(2).

② 陈兴良.本体刑法学[M].北京：商务印书馆，2001：41-52.

果的综合性、犯罪因果关系的错综复杂等。鉴于环境犯罪所侵害法益的特殊性和环境犯罪作为一类犯罪的诸多自身特点，需要刑法把这类犯罪予以整合，建立有效的刑法反应系统。以该类犯罪都危害了环境权之共性为标准，把该类犯罪系统整合，就有助于把握该类犯罪的实质，从整体上正确定位对该类犯罪的惩治策略，科学设计对该类犯罪的具体制裁措施，以发挥所有关于环境犯罪之罪刑规范的系统功能。

2. 环境犯罪作为一类犯罪在分则体系中的位序

我国环境犯罪的刑事立法曾经采用过刑法典和附属刑法、单行刑法相结合的方式。但是，现行刑法是将环境犯罪统一规定在刑法典中——把环境犯罪作为章下之一节规定在刑法分则第六章第六节，置于“危害公共卫生罪”之后。现行刑法的体系性安排不足以正确反映环境犯罪的实质（对环境权益的侵犯），不能正确体现环境犯罪的严重性，与我国目前生态环境的破坏程度、我国人权事业（环境权被视为第三代基本人权）的发展水平也都是不相适应的。

在主张把环境犯罪作为一类犯罪的前提下，对于环境犯罪在刑法典之分则体系中的位次，有不同的主张：有的主张将环境犯罪并入“危害公共安全罪”一章①，有的主张放在“危害公共安全罪”之后②。关于这一问题，本书的见解如下。

（1）不赞成将环境犯罪并入“危害公共安全罪”一章。将环境犯罪并入分则的“危害公共安全罪”一章，虽然有利于凸显对环境犯罪的重视，但忽视了环境犯罪的基本特性——危害了人类的环境权，环境权是有别于传统的生命健康的新兴基本人权，所以，如果将环境犯罪并入“危害公共安全罪”一章，长远地看则不利于对环境犯罪的刑法规制。

（2）应该前置环境犯罪在分则体系中的位序。由于我国的刑法分则体系主要是以犯罪的同类犯罪客体要件为依据建立的，由于必须重视环境权，所以应该提前环境犯罪这一类犯罪在分则体系中的位次。不过，有人主张把环境犯罪放在“危害公共安全罪”之后，居于“侵犯公民的人身权利、民主权利罪”之前，这一观点与当今中国的“人身权利、民主权利”是最为珍贵的权利的立法理念不相适应。

（3）应把环境犯罪单独立设为一章，可作为刑法分则第五章放在“侵犯公民的人身权利、民主权利罪”之后、“侵犯财产罪”之前。这既可以使环境权的人权地位得到重视，凸显刑法对环境资源的保护，又不至于太激进。

---

① 颜九红.环境犯罪罪名体系之科学构建[J].法学杂志，2009(9)：58.

② 姜俊山.风险社会语境下的环境犯罪立法研究[D].吉林大学博士学位论文(2010.5)：89.

第二节　对现有环境犯罪的修改

具体个罪的立法完善问题包括犯罪的本体内容的完善和立法技术的精进两个方面。后一方面主要包括法律规范的设定应该符合形式逻辑关于假定、行为模式和法律后果的一般要求，并且要注意我国对犯罪的社会危害性的高限度要求，对语言表述符合词法、句法和章法，用语简练、概括、明确、准确等要求。这里的"完善"主要是指前一方面，即关于犯罪的内涵和外延的完善建议。

一、对污染环境罪的修改

（一）最理想的修改方案

对于污染环境罪最为理想的方案是把本罪拆分为污染土地罪、污染大气罪、污染水体罪、污染海洋罪、核污染罪等，因为土地、大气、水体的污染渠道、污染物在环境运行机理、环境的自净机制、污染危害结果的测定等方面有其自身的特点。目前，我国刑法把这些污染行为规定在一起，一揽子装在一个罪中，并不科学。正因为如此，司法解释把本罪的入罪指标解释为18种情形（包括最后的兜底一款）。但这一巨大的工程需要周密、细致、深入的调研以获得翔实的研究数据来说服立法者才可以实现，非本书之力所逮。

（二）作为权宜之计的次选方案

现行刑法对于污染环境罪没有明确污染环境罪的罪过形式，导致理论界对其罪过形式存在争议。所以，主张将现行刑法设立的污染环境罪定位为过失犯罪，同时认为其法定配置过重——《刑法修正案（十一）》将最高法定刑提高至15年有期徒刑。鉴于此，可从三个方面修改：其一，设立故意污染环境罪、借用《刑法修正案（十一）》所配置的法定刑；其二，现行刑法把犯罪形态的设计为结果犯，稍显滞后，建议将故意（或者过失）污染环境罪设置为具体危险犯；其三，将过失污染环境罪的法定刑设置为两档，故意污染环境罪设为三档，以便与危害公共安全罪中相近犯罪的法定刑设置持平。

1. 增设与过失污染环境罪相对应的污染环境罪的理由

（1）在事实层面，故意污染环境罪是普遍存在的。现实生活中，行为人一犯再犯，多次受到环保部门的行政警告或者罚款处理，但仍屡教不改地排污，特别是在职业工作场合，行为人明知所排放的废物超出了环境标准的几倍甚至几十倍仍继续排放。这些已经表明其故意罪过的存在。如果立法把污染环境罪仅仅限定为过失犯罪，那么制度的供给不足会导致实际发生的故意犯罪不得不按照过失犯罪处罚，最终造成司法处理的不当。

发生在渤海湾的“康菲漏油事件”，很难说不是犯罪，而且在笔者看来，不应该是过失犯罪。所以，立法不应把污染环境犯罪局限于过失犯罪，行为人对污染环境的主观罪过应当既包括犯罪故意也包括犯罪过失。

（2）由于缺乏故意污染环境罪的设置，司法实践中对于故意污染环境的行为只好以危害公共安全罪处理。但这样做，显然是把环境权益忽略了。现行刑法关于污染环境犯罪的立法还没有完全实现以对环境权的危害及其程度作为罪与非罪、罪轻罪重的标准，而多是以对传统法益（生命、健康和重大公私财产的安全）的危害作为罪与非罪、罪轻罪重的标准。在这样的立法格局下，不设故意污染环境犯罪，而是把故意污染环境行为纳入公共安全罪的范畴，在价值判断上显然是把环境权忽略了。如盐城市盐都区法院以“投放危险物质罪”对盐城市“2·20特大水污染事故案”作出一审判决。而此前对类似案件（如2005年发生的四川沱江特大水污染案）追究刑事责任时，多以重大环境污染事故罪判处。这两种情况都是在立法不能有效提供制度供给的情况下司法上作出的无奈之举，反而被许多人指责是“同案不同判”。① 假如立法设定了故意污染环境罪，就不会出现上述的司法尴尬和无奈。

（3）外国刑法和国际法所规定的故意污染环境罪值得我国借鉴。首先，外国刑法的立法例。日本刑法、德国刑法、西班牙刑法都规定了故意污染环境犯罪，如《日本公害罪法》第2条、日本《水质污染防治法》第31条，《德国刑法典》第324条、第324条a、第325条和第325条a，以及现行《西班牙刑法》第325条。其次，在国际法层面，许多国际条约都规定了故意污染环境犯罪。重要的如联合国国际法委员会1991年通过的《危害人类和平犯罪法典草案》规定了“严重污染环境罪”，该罪限于故意。再如，1998年欧洲理事会订立的《通过刑法保护环境公约》第二章“在国内层面各缔约国应采取的措施”第一节设立了故意污染环境犯罪。

2. 条文设计

（1）在增设故意污染环境罪的前提下，把故意污染环境罪和过失污染环境罪的既遂形态设定为危险犯。

---

① 王灿发，傅学良.盐城水污染案“投毒罪”值得商榷[N].21世纪经济报道，2009-08-28(5).

（2）故意污染环境罪的法定最高刑为无期徒刑，最低法定刑为拘役，分三档设置；过失污染环境罪的法定刑设置设两档，与危害公安安全罪中的大多数事故类犯罪法定刑设置持平。

（3）资格型的配置由本章的“其他规定”中统一作出。

建议将刑法383条修改为：“违反国家规定，排放、倾倒或者处置有放射性的废物、含传染病病原体的废物、有毒物质或者其他有害物质，严重污染环境或者有严重污染环境危险的，处3年以下有期徒刑或者拘役，并处或者单处罚金；情节严重的，处3年以上7年以下有期徒刑，并处罚金；有下列情形之一的，处7年以上有期徒刑，并处罚金。”同时增加一款，作为第2款，规定：“过失犯前款罪，处3年以下有期徒刑或者拘役，并处或者单处罚金；情节严重的，处3年以上7年以下有期徒刑，并处罚金。”

二、对废物犯罪的修改

这里的“废物犯罪”包括现行刑法所规定的走私废物罪、非法处置固体废物罪、擅自进口固体废物罪。

（一）关于废物犯罪的立法完善要点

1. 应该把走私废物罪调整到环境犯罪一章

自20世纪中期以来，废物的越境转移已经成为一个国际热点问题。为此，各国缔结了许多国际公约和区域国际公约。这些国际条约的主旨绝不是保护垃圾输入国的关税之征收，而是防止发达国家的企业转嫁废物的处理责任。发达国家总是打着废物贸易的旗号，丁着废物越境转移的勾当。所以，我们要清晰认识废物越境转移的危害性，并正确处理其与废物贸易管制之间的关系。

我国刑法把走私废物罪规定在刑法分则第三章“破坏社会主义市场秩序罪”中，其立法意旨在于加强外贸管制，强化关税征收。因为走私罪的要害在于逃避海关监管，没有办理海关手续。这一立法如果说在改革开放之初因为国力单薄意在发展经济，其安排还情有可原的话，那么在我国国力大增、充分重视环境保护的今天，就应该恢复走私废物罪的环境犯罪的“庐山”真面目，以便符合“主权国家、国际社会控制废物的越境转移在于环境保护而不是加强关税征收”的旨趣。无论是对禁止进口的废物的严格管制，还是对限制进口的废物和其他废物的有条件的许可，实行许可证制度的目的都是控制废物的越境转移，以免废物危害环境而不是加强经济贸易的关口管理。

刑事立法有权根据现实条件的变化，重新评价犯罪行为的社会危害性。实际上，由于社会条件的变化，立法者对具体犯罪之类罪归属的调整曾经出现过。犯罪作为一种社会现象，它是发生在社会中的客观现象，其客观成分是由不以人的意志为转移的社会物质生活条件所决定的（这一客观性决定刑法对犯罪的规定不可能超出当时的社会生活，而是对客观事实的发现和认可，“与其说是立法者在创制法律，毋宁说立法者在表述法律”，就是恰当的概括，亦即犯罪具有客观性）。这是问题的一面。另一方面，犯罪作为一种法律现象，其标准又是由立法者通过法律来确认的，是立法者对客观事实进行主观选择和价值判断的结果。所以，犯罪又是主观评价的产物，不能把犯罪视为纯客观的事实。现实中，立法者经常根据社会条件的变化改变其对具体危害行为的立法评价。如贪污罪从79刑法规定的财产犯罪中分化出来成为危害国家公务廉洁性的犯罪；伪证罪从79刑法规定的“侵犯公民的人身权利、民主权利罪”移入分则第六章“妨害司法罪”；由79刑法规定的“流氓罪”分解而来的“强制猥亵”“侮辱妇女罪”和“猥亵儿童罪”，其犯罪的直接客体已不是社会管理秩序（扰乱公共秩序的犯罪），现在已移入“侵犯公民的人身权利、民主权利罪”一章；79刑法规定属于邮电工作人员渎职罪的“妨害邮电通讯罪”，现在划归“侵犯公民的人身权利、民主权利罪”一章。

总之，应该将走私废物罪调整到环境犯罪一章。

2. 对于废物犯罪行为对象的限定不一致，应该统一为“固体废物、液态废物和气态废物”

非法处置固体废物罪、擅自进口固体废物罪的行为对象均限于“固体废物”，而走私废物罪则不限于固体废物，而是包括固体废物、液态废物和气态废物。这种不统一是立法之不足，将来应该将所有的废物犯罪的行为对象扩大到固体废物、液态废物和气态废物。

3. 应该把所有废物犯罪的客体要件统一为环境权益

现行刑法设立的“擅自进口废物罪”的犯罪客体要件还不是环境权，而是“公私财产或生命健康权”（构成犯罪要求“造成重大环境污染事故”）。犯罪行为“致使公私财产遭受重大损失或者严重危害人体健康的”才是犯罪既遂。对此，建议把环境权作为犯罪的客体要件，即把本罪的入罪标准改为“严重污染环境”——以污染环境为法定结果；把“造成重大环境污染事故，致使公私财产遭受重大损失或者严重危害人体健康的”作为该罪的结果加重犯。

4. 在犯罪形态的设计上，宜根据废物的危险程度不同把废物犯罪的

既遂形态分别设为行为犯、具体危险犯或者实害犯

《刑法修正案（四）》把走私废物罪的走私行为对象的“废物”扩大为固体废物、液态废物和气态废物。这是正确的。但对走私各种废物不加区分地设定为行为犯，则不可取。故主张应该区分废物的危险程度，在犯罪既遂形态设计上设置不同的既遂模式以区别对待。

目前对废物犯罪的立法格局不科学，没有考虑各类废物的危险程度而加以区别对待。这样的立法导致法律适用的困难。刑法第339条第3款规定，“以原料进口为名”的，属于走私废物罪。但是，实际上，非法进口废物对环境的危害性及其程度与是否以“以原料进口为名”没有关系；而且，这一规定由于要求“以原料进口为名”徒增控诉一方的证明责任。再者，现行刑法关于走私废物罪与非法处置固体废物罪、擅自进口固体废物罪的设立，导致它们之间难以区分，这样的立法现状，不但浪费了学术研究的智力资源，也浪费了司法资源。然而，国家关于废物的分类则是充分考虑了废物的环境危害性及其程度，所以，刑法应该按照废物的分类来设计废物犯罪，在法定刑配置上也要有所区别。

关于废物犯罪的立法建议是：打破现行立法关于废物犯罪的设置，取消现行刑法所规定的走私废物罪、非法处置固体废物罪、擅自进口固体废物罪，然后依照国家对危险废物的管制级别——禁止进口、限制进口和自动许可，设三个废物犯罪：非法进口禁止进口的废物罪、非法进口限制进口的废物罪、非法进口自动许可的废物罪。

（二）法条设计

非法进口禁止进口的废物罪的基本犯为行为犯，法定刑为三档：5年以下有期徒刑或者拘役，并处或者单处罚金；情节严重的，处5年以上10年以下有期徒刑，并处罚金；情节特别严重的，处10年以上有期徒刑或者无期徒刑，并处罚金或者没收财产。

非法进口限制进口的废物罪的基本犯为具体危险犯，法定刑为三档：足以危害生态环境的，处5年以下有期徒刑或者拘役，并处或者单处罚金；污染环境的，处5年以上10年以下有期徒刑，并处罚金；特别严重的，处10年以上有期徒刑，并处罚金。

非法进口自动许可的废物罪的基本犯为结果犯，法定刑为两档：污染环境的，处5年以下有期徒刑或者拘役，并处或者单处罚金；情节特别严重的，处5年以上10年以下有期徒刑，并处罚金。

三、对野生动物和野生植物犯罪的修改

《刑法修正案（十一）》增加了对陆生野生动物的保护，严密了法网，

值得称赞。但是。现行立法还存在一定的不足。

1. 现行立法存在忽视野生动物和野生植物犯罪生态价值的情况，对一些犯罪的类罪归属上，存在着与废物犯罪同样的错误

例如，现行立法把“走私珍贵动物、珍贵动物制品罪”归属于“破坏社会主义市场经济秩序罪”。对此，应予调整，建议把它们调整到“环境犯罪”一章（理由参见前文对废物犯罪的调整）。

2. 刑事责任的配置较轻

如非法猎捕、杀害珍贵、濒危野生动物行为显然比走私珍贵动物、珍贵动物制品的行为的社会危害性大的多，故应该加大前者的惩罚力度、适当提高法定刑幅度。给非法捕捞水产品罪、非法狩猎罪增加法定刑档次，把罚金刑并制，增设资格刑（通过限制或剥夺行为人从事一定职务或从事某种职业的权利）。

3. 盗伐林木罪至少要与盗窃罪法定刑的配置基本持平

林木的经济价值只是其整体价值的很小一部分，盗伐林木行为破坏了林木的整体价值，包括经济价值，湿润空气、固着土壤、光合作用吸收二氧化碳释放氧气的价值，为鸟类提供食物、住宿等价值。

4. 具体个罪的修改要点

（1）非法捕捞水产品罪的修改要点：可在原来的基础上增设一个法定刑档次——情节特别严重的，处 3 年以上 7 年以下有期徒刑，并处罚金。

（2）非法狩猎罪的修改要点：增设一个法定刑档次——情节特别严重的，处 3 年以上 7 年以下有期徒刑，并处罚金。

（3）盗伐林木罪修改要点：比照盗窃罪的法定刑设置，法定刑设为三档：3 年以下有期徒刑、拘役或者管制，并处或者单处罚金；3 年以上 10 年以下有期徒刑，并处罚金；10 年以上有期徒刑或者无期徒刑，并处罚金。

（4）把危害珍贵、濒危野生动物罪最高法定刑提高到无期徒刑：“情节特别严重的，处 10 年以上有期徒刑或者无期徒刑，并处罚金或者没收财产。”

（5）对于走私珍贵动物罪、走私珍贵动物制品罪，只需从妨害社会主义市场秩序罪之下调整到环境犯罪一章，罪状和法定刑[①]设置暂不作修改。

---

① 现行刑法第 151 条第 3 款规定：“走私珍稀植物及其制品等国家禁止进出口的其他货物、物品的，处五年以下有期徒刑或者拘役，并处或者单处罚金；情节严重的，处五年以上有期徒刑，并处罚金。”

四、对破坏土地资源犯罪的修改

现行立法关于刑法第 342 条规定的非法占用农用地罪在对土地的保护范围、犯罪客体要件、罪状表述和法定刑设置等方面都存在着不足。修改建议如下。

1. 修改非法占用农用地罪的客观要件

按照现行刑法规定，非法占用农用地罪是结果犯，且有两个“量”的规定：“数量较大”和“大量毁坏”。前一个量“数量较大”没有实际用处——没有前者“数量较大”，就根本不可能由后者“大量毁坏”，而且关键在于对土地的“大量毁坏”。将来修改时只保留后一个“量”即可。

2. 刑事责任设置偏轻，应该加大对破坏土地资源犯罪的惩罚力度，可考虑与故意毁坏财物罪、破坏生产经营罪基本持平

具体可以适当提高法定刑幅度、增加法定刑档次（基本犯为处 5 年以下有期徒刑或者拘役，并处或者单处罚金；情节特别严重的，处 5 年以上 10 年以下有期徒刑，并处罚金）；引入资格刑（通过限制或剥夺行为人担任一定职务或从事某种活动的权利，可以有效地遏制日益增多的破坏土地资源的行为，资格刑的配置由“其他规定”统一作出）。

可以把第 342 条修改为：违反土地管理法规，非法占用耕地或林地，造成耕地、林地等农用地大量毁的，处 5 年以下有期徒刑或者拘役，并处或者单处罚金；情节特别严重的，处 5 年以上 10 年以下有期徒刑，并处罚金。

五、对矿产资源犯罪的修改

根据前文所述，现行刑法第 343 条关于非法采矿罪和破坏性采矿罪的立法不足主要有刑事责任的设定偏轻，且法律责任的设置不具有环境犯罪的针对性。因此，对于非法采矿罪和破坏性采矿罪的修改要点如下。

1. 提高最高法定刑，增加法定刑档次

与盗窃罪、盗伐林木罪攀比，可以将非法采矿罪的最高法定刑由现在的 7 年有期徒刑调高到无期徒刑；与故意毁坏财物罪、破坏生产经营罪攀比，把破坏性采矿罪的最高法定刑由现在的 5 年有期徒刑调高到 10 年有期徒刑；将非法采矿罪的法定刑设为三档，破坏性采矿罪设为两档。

建议把刑法分则第 343 条修改为：“非法采矿罪，基本犯，处 3 年以下有期徒刑、拘役或者管制，并处或者单处罚金；情节严重的，处 3 年以上 7 年以下有期徒刑，并处罚金；情节特别严重的，处 7 年以上有期徒刑

或者无期徒刑，并处罚金。破坏性采矿罪，基本犯，处5年以下有期徒刑或者拘役，并处罚金；情节特别严重的，处5年以上10年以下有期徒刑，并处罚金。”

2. 增设资格刑

禁止犯罪的自然人或单位在一定期限内从事矿业开采活动。

第三节　增设新的环境犯罪

一、增设噪声污染罪

（一）增设噪声污染罪的必要性

1. 噪声污染的社会危害极大

噪声污染是指所产生的环境噪声超过国家规定的环境噪声排放标准，并干扰他人正常生活、工作和学习的情况，具体包括工业噪声污染、建筑施工噪声污染、交通运输噪声污染和社会生活噪声污染等。

噪声曾被人形象地称为“慢性毒药”，已成为世界上最大的公害之一。噪声污染的社会危害性表现在如下几个方面：（1）危害人体健康。长期在噪声较强的环境中生活与工作，对人体可能产生不良的影响：一是听觉器官损伤，人在超过90分贝噪声环境下会感到刺耳难受，久而久之就会导致听觉迟钝甚至耳聋。二是影响全身各系统特别是神经、心血管和内分泌系统。三是噪声可造成胎儿畸形或婴儿体重减弱等影响下一代生理的异常现象。（2）影响工作效率。70分贝以上的噪声会分散人的注意力，使人心烦意乱，影响工作，往往进一步引发各种意外事故，降低工作效率。心理学家的测试结果表明：如果一个人需要集中注意的任务超过一小时，强烈的噪音干扰会致工作效率下降。（3）对设施、建筑物造成损害。在140分贝以上，超强噪声可使建筑物的强度降低、变形、墙壁振裂、玻璃振碎、烟囱倒塌，甚至使钢结构产生“声疲劳”而损坏，造成经济损失和事故；在极强噪声影响下，灵敏的测试仪器会失灵，使得导弹和飞船的发射失败。（4）引起企业之间、厂群之间的矛盾、冲突，引起纠纷，造成经济损失；近邻噪声往往引起邻里纠纷甚至殴打、放火、伤害、杀人等刑事案件。

2. 增设噪声污染罪是完善噪声控制制度体系的需要

相当长的一段时期内，我国防治噪声污染的法律规范散见于相关的民事法律和行政法律、法规中，对于违反有关规定的违法行为，主要是通过行政处罚来解决。如《中华人民共和国治安管理处罚法》第 58 条规定了对噪声污染者的警告和行政罚款。及至 1996 年 10 月，全国人民代表大会常务委员会颁布了专项法律——《中华人民共和国环境噪声污染防治法》。该法第七章规定了环境噪声污染应承担的法律责任，其中的刑事责任是关于“环境噪声污染防治监督管理人员滥用职权、玩忽职守和徇私舞弊”的照应性规定，而不是针对噪声污染行为人的惩治。但是，缺少刑事制裁，仅使用民事制裁和行政法律制裁的手段是不足以制止日益严重的噪声污染危害的。

刑法第 338 条规定的过失污染环境罪（即原来的重大环境事故罪）的对象是“有放射性的废物、含传染病病原体的废物、有毒物质或者其他有害物质”，而噪声污染是无形污染物，所以很难把噪声污染包容在该罪之中，以过失污染环境罪来处罚严重的噪声污染行为。

我国《环境保护法》为设置噪声污染罪提供了法律根据。该法第 42 条规定引起环境的污染和危害种类包括“废气、废水、废渣……以及噪声、振动、光辐射、电磁辐射等”，表明我国环境污染包括实体污染和无形污染。噪声污染属于无形污染。一方面，《环境保护法》相关规定要求对包括噪声污染行为追究刑事责任；另一方面，又不能把噪声污染归入刑法第 338 条规定的过失污染环境罪，故《刑法》必须增设新罪——“噪声污染罪”，以便与上述《环境保护法》相关规定相呼应。

外国刑法有立法例可供借鉴。如德国、法国的刑法典，日本的《噪声控制法》、美国的《噪音管制法》中都有关于噪声污染罪的规定。例如，1998 年修订的《德国刑法典》第 325 条第 1、2 款规定了“（故意）造成噪声、震动和非放射性罪”：“违背行政法义务，在设备，尤其是工场或机器的运转过程中，造成噪音，足以危害设备以外的人健康的，处 3 年以下自由行或罚金。违背行政法关于防止噪音、震动和非放射性的义务，在设备，尤其是工场或机器运转过程中，危害他人健康、他人之动物、或贵重物品的，处 5 年以下自由刑或罚金。”该条第 3 款还规定了相应的过失犯罪。再如，我国《澳门刑法典》第 268 条规定了故意污染罪和过失污染罪①，其中将“借使用设备、设施或任何性质之陆上、河流上、海上或者空中交通工具，产生扰乱他人之噪音”作为“污染行为”的一种行为方式。

---

① 我国《澳门刑法典》中的故意污染罪和过失污染罪，都是以造成对传统法益的具体危险作为犯罪既遂的。

国际条约方面，1998年欧洲理事会于斯特拉斯堡订立的《通过刑法保护环境公约》，规定缔约国应该采取措施把非法制造噪声行为确立为刑事犯罪。我国虽然不是缔约国，但也可以借鉴。

（二）本罪罪状和法定刑的立法设计

1. 罪状

“在生产、作业过程中，违反有关噪声污染防治法规，长期超标排放、发射噪声，拒不采取防污治理措施，造成严重噪声污染的，处……”

几点说明：第一，本罪的实质在于危害了环境权中的宁静权。第二，本罪为法定犯，其犯罪的客观要件是“在生产、作业过程中，违反《环境噪声污染防治法》等有关噪声污染防治的规定[①]，长期超标排放、发射噪声，经有关部门督责，行为人拒不采取防止、治理噪声措施，造成严重噪声污染的行为。“长期超标排放、发射噪声”“经有关部门督责，行为人拒不采取防止、治理噪声措施”“造成严重噪声污染的”是一般的噪声污染行为转化为犯罪重要条件。这里的“造成噪声严重污染”，可以利用环境标准来衡量。第三，本罪主体为一般主体，包括自然人和单位。第四，把噪声污染罪限定为故意犯罪：行为人明知自己超标排放，发射噪声行为违反国家规定会造成噪声污染，而又拒不采取防污治理措施，希望或放任造成严重噪声污染结果发生。

2. 法定刑设计

参照故意伤害罪的法定刑配置，将本罪归入轻罪范畴，同时考虑到不同个体对噪音耐受性的差异，故告诉才处理。鉴于环境犯罪的贪利性，故配置罚金刑。

可设计为：“在生产、作业过程中，违反有关噪声污染防治法规，长期超标排放、发射噪声，拒不采取防污治理措施，造成严重噪声污染的，处3年以下有期徒刑、拘役或者管制，并处或者单处罚金。本罪告诉才处理。”

二、增设危害农用地罪

现行立法忽视了土地资源的生态价值，立法修改时应予纠正。土地资源除了有经济价值外，还有生态价值，但现行立法只注重土地经济价值。我国刑法选择了以确保土地资源总量为核心，以保护土地资源的经济效能

① 我国《环境噪声污染防治法》第16条第1款规定，产生环境噪声污染的单位，应当采取措施进行治理，并按照国家规定缴纳超标准排污费；第17条第1款规定，对于在噪声敏感建筑物集中区域内造成严重噪声污染的企业事业单位，限期治理。

为目的的价值体系。正是因为如此，与外国刑法的有关规定相比较，我国是选择了以保有土地总量为侧重点，没有对土地环境质量明确强调。对于现实中不改变农用土地用途，单纯破坏性使用农用地，造成土地质量严重下降的违法行为，刑法难以追究其刑事责任。今后要加强对土地质量的管理，为此有学者主张分别增设独立的破坏土地质量罪和滥用土地罪。[①] 笔者主张把“采用破坏性手段使用土地，或者滥用土地使之荒漠化、盐渍化，严重损害土地质量的行为”合称为“危害农用地土地质量的行为”，增设“危害农用地罪”。所谓“严重损害农用地土地质量”，是指造成土地大面积沙化及盐渍化、土壤大量流失、地面严重下沉等危害后果。比如原来吉林省安庆市曾发生的潘某某等以非法占有为目的在嫩江行洪区内盗窃黑土4438.3立方米，非法获利数额巨大，被判处犯盗窃罪。据新华社（哈尔滨）2021年4月1日报道，在黑龙江省五常县有人借改造土地之名把承租[②]的“黑土地上的黑土”拉走卖掉，9万多平方公里黑土地遭到破坏，以市面价一立方米黑土大概20.85元计算，涉案金额约36万元。其实，黑土地被誉为“耕地中的大熊猫”，全世界只有三个国家有黑土地，一块在美洲——美国的密西西比河流域，一块在欧洲——乌克兰，一块在亚洲——中国东北平原。足见我国黑土地是十分稀缺的资源。

本罪的法定刑配置与非法占用农用地罪持平。

建议：在刑法第342条之下增加一款作为第2款规定“危害农用地罪”：“采用破坏性手段使用土地，或者滥用土地使之荒漠化、盐渍化，严重损害土地质量的，依照前款规定处罚。”

三、增设破坏草原罪

（一）增设破坏草原罪的必要性

1. 破坏草原资源行为的社会危害性极大

草原是地球生物圈的重要组成部分，也是宝贵的自然资源。从生态学角度讲，草原是一个由动物、植物、微生物、水文、地理等多种环境要素组成的陆地生态系统。对于草原的开发与利用，应符合系统的生态观念，既要注重经济效益，也要重视生态效益。

现实中，由于掠夺式地开发和利用草原资源，草原的破坏已达惊人程

---

① 张霞.中外生态犯罪比较研究[M].济南：山东人民出版社，2013：146-147.

② 调查显示，犯罪嫌疑人具体的承租分两种承租方式：一种是直接取土的土地，租价为租金每年每亩地6000元/7000元不等；另一种是被当作晾晒储存场的土地，租金每年每亩地900元/1100元不等。

度。现实中，为了片面追求粮食生产，不顾生态平衡，滥垦草原、超载放牧、掘草为农等破坏草原的行为时有发生。据不完全统计，近二十年来草原开垦面积达1亿多亩，相当数量的草原被超载放牧，搂发菜[①]、挖药材等破坏草原的现象频频发生，全国草原退化面积已占利用草原面积的1/3，并仍以每年1000万亩的速度在扩大。滥垦草原、毁草造田、超载放牧、胡乱开发等破坏草原现象日益严重，由此导致不少地区的气候发生了巨大变化，干旱、风灾、水灾等自然灾害频繁，水土流失加重，草原退化，沙漠蔓延，使我国许多地区农业生态环境和自然环境处在恶性循环之中，造成严重的生态危害。

具体而言，目前在我国破坏草原行为的具体社会危害性，主要体现在以下几个方面。第一，导致草原沙漠化。过度放牧是沙漠扩大的主要原因，毁草开荒、破坏植被也是一个重要原因。在我国基岩松散和沙源丰富的黄土高原、鄂尔多斯高原、西辽河平原等地方，由于无节制的开垦，地表植被破坏殆尽。黄土高原受侵蚀面积占总面积的90%。内蒙古自治区伊克昭盟累计开垦草原约1000万亩，沙化面积由2300万亩扩大到6800万亩，占该地区草原总面积的80%。而且，草原植被被破坏造成自然生态系统失调，牧区降雨量减少，干旱、风沙增强，导致连锁反应，加速了草原沙化。第二，导致草原退化。由于超载放牧和滥垦草原，造成草群生产力降低、草质变劣，草场退化。20世纪70年代中期全国退化草原面积占全部草原面积的15%，到80年代中期则达到30%以上。素以水草茂盛著称的呼伦贝尔草原和人烟稀少的青藏高原的草原也开始退化。西藏自治区安乡县20世纪80年代初草地产量比60年代中期下降了58.3%。第三，导致草原土壤盐渍化。过度放牧、滥垦草原，使土壤结构遭到破坏，保肥保水能力减弱。从最北的内蒙古呼伦贝尔草原一直到淮河以北黄淮海平原，往西直至新疆的准噶尔盆地，甚至海拔4000米以上的青藏高原都存在草原被破坏导致的土壤盐渍化。其中，黄淮海平原包括京、津、冀、鲁、豫及皖北、苏北等省市的土壤次生盐渍化面积达5000万亩。所以，长远地看，破坏草原行为的最大社会危害性，就在于对草原生态系统平衡的破坏，进而对人类的生存与发展构成巨大威胁。

2. 增设破坏草原罪是完善我国草原资源保护制度体系的需要

我国于1985年通过了《中华人民共和国草原法》（以下简称《草原法》）。之后，根据变化的社会现实和《草原法》的贯彻实施情况，又于

---

① “发菜”，藻类植物中蓝藻门念珠藻科念珠藻属中陆生藻类。可食用发菜贴在于荒漠植物的下面，因其形如乱发，颜色乌黑，得名“发菜”也被人称为“地毛”。

2002年、2009年、2013年、2021年相断修订了《草原法》。修订后的《草原法》增加了许多义务性和禁止性规定，如“禁止开垦草原”“对严重退化、沙化、盐碱化、石漠化的草原和生态脆弱区的草原，实行禁牧、休牧制度”“禁止在草原上使用剧毒、高残留以及可能导致二次中毒的农药”，尤其是该法第66条规定：“非法开垦草原，构成犯罪的，依法追究刑事责任。”目前，现行刑法是将“草地”纳入“农用地”来进行保护的。但是，草原与草地还是有差别的。所以，设立独立的破坏草原罪是保证《草原法》的贯彻落实，完善我国草原保护制度体系的需要，是对刑法作为保障法的当然要求。

1998年欧洲理事会于斯特拉斯堡订立的《通过刑法保护环境公约》规定，缔约国应该采取措施把“非法造成有害于自然公园、自然保留地、水保持区域或者其他受保护的自然构成的变化”确立为刑事犯罪。这其中包含对非法破坏草原行为的犯罪化内容。我国虽然不是缔约国，但也可以借鉴。

（二）对本罪罪状和法定刑的立法设计

1. 罪状设计

“违反有关草原管理法律、法规，以非法开垦、采集、砍挖、践踏等破坏性方法开发、利用草原，造成草原生态环境严重破坏的，处……”

几点说明：第一，本罪的实质在于严重地破坏草原生态环境系统的平衡。第二，本罪是法定犯。行为人必须实施了违反我国《草原法》和其他有关法律规定的破坏草原行为，且情节严重。第三，本罪的主体没有特殊要求，可以是自然人，也可以是单位。第四，本罪主观要件是犯罪故意。即行为人明知自己的行为会造成草原生态平衡破坏的后果而故意实施破坏草原的行为，希望或者放任危害草原生态平衡结果发生的心理态度。

2. 法定刑设计

本罪法定刑与故意毁坏财物罪和破坏生产经营罪的设置持平，同时鉴于环境犯罪的贪利性，故配置罚金刑：基本犯，处3年以下有期徒刑、拘役或者管制，并处或者单处罚金；情节严重的，处3年以上7年以下有期徒刑，并处罚金。

四、明确确立破坏湿地罪罪名

（一）在刑法典中明确确立破坏湿地罪罪名的必要性

1. 湿地对于人类具有巨大的经济价值、生态价值和文化价值等多维价值

湿地是地球上具有多种独特功能的生态系统，是具有巨大经济、文

化、科学、娱乐，以及生态价值的资源。曾经很长一段时期，我们只重视其经济和社会价值，而忽视其生态价值、文化价值等。不过，随着我国国家富足和国民生活品质的提高，湿地的生态价值、文化价值等愈来愈受重视。湿地被称为“地球之肾”，是地球三大生态系统（森林、海洋、湿地，笔者注）之一。为唤起国际社会的重视，国际湿地组织 1996 年把每年的 2 月 2 日确定为世界湿地日（World Wetlands Day）。

（1）湿地对保障国家水安全的作用。水是生命之源，对于人类的生活和生产之极端重要性不言而喻。全国沼泽湿地维持着约 555 亿吨淡水，是淡水资源安全的生态保障；湿地涵养淡水，可以发挥强大的洪峰削减功能；湿地通过毛细作用可以净化水质；等等。

（2）湿地对于生物多样性保护贡献巨大。很多珍稀水禽的繁殖和迁徙离不开湿地。因此，湿地又被称为“鸟类的乐园”。有数字显示，中国湿地生物种类的已知数占中国物种已知数的比例具体为：哺乳动物占 13%，鸟类占 24. 1%，爬行类占 12. 8%，两栖类占 16. 1%，鱼类占36. 6%，被子植物占 2. 6%，裸子植物占 3. 5%，蕨类植物占 0. 5%，苔藓类植物占 7. 5%。[①] 湿地水鸟 296 种，其中属国家重点保护的水鸟有 91 种。中国现有典型湿地植物 1691 种，其中珍稀濒危和重点保护植物 73 种，环境保护类植物 90 种，种质资源植物 80 种。

（3）湿地的碳汇功能。目前，中国草本沼泽植被地上总固碳量约为 2220 万吨，沼泽湿地土壤有机碳总储量为 99 亿吨，其中东北湿地区、青藏高原湿地区和西北干旱半干旱湿地区土壤有机碳储量分别为 33 亿吨、53 亿吨和 13 亿吨。

（4）对湿地的综合利用价值，可以因地制宜发展形成典型的湿地资源合理利用模式。如合理发挥湿地水生生物在食物安全中的作用，丰富国民餐桌；建设国家湿地公园，扩大人民群众共享的绿色空间，发掘和弘扬中国湿地文化。

总之，除了经济和文化功能之外，湿地能够抵御洪涝灾害、蓄滞洪水，调节径流、减弱污染、消除毒物、净化水质，是自然环境中自净能力很强的区域之一；湿地对保护环境、维护生态平衡、保护生物多样性、涵养水源、补充地下水、控制土壤侵蚀、保墒抗旱、净化空气、调节气候等起着极其重要的作用。[②]

---

① 曲淑梅.保护湿地资源，维护生态环境[J].辽宁林业科技，2000(5)：35.

② 李海梅.保护湿地资源 实现可持续发展[J].科技情报开发与经济，2006(14)：101.

2. 面对严重的湿地破坏，虽然近年来我国湿地保护取得了可喜的成绩，但不仅不能松劲，还需要进一步强化保护

在我国，与草原、森林、海洋被破坏的情况相比，对湿地保护区破坏更为严重。湿地按照其依托的不同可分为海域湿地、河口湿地、湖泊湿地以及水库、池塘湿地等。由于围海造地、河道治理、围湖造田等人为活动，我国几乎全部的河流、湖泊湿地都遭到了不同程度损害。20 世纪中后期以来，大量湿地被改造成农田，加上过度的资源开发、利用，湿地面积大幅度缩小。在 2011 年 12 月 10 日在南京召开的首届中国湖泊论坛暨第九次江苏科技论坛上，中国科学院院士陈宜瑜在主旨报告中指出，“全国湖泊第一个问题就是有的湖泊消失、萎缩了”，“近 50 年来，中国消失的湖泊多达 243 个”。鄱阳湖湿地是中国第一大淡水湖生态湿地，但现在面临干涸的危险。媒体报道，江西鄱阳湖湿地 9 个子湖中 8 个干涸。① 再如，达赉湖湿地是我国东部内陆鸟类迁徙的重要通道，但由于保护不善，险些被国际湿地公约处列入《蒙特勒记录》(即国际重要湿地受到破坏的“黑名单”)。②

近年来，国家一直十分重视湿地保护，并取得了可喜的成绩。据中国科学院东北地理与农业生态研究所发布的《中国湿地研究报告》，截至 2020 年底，全国人工净化湿地数量近 1200 个，相较于 2011 年新增约 750 个。截至 2021 年，全国已建立 64 处国际重要湿地、29 处国家重要湿地、600 多处湿地自然保护区、1600 多处湿地公园，湿地保护率达到 50%以上。从 2013 年至 2020 年，我国建设国家湿地公园 605 处(试点)，通过验收 576 处，现有的 899 处国家湿地公园有效保护了 240 万公顷湿地，湿地总面积减少的趋势已得到明显遏制，2015～2020 年，湿地总面积呈现恢复态势，5 年间净增 903 平方公里，尤其是红树林面积恢复成效明显，红树林的总面积基本恢复到 1980 年水平。

尽管我们取得了可喜成绩，但是对湿地的保护却一点也不敢松劲儿，需要久久为功，加大保护力度，如若稍有放松则会前功尽弃。

3. 国际社会赋予缔约国保护湿地的义务不断提升

为了应对湿地危机，国际社会缔结《关于特别是作为水禽栖息地的国际重要湿地公约》。为督促履行保护湿地的国际义务，该公约要求缔约国制定相应的国内立法。我国于 1992 年 1 月 3 日加入了《关于特别是作为水禽栖息地的国际重要湿地公约》。根据公约要求，我国为保护湿地成立

---

① 姜燕，孙中钦等.江西鄱阳湖湿地 9 个子湖 8 个干涸[N].新民晚报，2011-05-30(6).

② 吴兆喆.中国湿地履约工作收效显著[N].绿色时报，2012-2-10(6).

了专门机构——国家林业局湿地保护管理中心（又称中华人民共和国国际湿地公约履约办公室）。该中心致力于中国湿地事业，协调全国湿地保护有关事宜（如起草了《湿地保护条例（草案）》，并多次征求意见，这为后来专门的《湿地保护管理规定》和《中华人民共和国湿地保护法》的出台提供了基础），指导全国各地地方湿地保护工作等。

1998 年欧洲理事会于斯特拉斯堡订立的《通过刑法保护环境公约》规定，缔约国应该采取措施把“非法造成有害于自然公园、自然保留地、水保持区域或者其他受保护的自然构成的变化”确立为刑事犯罪。这个地区性公约中包含对非法破坏湿地行为的犯罪化内容，由此加大了对湿地保护的力度，强化了保护湿地的刑事国际义务。我国虽然不是缔约国，但对湿地的刑法保护则是可以参考和借鉴的。

（二）我国湿地刑法保护的立法变迁

1.《中华人民共和国湿地保护法》颁布之前，我国保护湿地法律规范散在于有关的法律法规中

长期以来，我国保护湿地的法律规范都是散在地存在于有关的行政法规和政府规章中。法律方面，如《环保法》《森林法》《水法》《土地管理法》等 15 部法律中有关保护湿地资源的法律规范。行政法规方面，如《基本农田保护条例》《陆生野生动物保护实施条例》《风景名胜区管理暂行条例》《防止船舶污染海域管理条例》《自然保护区条例》《国家湿地公园管理办法》等。政府规章层面，经国家林业局局务会议审议通过的《湿地保护管理规定》（国家林业局令第 32 号，2013 年 3 月 28 公布，自 2013 年 5 月 1 日起施行）是我国专门的湿地管理法规。由于立法技术的原因和受立法权限的限制，上述全国性法律中没有明确的实质意义上的湿地保护刑法规范，最多也只是“构成犯罪的，依照有关规定定罪处罚”这样没有实质内容的指引性规定。

2. 对湿地保护经过地方立法的先行先试，最终制定了《中华人民共和国湿地保护法》

许多地方根据上位法，因地制宜，先后出台了地方性的湿地保护条例，如《吉林省湿地保护条例》《四川省湿地保护条例》《江西省湿地保护条例》《江西省鄱阳湖湿地保护条例》《湖南省湿地保护条例》《宁夏回族自治区湿地保护条例》和《苏州市湿地保护条例》等。这些地方立法在保护湿地方面发挥了重大的作用，也为我国湿地保护立法积累了经验。

2021 年 12 月 24 日，国家立法机关通过并颁布了《中华人民共和国湿地保护法》，正式结束了我国没有专门的湿地保护法的状况，该法是我

国湿地保护领域的基础性法律。该法第62条规定："违反本法规定，构成违反治安管理行为的，由公安机关依法给予治安管理处罚；构成犯罪的，依法追究刑事责任。"明确了"破坏湿地行为"构成犯罪的，依法追究相应的刑事法律责任，在湿地领域的基本法律层面明确破坏湿地的刑事责任，有助于加大对湿地生态保护的力度。

综上，《中华人民共和国湿地保护法》的颁布和实施，有利于加强对国家湿地的保护，尤其是该法专条规定了破坏湿地的刑事责任条款，将国家对湿地的生态保护提升到了新的高度。

（三）应该在刑法典中明确确立破坏湿地罪罪名并规定刑事责任内容

1. 在刑法典中明确确立破坏湿地罪罪名并规定刑事责任内容是完善我国湿地刑法保护制度的需要

《中华人民共和国湿地保护法》第62条关于湿地刑法保护的内容，在学理上被称为"附属刑法规范"。我国刑法规范的渊源包括刑法典、单行刑法和附属刑法，前者是普通刑法，后二者都属于特别刑法。所谓附属刑法，是指存在于民商、经济、行政等非刑事法律、法规的规范性文件中的罪刑规范的总称。出于维持一个统一的刑法典的考虑，自1997年刑法修订至今，国家立法机关很少采用单行刑法的立法模式，对于附属刑法也采用抽象化的表述："……构成犯罪的，依照刑法有关规定定罪处罚"，或者"……构成犯罪的，依法追究刑事责任"。这样，如果刑法典中有相应的罪刑规范内容，则可以实现民法、行政法等与刑法的有机衔接。但问题是，附属刑法所涉及的多是新的犯罪现象，刑法的现有规定往往没有相应的内容，由此，就需要根据刑決的保障法地位和刑法的谦抑品格，发掘出"实质意义的罪刑规范"。再者，鉴于作为犯罪的法律后果之刑事制裁（其主要内容是剥夺犯罪人基本人权的刑罚，主刑包括管制、拘役、有期徒刑、无期徒刑和死刑；附加刑包括剥夺政治权利、罚金和没收财产）的最严厉的法律后果属性，现代法治文明要求"罪刑法定"（即对于什么行为是犯罪，对于犯罪应当怎么惩罚都要事先由法律明文加以规定，禁止处罚范围不明、禁止事后罚）。所以，为了将国家对湿地的刑法保护落到实处，必须在刑法典中明确确立破坏湿地罪罪名，明确该罪的刑事责任内容，以便与《中华人民共和国湿地保护法》不具有实质意义"附属刑法规范"（即第62条）相照应。

2. 破坏湿地罪的罪状设计及其相应的刑事责任

建议再增设一条，作为刑法第三百四十二条之一：

"违反国家规定，有下列破坏湿地行为之一，数额较大，或者有其他严重情节的，处……

(1) 建设项目擅自占用国家重要湿地的，或者建设项目占用重要湿地，未依照本法规定恢复、重建湿地的；

(2) 开（围）垦、填埋自然湿地的或者破坏国家重要湿地的；

(3) 排干自然湿地或者永久性截断自然湿地水源的；

(4) 在红树林湿地内挖塘的，或者在红树林湿地内投放、种植妨碍红树林生长物种的；

(5) 违反本法规定开采泥炭的，或者违反本法规定，从泥炭沼泽湿地向外排水的；

(6) 其他造成湿地破坏的。

有前款行为，同时构成其他犯罪的，依照处罚较重的规定定罪处罚。"

几点说明：(1) 关于本罪的犯罪构成。本罪的客体要件是纳入国家整体法秩序的湿地环境权。环境权利属于第三代基本人权，是人或者人的集合（组织、整个社会、国家、全人类）所享有的一组权利，其内容包括实体权利和程序权利，主要包括清洁水权利、清洁空气权利等以及水资源、植物资源、动物自然资源等的可持续利用权利、环境监督管理权利等。

本罪的客观要件，表述为"破坏湿地，数额较大或者存在严重其他情节的行为"。结合《中华人民共和国湿地保护法》第六章法律责任的规定，我们认为，有下列破坏湿地行为之一，数额较大或者有其他严重情节的，应当立案：①违反本法规定，建设项目擅自占用国家重要湿地的，或者建设项目占用重要湿地，未依照本法规定恢复、重建湿地的；②违反本法规定，开（围）垦、填埋自然湿地的或者破坏国家重要湿地的；③违反本法规定，排干自然湿地或者永久性截断自然湿地水源的；④违反本法规定，在红树林湿地内挖塘的，或者违反本法规定，在红树林湿地内投放、种植妨碍红树林生长物种的；⑤违反本法规定开采泥炭的，或者违反本法规定，从泥炭沼泽湿地向外排水的；⑥其他造成湿地破坏的。当然，关于罪与非罪的界限，也就是具体的情节和数额标准，要通过司法解释并依靠环境标准来设定，或者通过对湿地的生态情况鉴定来达成。

本罪的主体要件。本罪为一般主体，即年满 16 周岁的精神正常因而具有刑事责任能力的人和单位，均可构成。

本罪的主观要件为犯罪故意。即行为人明知自己的行为会破坏湿地，改变湿地的功能，而希望或者放任这种结果发生的心理态度。

（2）破坏湿地罪的法定刑设计。本罪法定刑与故意毁坏财物罪和破坏生产经营罪的设置持平，同时，鉴于环境犯罪的贪利性，故建议配置罚金刑：基本犯，处 3 年以下有期徒刑、拘役或者管制，并处或者单处罚金；情节严重的，处 3 年以上 7 年以下有期徒刑，并处罚金。

（3）考虑到现实中破坏湿地案件的复杂性，立法还应当同时规定："有前款行为，同时构成其他犯罪的，依照处罚较重的规定定罪处罚。"比如，违反本法规定向湿地引进或者放生外来物种的，就会同时触犯《湿地保护法》和《生物安全法》等有关法律。按照刑法理论，对于法条竞合（即同时构成其他犯罪）的，依照处罚较重的规定定罪处罚。

五、不建议增设虐待动物罪

鉴于我们生活中虐待动物的行为时有发生，该行为有严重的社会危害性，而且外国刑法典如《俄罗斯联邦刑法典》《意大利刑法典》《加拿大刑法典》规定有虐待动物罪，《英国动物保护法》《瑞士联邦动物福利法》《新西兰动物福利法》等以附属刑法规范的形式规定了虐待动物罪，故国内有学者主张增设虐待动物罪①。

上述国家为什么要增设虐待动物罪呢？最为重要的原因是这些国家有着深厚的天主教、基督教等宗教基础，"宗教万物平等""万物都有灵性"的信条为动物的法律主体地位提供伦理支撑。法律原本就是文化的产物，因此，他们国家的刑法规定虐待动物罪是合情合理的。但是，我国不仅没有相应的宗教基础，不是当然而然地承认动物的法律主体地位（本文也是坚持人类的可持续发展观，否定动物的权利主体地位），而且也没有《中华人民共和国动物福利法》这一前置法，根据前置法与刑法之间的保障与被保障之关系，故不宜设立虐待动物罪。毕竟现代刑法既不是万能的，也需要谦抑。如果现实生活中发生了虐待动物的行为，则可以交由道德来调整，用道德加以谴责。

---

① 刘立毅.对刑法中增设"虐待动物罪"的思考[D].中国政法大学硕士学位论文(2010-03-01):摘要部分.

第四节　“环境犯罪”一章“其他规定”的增设

一、涉及犯罪成立条件的其他规定

1. 关于环境危害行为的行为次数和频度的规定

“第×××条 多次实施环境违法行为，情节严重的，可构成各相应的环境犯罪。”（法律拟制）

由于犯罪是客观危害、主观恶性和行为人社会危险性三者之叠加，所以刑法规定多次行为入罪或者因多次行为而升高法定性档次。鉴于环境犯罪在现实中往往存在多次实施、反复实施的情形，因此增加多次实施环境违法行为以至于达到情节严重从而构成各相应的环境犯罪的立法规定，是十分必要的。

2. 关于单位环境犯罪的规定

“单位犯本章第×××条至第×××条规定之罪的，对单位判处罚金，并对其直接负责的主管人员和其他直接责任人员，依照本章各该条的规定处罚。”（法律拟制）

二、涉及法律责任的其他规定

1. 环境犯罪资格刑的配置规定

“犯本章之罪的，剥夺其在一定期限内从事一定的关涉到环保资源职业活动。”（对总则第 37 条之一的照应）

2. 关于犯罪复原制度和限期恢复性环境治理措施规定

犯本章之罪，适用犯罪复原制度。该制度的具体内容在“环境犯罪刑事责任”一章已有阐述。

犯罪人恢复所破坏的环境资源的，可以适当减轻或者免除一定的主刑和附加刑之处罚。

对于本章之罪可依法采用有关环境法律、法规中的民事制裁和行政制裁方法。（注意性规定）

第八章 法律责任理论的革新和环境犯罪法律责任的完善构想

第一节 犯罪的法律责任

法律责任是指由于违法行为或者不属于违法的某些法律事实的出现而使责任主体应对国家、社会或者其他人承担的否定性法律后果。法律责任与政治责任、道义责任、纪律责任等其他社会责任不同，其主要特点是：法律责任产生的逻辑前提是违法行为或者不属于违法的某些法律事实的出现；在法律上有明确具体的规定，即责任法定；由国家强制力保证其实施；由国家授权的机关依法享有专属追究的权力；法律责任的归责以过错责任为原则，以无过错责任为例外，公平责任原则是“例外”的“例外”。

法律责任最常见的分类为公法责任和私法责任，前者包括行政法律责任、刑事法律责任、诉讼责任、国家赔偿责任和违宪责任；后者即民事责任。基于研究目的，本书只研究因犯罪而产生的法律责任，不研究因不属于违法的某些法律事实的出现产生的法律责任。

一、犯罪产生的各种法律责任及其关系

一般而言，违法是指具有法定责任能力的组织或者个人，违反法律规定，不履行法定义务，侵犯他人的权利，造成危害的行为。违法责任是因法律主体违法而应该承担的责任。

违法有广义与狭义之分，广义而言，犯罪、民事违法和行政违法都是违法；狭义的违法仅指民事违法和行政违法，不包括犯罪。犯罪是最严重的违法，在法制健全的情况下，构成犯罪的，都以违反其他法律（如民法、行政法等）为前提。因为刑法对其他部门法而言居于保障法地位，保护依照其他部门法调整社会关系而形成的法律秩序。

对于法律责任的追究是给予责任主体以法律制裁。包括刑事制裁（包括刑罚与保安处分）、民事制裁和行政法律制裁（包括行政处罚和行政处分）等。

犯罪产生了哪些法律责任？一个犯罪事实同时产生一定的法律责任，可以同时包括刑事责任、行政法律责任和民事责任这三种法律责任。

（一）刑事责任是犯罪的主要法律责任

刑事责任是指行为人因其犯罪行为所应承受的、代表国家的司法机关根据刑事法律对该行为所作的否定评价和对行为人进行的谴责。[①] 这一概念有以下几个要点：其一，刑事责任的本质与内容是对犯罪行为的否定评价和对犯罪人的谴责；其二，追究刑事责任的主体是代表国家的司法机关；其三，承担刑事责任的主体是犯罪人；其四，追究刑事责任必须具有法律依据和事实根据。

关于犯罪、刑事责任和刑罚的关系，学界认识不一。通说即“罪、责、刑平行说”，将刑事责任定位为“联结犯罪与刑罚的纽带”。但是，犯罪与刑事责任具有逻辑上的对应性，而刑罚只是刑事责任的主要组成部分；刑罚与保安处分共同构成承担刑事责任的方法。

按照并合主义刑罚观，刑事责任的承担方式包括各种刑事制裁，既包括回顾性的刑事制裁，也包括前瞻性的刑事制裁，前者即各种刑罚（主刑和附加刑），后者即保安处分（包括对人的保安处分和对物保安处分）。

刑事责任的承担方式有两种，即定罪判刑方式和定罪免刑方式（前者即人民法院对犯罪人认定有罪作出有罪判决的同时宣告适用相应的刑罚，后者即人民法院对犯罪人认定有罪作出有罪判决而免除刑罚），但是，无论是定罪判刑方式还是定罪免刑，都只是解决了刑罚的配置问题，没有涉及保安处分的科处。由于刑罚只是刑事制裁的主要手段，对于犯罪者，还可以视具体情况再给犯罪人以保安处分的刑事制裁。

（二）除了刑事责任外，犯罪还可能产生民事责任或行政法律责任

一个犯罪事实，除了产生刑事责任外，还可能同时产生民事责任、行政责任。

1. 刑事责任与民事责任、行政法律责任的区别

不能认为犯罪所产生的刑事责任完全替代了犯罪实施所产生的民事责任或行政法律责任。一般而言，刑事责任不同于民事责任和行政法律责任，具有以下特点：(1) 刑事责任的最严厉性。刑事责任的这一特征最为

---

① 关于刑事责任的表述存在着刑事义务说、惩罚说、否定评价与谴责说、法律后果说等多种见解。详细内容可查阅李永升.刑法学的基本范畴研究[M].重庆：重庆大学出版社，2000：205-210.笔者采用否定评价与谴责说。

明显地表现为刑罚手段的严厉性。(2) 刑事责任具有强烈的国家性。刑法作为司法法，作为禁止性规范，其强烈的国家属性是极为明显的，表现出国家权力与犯罪人利益之间的分配和对抗。尤其是在立法确定以后，刑法的适用过程实质上就是解决“孤立的个人反对统治关系的斗争”这一矛盾。首先，刑事责任的追究是以强大的国家机器作为后盾的，以国家的名义求刑、量刑、行刑；其次，刑事责任的价值取向主要是以国家的价值取向为基础的，相较于其他部门法，刑事责任更为直接体现了国家的意志，反映在罪刑配置和刑罚裁量上就是“刑罚的正义是分配的正义”而不是“自然正义”。(3) 追究刑事责任必须有犯罪的事实根据。追究刑事责任的事实根据是行为人的犯罪事实，具体包括某一犯罪行为实施所包含的客观危害、主观恶性和人身的社会危险性三个方面的内容。(4) 专属性，即罪责自负，不允许替代，反对株连。(5) 刑事责任包含对犯罪行为的非难性和对犯罪人的谴责性两层内涵。此外，单位刑事责任还具有整体性、双重性、局限性等特点。

2. 刑事责任与民事责任、行政法律责任的联系

在一个具体案件中，犯罪产生的刑事责任与民事责任、行政法律责任之间也不是毫不相干的而是密切联系的。这种关系表现为，在具体案件中，刑事责任与民事责任、行政法律责任之间在一定程度上存在“此消彼长”的关系。

(1) 在“一定的违法事实”构成犯罪的情况下，“一定的法律责任”就可能同时包括刑事责任和民事责任、行政法律责任。这三种法律责任是犯罪事实所固有的，根源于犯罪作为一种违法事实的“物质第一性”的哲学原理。给犯罪事实配置刑事责任、民事责任和行政法律责任，不仅有内在事实根据和公正性，也是基于国家意志的需要而具有功利根据。法律责任的这种并存情况在经济犯罪场合表现最为明显。由经济犯罪自身的特质所决定的对经济犯罪的综合治理政策，也要求构建合理的民事、行政、刑事一体化的法律责任制度，在刑事责任与民事责任、行政法律责任之间寻求一种立体的交互性关系，才能使经济犯罪的法律责任结构发挥出较为理想的作用。①

追究犯罪者因犯罪事实而产生的刑事责任和民事责任，是我们在刑事

① 刘远，贾健.经济犯罪刑罚结构调整的刑事政策思考[J].山东警察学院学报，2010(4)：17.

诉讼中规定刑事附带民事诉讼制度的合理根据。[①] 追究犯罪者因犯罪事实而产生的刑事责任和行政法律责任，是在追究犯罪人刑事责任的同时，对其行政法律制裁（包括行政处罚和行政处分）。我国刑法第 37 条的规定意在提示犯罪事实产生刑事责任的同时，还产生民事法律责任和行政法律责任（为了避免重复，关于第 37 条的内容将在本章第三节展开）。其实，不仅中国刑法而且许多国家的刑法也都规定了犯罪的民事法律责任和行政法律责任，比较典型的如现行意大利刑法典在第七章和第八章专门比较全面地规定了对犯罪行为的民事制裁和行政法律制裁。

（2）在一个犯罪事实产生了"特定的法律责任"的情况下，这个"特定的法律责任"的具体内容——其中的刑事责任、行政法律责任、民事责任之间在"一定的范围内""一定程度上"存在"此消彼长"的"互相渗透"的关系。第一，如果犯罪者对被害人的赔偿充分（承担了应有的民事责任），那么其承担的刑事责任就可以得到一定的宽宥；如果犯罪者承担了较多的行政法律责任，在一定程度上也可减少其刑事责任（已交的行政罚款可以冲减对其的罚金等）。反之，如果不承担或者不去充分地承担民事责任或行政法律责任，那么，其犯罪事实所产生的刑事责任不但不会减少，而且其民事法律责任、行政法律责任还可能会凝结为刑事责任（如侵占他人财物拒不退还、多次偷税或者多次走私而没有处理等将作为入罪的考量因素或者重处的情节）。第二，刑事责任与民事责任和行政法律责任之间的"此消彼长"是有限定的。所谓"一定范围内"，是局限于法律所允许的范围和属于司法人员自由裁量的空间。如果不依托具体的案件来讨论三种法律责任的互渗或者转化，或者认为刑事责任与民事责任和行政法律责任之间不受限制地可以相互转化，那么将会模糊这三大法律责任之间的界限，显然是错误的。犯罪所产生的不同法律责任之间的此消彼长关系，正是自诉制度、酌定不起诉、恢复性司法、辩诉交易、刑事和解等制度得以存在的法理基础。所以，从立法上完善包括环境犯罪在内的所有犯罪刑事责任的配置，就不仅涉及刑罚体系、保安处分和罪刑关系的配置问题，也需要研究基于犯罪事实所产生的民事责任和行政法律责任，以及它们与刑事责任（刑罚和保安处分）配置的协调问题。

总之，犯罪事实可能产生了既有明显区别又有一定关系的刑事责任、民事责任和行政法律责任。所以，应该从整体上考虑对于犯罪事实所产生

---

① 有学者甚至认为，刑事附带民事诉讼的主次和先后定位不利于充分保护法益，主张从秩序与自由、刑罚之谦抑精神来分析，选择"先民后刑"的模式更具合理性。曾粤兴.民刑诉讼关系的辨证思考[J].甘肃政法学院学报，2008(3)：9.这种主张更强调了犯罪的民事责任之法律后果。

的各种法律责任的配置关系，而不能认为犯罪仅产生刑事责任而不再同时产生民事责任或者行政法律责任，也不要认为一旦给予犯罪人以刑罚和保安处分的制裁，就完全替代了犯罪者应该负担的民事责任或者行政法律责任，更不能认为对犯罪者施以民事制裁和行政制裁的“非刑罚处罚方法”，就是对犯罪者追究刑事责任，因为这里的民事制裁和行政制裁（即刑法第37条[①]规定的“处罚方法”）其实质仍然是追究犯罪者因违法而应承担其民事责任或行政法律责任的制裁措施。

二、犯罪可能产生的法律责任及其配置原则

一个犯罪事实能够产生多少刑事责任与民事责任、行政法律责任？或者说，应该给一个犯罪事实配置什么样的、何种程度的法律责任才是合理的呢？

（一）犯罪的法律责任以刑事责任为主

民事违法只产生民事责任，否则就不是单纯的民事违法了。行政违法主要产生行政法律责任，但同时也可能产生一定的民事责任。犯罪主要产生刑事责任，但在产生刑事责任的同时，也可能产生一定的行政法律责任或（和）民事责任。

尽管犯罪与一般违法都有社会危害性，但是二者的社会危害性不仅存在着质的区别，也存在量的区别。[②] 犯罪之所以不是一般的违法，就在于犯罪具有“犯罪性”的社会危害性（严重的社会危害性），所以犯罪的法律责任就应该主要是刑事责任。

犯罪事实也可能产生其他法律责任，如民事责任或行政法律责任。例如，一个故意伤害致人轻伤案件，行为人构成犯罪，除了负刑事责任之外，还应该承担被害人的医疗费、误工工资、营养补助费等。再如，一个严重的交通肇事案件致2死1伤，行为人构成犯罪，除了刑事责任之外，还应该吊销其驾驶证（行政处罚），负担死者的丧葬费、抚（赡）养费和伤者的医疗费、营养补助费、误工工资等。当然，对于一个违法行为，如果不用刑事制裁而只用其他法律制裁措施就可体现国家对该违法行为和违法者的否定性评价和谴责，就可以预防此类违法再次发生的话，那么该违法行为就不应该确定为犯罪，而只能属于民事违法或者行政违法的范畴。

---

① 刑法第37条规定：“对于犯罪情节轻微不需要判处刑罚的，可以免予刑事处罚，但是可以根据案件的不同情况，予以训诫或者责令具结悔过、赔礼道歉、赔偿损失，或者由主管部门予以行政处罚或者行政处分。”

② 朱建华.论犯罪的社会危害性的内在属性[J].法学研究，1987(1).

（二）法律责任配置所遵守的原则

责任法定原则、责任自负原则、谦抑原则、程序保障原则、禁止重复评价原则[①]和不得遗漏评价原则、违法事实与法律责任的均衡配置原则等都是必须遵守的。所谓“责任法定原则”，即确定和追究法律责任都必须遵循社会主义法治原则，而不能法外擅为；所谓“责任自负原则”，是指法律责任的承担者只能是违法者本人，不得株连其家属或其他无辜者；所谓“责任配置谦抑原则”，就是法律责任的确定和追究，必须基于公正原则和必需的原则做到公正与效率的兼顾，只有在不追究法律责任不足以保护法益、维护国家法律秩序的情况下才得以允许，禁止立法者和司法者基于功利性需要突破公正限度来设定和追究法律责任；所谓“程序保障原则”，是指设定和追究法律责任必须严格遵守一定的法律程序，以看得见的方式来实现实体法的公平和正义。

对于上述原则，学者们已有诸多论述，恕不详细展开。笔者在此对违法事实的法律责任配置中的禁止重复评价原则和不得遗漏评价原则、违法事实与法律责任的均衡配置原则加以展开。

1. 禁止重复评价原则和不得遗漏评价原则

重复评价和遗漏评价是法律评价的两种错误做法。对违法事实的责任配置，坚持禁止重复评价原则和不得遗漏评价原则，意在适当、全面、充分地评价一个违法事实的法律责任，做到既不重复也不遗漏。如果对违法事实中的某些部分进行了重复评价，那么就会使行为人承担的法律责任过重、过多，其结果就会增加违法者的责任负担，这对违法者而言是不公平的。反之，如果只对违法事实的一部分进行评价而遗漏了其他部分，则是不全面的、不充分的，其结果是放纵违法犯罪者，同样也是不公正的，最终也会背离立法的目的。只有既不重复评价也不遗漏，全面、充分地评价违法事实的法律责任，才能合理地确定和实现法律责任设置的目的，不枉不纵，责任适当，罪有应得，罚当其罪。

坚持禁止重复评价原则，就可以避免重复处罚，做到“一事不二罚”。这一点在处理犯罪的刑事责任和行政法律责任之竞合问题时，尤为紧要。因为刑事责任与民事责任的区分比较明显，而刑事责任和行政法律责任都属于公法上的责任，其责任的性质和制裁的方法具有一定程度的类似性，如拘役与行政拘留、罚金与罚款等责任方式具有很大的近似性。所以，为了避免重复处罚，就需要恰当处理刑事责任和行政法律责任二者的竞合关

① “禁止重复评价原则”与“一事不二罚原则”密切相关，只是从称谓看，“一事不二罚原则”与司法、执法环节更加密切，故本文从立法角度，选取“禁止重复评价原则”的称谓。

系。如对于同一案件犯罪人案件处理初期的行政处罚（如行政拘留、罚款）可以在刑事判决作出时予以折抵（拘役、罚金）。坚持禁止重复评价原则，就可以妥善处理刑事责任和行政法律责任的竞合问题，使之形成合理的衔接和顺承关系。总之，该原则要求对犯罪配置法律责任追究方法时要正确处理刑事制裁、民事制裁和行政制裁的竞合关系，并注意使其承接和互补，全面落实犯罪的各种法律责任。

2. 违法事实与法律责任的均衡配置原则

从逻辑上看，禁止重复评价和不得遗漏评价是设置和实现违法事实与法律责任合理配置的前提和基础。在坚持该原则之后，还需要进一步坚持违法事实与法律责任的均衡配置原则。一个违法事实究竟配置什么样和多大程度的法律责任，要遵守违法事实与法律责任的均衡配置原则。

以犯罪为例，决定犯罪的社会危害性的因素有客观危害、主观恶性和人身危险性三方面的内容。① 给犯罪配置刑事责任就是要对犯罪的这三个方面进行回应。以报应为基础，兼采功利的并合主义刑罚观，为包括我国刑法在内的现代刑法所奉行。

（1）基于报应刑观，刑罚是对犯罪行为客观危害和主观恶性的“回馈”。首先，“罪有应得”体现着古朴的报应观念。“报应”一词自其产生至今，因天然地蕴含着“公正”和“公平”，故一直都是违法犯罪行为配置法律责任的基准。而道义报应又构成了报应基底。合理的刑事责任应当以道义责任理论为出发点；即使追求与社会责任的调和，也应当以道义责任为基础。其次，必须重视行为人主观上的可谴责性，行为人的主观恶性是道义谴责的合理性根据之一，如果行为人不具有对法律责任的咎责能力（如精神病人或者幼儿），则刑罚的威慑力就难以发挥作用。一个人只有在主观上具有可以归责的地方（即具有刑事责任能力和主观过错），才能追究刑事责任，而且故意犯罪与过失犯罪的可谴责性有着很大的差别。

（2）基于功利主义刑罚观，首先，犯罪行为背后隐藏着行为人不同的人身危险性格②，也是决定犯罪与否和刑事责任轻重的因素。如有的是初犯，有的是累犯或者再犯；有的期待可能性高，有的期待可能性低；有的罪犯在犯罪之后自首或者坦白，认罪认罚，有的却顽抗抵赖，不肯悔改。这些体现犯罪人人身危险性的情节是影响罪或者非罪、刑事责任轻重的重

① 朱建华.论犯罪的社会危害性的内在属性[J].法学研究，1987(1).

② 严格意义上，行为人所具有的“社会危险性”“社会危险性格”“社会危险人格”是有差别的，但是它们又是具有联系的：危险性是一个点，危险性格是危险性的集合，危险人格又是危险性格的反复实践、反复定型的结果。

要因素之一。其次，立法者预防犯罪的需要也是影响刑责配置和追究的因素。立法者并非盲目地设置和追究法律责任，其目的是把社会控制在立法者的价值取向之轨道上。因此，刑事责任的配置和追究就会受到立法者主观意志的价值评判，这是刑事责任的“功利”一面。由于“功利”标准颇受立法主体偏爱的影响，故不能成为法律责任的基本标准，否则就会把法律责任拉向无限“重”的深渊。所以，近代以来，刑事责任的配置采用了以报应主义刑罚观为基础兼采功利刑罚观的并合主义，恰当地处理了报应与功利在刑事责任配置中的关系。这当然既是近代以来民主人权遭受践踏的经验教训之结果，也是当代民主法治发展、人权保障和社会进步的要求和产物。最后，应该进一步明确的是，道义报应只生刑罚，排斥保安处分，而功利主义刑罚观则是科处保安处分的全部哲学基础。

实际上，不仅犯罪的刑事责任之配置，而且任何违法行为的法律责任之配置，犯罪的民事责任、行政法律责任之配置，都应该遵循以报应主义为基础兼采功利的“违法事实与法律责任的均衡配置”原则，差别只因部门法的属性的不同而有所不同。比如，民事上有惩罚性赔偿，就带有预防和警戒再次违法的性质；行政处罚的立法设置和具体案件的适用，也是对违法行为之报应和功利折中的产物，其与刑事责任的差别只是在不同的部门法视域下所出的报应和功利价值判断。

总之，“一定的违法事实”应该有“一定的法律责任”与之对应。这里的“一定的违法事实”可以是民事违法、行政违法或者刑事违法；“一定的法律责任”可以是民事责任、行政法律责任或者刑事责任。这三种法律责任存在着质的差异故不能相互替代，但同时又存在“此消彼长”的“互相渗透”的关系。在“一定的违法事实”是犯罪的情况下，基于以报应主义为基础兼采功利的现代刑事责任观，“违法事实与法律责任的均衡配置”原则就可能有一定的刑事责任、一定的民事责任或一定的行政法律责任与之相对应。

第二节　环境犯罪之刑事制裁的完善

针对第二章所分析的环境犯罪刑事责任配置的不足，本部分讨论环境犯罪刑事责任配置的完善建议。

一、应改变环境犯罪的刑罚配置轻于其他相关犯罪的总体现状

与其他密切关联犯罪相比较，现行刑法关于环境犯罪的刑罚配置明

显较轻。这种立法状况应当改变。罪刑比例的确定要贯彻罪责刑相适应的刑法原则。罪责刑的适应涉及到责、刑与罪的客观方面、主观方面，以及行为人社会危险性的相适应，而一定时期国家立法机关对责、刑与罪的适应性往往形成一定的比例观念，体现在现行立法中。

为了洞悉当代我国立法机关的罪与责、刑的比例观念，特比较分析下列刑法条文的罪刑配置：(1) 故意以危险方法危害公共安全罪和过失危害公共安全罪；(2) 故意杀人罪和过失致人死亡罪；故意伤害罪和过失致人重伤罪；(3) 盗窃罪、故意毁坏公私财物罪和破坏生产经营罪；(4) 非法持有、私藏枪支、弹药罪；非法持有毒品罪等。

笔者之所以选择上述条文分析，探析当代我国立法机关“罪与责、刑比例”观念，以把握环境犯罪的法定刑上限、下限，并企图从犯罪的相似性上，“类比”环境犯罪的罪责刑阶梯，原因为四：(1) 随着人们生活水平的提高，环境安全价值的重要性逐步接近公共安全。(2) 生命权、健康权是第一代基本人权，被立法者评价为最高层次的法律价值；环境权是新兴的第三代基本人权，日益重要，因而具有可比性。(3) 财产价值是环境资源的重要价值之一，过去我国刑法也长期在环境犯罪立法中突出环境资源的经济价值。所以，盗伐林木罪、滥伐林木罪、非法采矿罪等犯罪与盗窃罪和毁坏财物罪、破坏生产经营罪在社会危害性方面有可比性。(4) 非法持有枪支弹药和非法持有毒品罪是典型的危害行政管制之罪，我国现行刑法关于环境犯罪的立法定位于“妨害社会管理秩序罪”范畴，因而具有可比性。考察上述犯罪就能通过法定刑“攀比”来恰当获得环境犯罪的法定刑上限和下限，从而有助于为具体的环境犯罪合理配置恰当的刑事责任。

具体的比对可参阅本书的第二章第三节“对我国环境犯罪立法的评价”。比较分析的结果就是存在环境犯罪法定刑配置总体偏轻[①]、具体环境犯罪法定刑配置缺乏纵、横协调性等问题。

---

① 这是环境犯罪在我国的刑法体系中相对于其他类型的犯罪而言的。如果拿我国的环境犯罪的法定刑与德国刑法、日本刑法或者俄罗斯刑法相比，则不然。据笔者统计，《俄罗斯联邦刑法典》的生态犯罪最高法定刑为有期徒刑 8 年。德国的环境犯罪最高法定刑为 5 年自由刑。日本刑法典由于规定了危害生命健康权的结果加重犯，因此个别环境犯罪在出现致人死亡时的最高法定刑为死刑；而《公害犯罪法》规定的法定最高刑为 7 年徒刑或者监禁。外国立法中，环境犯罪的法定刑配置普遍不高，这源于它们的轻刑格局；而我国的环境犯罪法定刑配置绝对数较外国高，但在基于我国的重刑体系，显得偏低了。因此应该提高，以起到立法威慑作用。刑法的颁布是向犯罪提供了一张犯罪的“价目表”。不过，美国《固体废物法》对违反该法而使他人处于受伤害或死亡危险看的故意犯，可判处 15 年监禁或者 25 万美元的罚金，或者两者并处。

随着社会的进步、科技的发展和我国经济的转型和升级，我国经济走内涵式、创新驱动的高质量发展模式，环境犯罪的社会危害性逐步为人们所认识，尤其是重大的环境污染事件造成的直接和间接损失是难以估量的。基于我国的宽严相济刑事政策和严格的环境保护政策，现行刑法关于环境犯罪刑罚配置不适当地轻于其他密切关联犯罪的现状，必须改变。

二、刑种配置的完善

（一）主刑的完善

1. 关于死刑

死刑是剥夺犯罪人生命的刑罚方法，包括立即执行与缓期二年执行两种情况。

在我国，死刑将逐步削减而被限定在“致命性暴力犯罪”直至最后全面彻底地废止死刑[①]，这已成为学界同仁的共识。《刑法修正案（八）》除了大面积废除非暴力性犯罪的死刑外，还对死缓制度作了较大的修改完善。这都有利于我国刑法对死刑的削减，有利于我国死刑制度的规范化和合理化发展。

从广义的环境犯罪来看，97 刑法仅仅给走私珍贵动物、珍贵动物制品罪配置了死刑，但这一死刑已经被 2011 年 2 月 25 日通过的《刑法修正案（八）》废除。所以，现行刑法没有对环境犯罪配置死刑。这是正确的。今后，我国的环境犯罪立法修改也不应该再为环境犯罪配置死刑。

2. 关于无期徒刑

无期徒刑是剥夺犯罪人终身自由，实行强制劳动改造的刑罚方法。无期徒刑虽是十分严厉的刑罚方法，但对代替死刑的适用起到了积极作用。作为死刑的替代，可以给犯了重罪的人提供改恶从善的机会。

我国 97 刑法关于无期徒刑的规定过于简单，没有将无期徒刑划分为可以减刑、假释，经过多少年才可以减刑、假释，以及不可以减刑、假释这三类不同的无期徒刑情况。粗疏的立法不利于区别对待，难以实现对犯罪人的公正量刑和恰当行刑。其实践结果不利于犯罪人的矫正和重新复归社会。这种立法状况在一定程度上也被《刑法修正案（八）》

---

① 赵秉志.关于分阶段逐步废止中国死刑的构想[J].郑州大学学报(哲学社会科学版),2005(5):105-107.

改变，《刑法修正案（八）》对刑法第81条[①]的修改主要有三处：其一，提高了被判处无期徒刑的犯罪分子的实际服刑期限，“被判处无期徒刑的犯罪分子，实际执行13年以上”，原条文为“10年以上”；其二，增设了“不得假释”的情形，即累犯以及因故意杀人、强奸、抢劫、绑架、放火、爆炸、投放危险物质或者有组织的暴力性犯罪被判处10年以上有期徒刑或者无期徒刑的犯罪分子不得假释；其三，增加第三款“对犯罪分子决定假释时，应当考虑其假释后对所居住社区的影响”。

就环境犯罪而言，现行刑法虽然对走私珍贵动物、珍贵动物制品罪等犯罪配置了无期徒刑，但是，如果把环境犯罪与其他密切关联的犯罪进行“攀比”，就会发现对环境犯罪的法定刑配置显得较轻。所以，今后对环境犯罪的立法可以考虑对环境犯罪中的重罪扩大无期徒刑的适用。[②] 毕竟判处无期徒刑也不一定是老死在监狱里，可以通过减刑制度、假释制度而提前刑满释放。

3. 关于有期徒刑

有期徒刑是剥夺犯罪人一定期限的自由，实行强迫劳动改造的刑罚方法。在所有的刑罚方法中，有期徒刑的适用最为广泛。现行刑法所规定的16种狭义环境犯罪之最高刑均为有期徒刑，有期徒刑在破坏环境资源保护罪中的适用率达到了100%。

依据1997年修订的刑法，有期徒刑的期限通常为6个月以上15年以下；在死缓减为有期徒刑时为15年以上20年以下；在数罪并罚时不得超过20年。为了缩小有期徒刑与无期徒刑的差距，使二者的衔接合理化，《刑法修正案（八）》对于数罪并罚制度的修改涉及有期徒刑：判决宣告以前一人犯数罪的，所判数罪有期徒刑总和刑期不满35年的，最高不能超过20年；总和刑期在35年以上的，最高不能超过25年。这一修改在一定程度上缩小了有期徒刑与无期徒刑之间的年限差距。

---

① 修改之后的刑法第81条规定：“被判处有期徒刑的犯罪分子，执行原判刑期二分之一以上，被判处无期徒刑的犯罪分子，实际执行十三年以上，如果认真遵守监规，接受教育改造，确有悔改表现，没有再犯罪的危险的，可以假释。如果有特殊情况，经最高人民法院核准，可以不受上述执行刑期的限制。对累犯以及因故意杀人、强奸、抢劫、绑架、放火、爆炸、投放危险物质或者有组织的暴力性犯罪被判处十年以上有期徒刑、无期徒刑的犯罪分子，不得假释。对犯罪分子决定假释时，应当考虑其假释后对所居住社区的影响。”

② 本书主张为个别的环境犯罪增加配置无期徒刑作为最高法定刑，这是罪与罪之间横向攀比得出的结论，并不意味着作者是一个重刑主义者。相反，笔者赞同“严而不厉”的刑法品格。所以，将来随着我国逐步建成社会主义现代化强国和人权保障事业的进步，将来再次全面修订刑法时，我国刑法应当跳出重刑主义的窠臼，薄罪轻刑，轻装前进。

但我们认为，随着我国人民生活质量提高和医疗条件改善，人们的平均寿命有了很大提高，今后立法应该继续提高有期徒刑的上限，可设想为：有期徒刑的上限为 20 年；在数罪并罚时，有期徒刑总和刑期不满 35 年的，最高不能超过 25 年；总和刑期在 35 年以上的，最高不能超过 30 年。

根据现行立法，目前已有的环境犯罪之法定刑为有期徒刑的，其配置过低，建议其最高法定刑可以适当提高，如非法狩猎罪和非法捕捞水产品罪的法定最高刑均为 3 年有期徒刑，非法采矿罪、破坏性采矿罪的法定最高刑均偏低，将来的修改建议分别增设法定刑档次，提高其最高法定上限。

4. 关于拘役

拘役是短期剥夺犯罪人自由，由公安机关就近实行劳动改造的刑罚方法。根据刑法第 42 条与第 44 条的规定，拘役的期限为 1 个月以上 6 个月以下，数罪并罚时不得超过 1 年，故拘役属于短期自由刑。

现行刑法对 16 种狭义的环境犯罪都规定了拘役刑，适用率 100%。但是，拘役作为短期自由刑，其弊端是：在短期内难以使犯罪人得到教育、改善；由于期限短而没有威慑力；受刑人大多是初犯，却容易受其他罪犯感染，沾染恶习，使其人身危险性增强；过多地占用行刑设施，给行刑实务造成过大负担；等等。因此，在整个世界范围内都有废除短期自由刑的呼声，我国也有不少人主张废除拘役。不过，我们认为，对于拘役，应当注重采取有效措施防止行刑期间的恶习交叉感染，推进执行方式的社会化、增设自由刑与罚金刑易科制度等不失为好的方法。其中的自由刑与罚金刑易科制度，在后文“刑罚制度的革新”部分作详细阐述。

5. 关于管制

管制可谓我国特有的一种轻刑，是对罪犯不予关押，但限制其一定自由，由公安机关执行和群众监督改造的刑罚方法。根据刑法第 38 条、第 40 条与第 41 条规定，管制的期限为 3 个月以上 2 年以下，数罪并罚时不超过 3 年。

16 种犯罪中 7 种犯罪配置了管制刑，管制的适用率为 43. 8%。由于刑法对管制的规定不细致，加上在市场经济发展过程中，我国的社会结构正在经历着传统社会的结构逐步解体和新的社会结构的逐步形成，这导致了管制刑难以严格执行，其执行容易流于形式。为了强化管制刑的执行，

《刑法修正案（八）》细化了管制刑的执行①，其要点有三：其一，对于被判处管制犯罪分子的活动范围进行了限制；其二，对判处管制的犯罪分子要依法实行社区矫正；其三，增加对于违反有关行为禁止令的犯罪分子的处罚规定。

今后，对于环境犯罪可以把管制与犯罪复原制度结合起来，进一步扩大管制的实际适用概率。其中的犯罪复原制度，在后文“刑罚制度的革新”部分作详细阐述。

总括起来，针对现行立法对环境犯罪的主刑设置之不足，关于主刑方面的完善建议如下：（1）提高个别环境犯罪的法定最高刑。现行刑法关于环境犯罪的法定刑最高为有期徒刑，与其他类型的犯罪相比，显得稍低了点。在其他犯罪的法定刑设置普遍较重的情况下，如果只把环境犯罪的法定刑设置偏轻，则会给人一种错觉：环境犯罪的社会危害性不大。为了扭转这一现象，可以将一些环境犯罪适度提高最高法定刑。（2）增加法定刑档次。现行立法关于环境犯罪的法定刑两个档次的较多，有的甚至是一个档次。故建议把一些罪的法定刑设为三个档次，把仅有一个法定刑档次的一些犯罪，增设为两个档次。（3）在罪刑配置时，除了做到环境犯罪与其他类型犯罪协调外，还要追求各个环境犯罪之间的法定刑梯次的合理搭配和不同的环境犯罪之间刑事责任的轻重协调。例如，假若把非法采矿罪的法定刑提高至无有期徒刑，就同时要把该罪的法定刑档次设为三档，并注意档次之间的合理性。又如，由于盗伐林木罪侵害了环境权，也侵害了林木所有权，其法定最高刑就不应低于普通的盗窃罪，故其法定刑可仿照盗窃罪而设置。再如，在增设“故意污染环境罪”之后，其法定刑的配置要与刑法第 339 条规定②的两个罪名（即非法处置进口的固体废物罪、擅自进口固体废物罪）的法定刑协调起来。复如，现行刑法第 151 条第二款为

① 修改后的第 38 条规定：“管制的期限，为三个月以上二年以下。判处管制，可以根据犯罪情况，同时禁止犯罪分子在执行期间从事特定活动，进入特定区域、场所，接触特定的人。对判处管制的犯罪分子，依法实行社区矫正。违反第二款规定的禁止令的，由公安机关依照《中华人民共和国治安管理处罚法》的规定处罚。”

② 刑法第 339 条规定：“违反国家规定，将境外的固体废物进境倾倒、堆放、处置的，处五年以下有期徒刑或者拘役，并处罚金；造成重大环境污染事故，致使公私财产遭受重大损失或者严重危害人体健康的，处五年以上十年以下有期徒刑，并处罚金；后果特别严重的，处十年以上有期徒刑，并处罚金。未经国务院有关主管部门许可，擅自进口固体废物用作原料，造成重大环境污染事故，致使公私财产遭受重大损失或者严重危害人体健康的，处五年以下有期徒刑或者拘役，并处罚金；后果特别严重的，处五年以上十年以下有期徒刑，并处罚金。以原料利用为名，进口不能用作原料的固体废物、液态废物和气态废物的，依照本法第一百五十二条第二款、第三款的规定定罪处罚。”

走私珍贵动物、珍贵动物制品罪配置了无期徒刑，而危害野生动物罪的最高法定刑为10年以上有期徒刑。根据现行立法，非法猎捕、杀害珍贵、濒危野生动物罪与走私珍贵动物、珍贵动物制品罪的法定刑设置相比，前者显然偏轻。这是不合理的，今后应该注意这两个犯罪法定刑配置的协调。

(二) 附加刑的完善

1. 关于罚金

罚金是人民法院判处犯罪分子向国家缴纳一定数额金钱的刑罚方法，因而属于财产刑的一种。刑法分则对16种狭义的环境犯罪都规定了罚金刑的适用，差别只在于有的犯罪对罚金独立适用，有的附加适用。罚金之于环境犯罪的贪利性特点，具有很强的针对性。

在1997年全面修订刑法时，有很多学者主张把罚金上升为主刑，以形成包括罚金、管制、拘役、有期徒刑、无期徒刑和死刑的主刑体系。[①] 但是，这一主张并没有被立法者采纳。这是因为，在我国，主刑不能附加适用，如果将罚金上升为主刑，由于主刑不能附加适用，其势必缩小罚金刑的适用场合。重视罚金的适用是理所当然的，但是否重视罚金的立法与适用，并不完全取决于罚金是主刑还是附加刑。不能错误地认为，所有的附加刑都是立法者不予重视的刑罚方法。也不能简单地认为，凡是附加刑，司法机关就不重视适用；凡是主刑，司法机关就重视适用。我国刑法不把罚金规定为主刑，把罚金规定为附加刑，可以独立适用，也可附加适用，其结果有助于扩大罚金刑的适用范围。

当然，如果一定要主张把罚金上升为主刑，那么，或许一个好的方案是：把罚金上升为主刑，同时改变“所有的主刑都不能附加适用”的理念，即在刑法第33条增加一款作为第2款，规定“罚金刑也可附加适用”。

有不少学者主张应当对罚金规定比例或者限额，以克服因现行立法中的罚金刑没有具体数额或者幅度的限制而实务上操作性不强的现状。不过，尽管目前刑法所规定的无限额罚金的确不利于司法，但近来出台的《刑法修正案（七）》和《刑法修正案（八）》扩大了无限额罚金的立法例。对此的解释是：无限额罚金刑再次被立法采用并非立法技术的倒退，而是立法者为了保持刑法的稳定性，故把罚金的具体比例或者限度的确定交给司法解释来解决。

---

① 刘洋，陈凯.从经济视角探析我国罚金制度的完善[J].河南公安高等专科学校学报，2007(2):90.

有学者主张引入“日额罚金制”。[①] 日额罚金制将罚金制分为二个阶段：一是确定对犯罪人的罚金总额；二是根据犯罪和犯罪人的具体情况，如经济、智力、技能等进行综合评价，确定应科日数和每日应科数额。这一制度把一次性执行分化为多次的渐进性执行，有助于避免犯罪者由于一时的经济困难所导致的罚金执行搁浅，而且在渐进的执行过程中也能增加犯罪者对刑罚的痛苦感受，有利于强化其“违法则受罚”的报应观念，从而增强其守法意识。但是，日额罚金制度的主要障碍在于其执行成本较为昂贵，若规定日额罚金制，则在司法和执法上将需要很大成本。

2. 关于自然人的资格刑

（1）剥夺政治权利[②]，即剥夺犯罪人参加管理国家和政治活动的权利的刑罚方法，而不能剥夺其他权利或资格。不仅如此，而且一旦剥夺政治权利，就要同时剥夺“四项权利”而不能只剥夺其中的一项。所以，就剥夺政治权利而言，现行立法规定存在制度过剩的问题。

对于剥夺政治权利的改革设想：不要把四项权利一律都剥夺。法律应该允许根据具体案情视其必要而有选择地剥夺四项政治权利中的一种、几种或者全部，以区别对待。

在《刑法修正案（九）》之前，我国资格刑的设置极其单一（只有一种“剥夺政治权利”），没有诸如外国刑法所规定的“剥夺亲权或者监护权”“禁止从事一定的职业（如禁止驾驶、禁止从事金融业或者房地产业等）”的资格刑。《德国刑法典》规定的资格刑包括禁止驾驶、担任公职资格与选举权和被选举权的丧失，《瑞士联邦刑法典》规定的资格刑包括不得担任公职、剥夺教养权和监护权、禁止执业或禁止经商、禁止进酒店等。随着社会发展与文明进步，公民权利内容越来越丰富，公民对各项权利也越来越重视，国家法律在加大对公民权利保护力度的同时，对于犯罪者剥夺罪犯的相应权利，无疑能够产生较好的预防犯罪效果。因此，我国可以将禁止驾驶、剥夺亲权或者监护权、禁止从事特定经营活动、禁止进入特定处所、剥夺从事一定的职业资格等纳入资格刑范围，并规定扩大资格刑适用范围。

（2）剥夺职业资格。2015 年通过的《刑法修正案（九）》增设了刑法第 37 条之一，即“因利用职业便利实施犯罪，或者实施违背职业要求

---

① 吴献萍著.环境犯罪与环境刑法[M].北京：知识产权出版社，2010：78.

② 刑法第 54 条规定：“剥夺政治权利是剥夺下列权利：(一)选举权和被选举权；(二)言论、出版、集会、结社、游行、示威自由的权利；(三)担任国家机关职务的权利；(四)担任国有公司、企业、事业单位和人民团体领导职务的权利。”

的特定义务的犯罪被判处刑罚的，人民法院可以根据犯罪情况和预防再犯罪的需要，禁止其自刑罚执行完毕之日或者假释之日起从事相关职业，期限为三年至五年。被禁止从事相关职业的人违反人民法院依照前款规定作出的决定的，由公安机关依法给予处罚；情节严重的，依照本法第三百一十三条的规定定罪处罚。其他法律、行政法规对其从事相关职业另有禁止或者限制性规定的，从其规定。”此条被概括为“从业禁止”。

关于“从业禁止”的性质，由于刑法没有明确规定，所以，学界多数学者认为是保安处分，一部分人认为是资格刑（附加刑的一种）。但是，在笔者看来，职业禁止更应该是附加刑（资格刑）。

主张从业禁止是一种保安处分措施（或者具有保安处分性质的制裁措施）的观点，主要依据是：第一，第 37 条之一的体系性地位（没有规定在附加刑部分而是列于非刑罚处罚之后作为第 37 之一）；第二，科处的依据（预防犯罪的需要）。但是，上述观点或许是立足于主观解释（探讨立法原意）所得的结论。

笔者建议把职业禁止理解为附加刑，将更具有合理性。因为，首先，法院在具体案件中科处从业禁止，其前提条件是行为人“利用职业便利实施犯罪，或者实施违背职业要求的特定义务的犯罪”。刑由罪生，犯罪产生刑罚是现代刑法适用的基本规律。其次，科处职业禁止的实质依据是“犯罪情况和预防再犯罪的需要”。其中，犯罪情况是第一位的，预防犯罪的需要是第二位的，这符合报应为主兼采功利的刑罚观的要求。相反，保安处分论者只看到了科处依据的第二位因素，漠视了第一位依据，故其结论难以保证不是偏颇的。再次，刑法规定，附加刑既可以独立使用，也可以附加适用，从业禁止就是附加于刑罚而适用的，故具有附加刑的属性。复次，按照自己的职业技能特点和市场盈利情况而选择自己的职业进行劳动以获取报酬，这种职业兴趣与爱好相结合的择业劳动是一项十分重要的基本权利，“从业禁止”是一种剥夺公民基本权利——劳动权的惩罚性手段，根据刑罚就是给犯罪人以痛苦的本质，从业禁止属于刑罚范畴。又次，司法人员在审判时科处从业禁止“3 年到 5 年”并在主刑执行完毕后再执行。如果将从业者禁止理解为保安处分，那么审判时决定给予保安处分，待若干年（月）之后再执行这一保安处分决定无疑是“刻舟求剑”，至少需要从新评估行为人的人身危险性并对原来的决定适当调整。资格刑论者则不会存在这样的疑问。最后，将其定位为资格刑，较之定性为保安处分，更能发挥从业禁止的科处功能，发挥更大的制度效用。因为我国的刑法的附加刑有剥夺政治权利、罚金和没收财产，恰恰缺乏经济资格方面的附加刑，所以从业禁止这一资格刑将弥补我国刑法的附加刑体系的缺漏。

狭义的环境犯罪分则规范没有配置资格刑。但是，根据刑法第 101 条规定，总则规定适用于分则规范，那么，在具体的环境犯罪定罪判刑时，应当依法给环境犯罪判处从业禁止的资格刑，以作为追究环境犯罪的刑事责任之一方式，这符合预防为主的环境刑事政策和环保政策，对追求经济利益的犯罪人而言是行之有效的打击方法，从而可以最大限度地预防犯罪人再犯罪。

(3) 关于单位犯罪的的资格刑。我国现行刑法的刑事责任配置基本沿用了 79 刑法的规定，而 79 刑法制定时是自然人犯罪主体一元结构，没有确立单位犯罪主体地位。因此，现行刑法关于单位犯罪的刑种配置很不完整，资格刑空白，这种立法现状导致了单位犯罪的刑罚处罚甚至没有行政违法时的处罚重——行政违法的，对单位可以吊销许可证或者营业执照，限期整顿；而对犯罪的单位，却没有相应的限制其经营活动或者剥夺其营业资格的刑罚手段。有鉴于此，建议刑法增加对单位犯罪的主体的资格刑：决定刑事破产或者吊销营业执照、许可证，一定期限的停业整顿、一定期限的从业禁止等。

3. 关于没收财产刑

没收财产是将犯罪人所有财产的一部分或者全部强制无偿地收归国有的刑罚方法。

没收财产与作为保安处分的刑事没收不同。刑法第 64 条规定，应当追缴犯罪分子违法所得的一切财物，或者责令其退赔；应当及时返还被害人的合法财产；应当予以没收违禁品和供犯罪所用的本人财物。不得以追缴犯罪所得、没收违禁品与供犯罪所用的本人财物等保安处分来代替或折抵没收财产刑。

在我国，没收财产刑属于附加刑中的重刑，多在配置了死刑或者无期徒刑的同时附加适用没收财产。现行刑法无论是在狭义的环境犯罪中，还是在其他章节的环境犯罪中，除了危害珍贵、濒危野生动物罪规定了没收财产的刑罚方法外，其余的环境犯罪都没有规定附加没收财产。

近年来，国内许多学者呼吁废除没收财产刑。① 但仔细研究之后，笔

① 关于没收财产废除论，刑法修改之后发表的文章主要有：熊向东、王思鲁.再论没收财产刑的废止[J].河南省政法管理干部学院学报，1998(1)：57-59；曲新久.没收财产，一种应当废除的刑罚[N].检察日报，2000.3.16(5)；李洁.论一般没收财产刑应予废止[J].法制与社会发展，2002(3)：97-103；王飞跃.我国财产刑与刑法基本原则的背离及其完善[J].华东政法学院学报，2003(5)：50-59；万志鹏.没收财产刑废止论——从历史考察到现实分析[J].安徽大学学报(哲学社会科学版)，2008(5)：67-73；曾粤兴，于涛.刑罚的伦理分析[J].法治研究，2011(8)：9.

者发现，没收财产刑既有抑制罪犯贪利性的功用（此功能下的没收财产刑可与罚金互换），也有从根本上对罪犯的经济基础加以摧毁、彻底否定的威慑功能（此功能下的没收财产刑不能由罚金刑来替代）。所以，没收财产刑有其独立的价值，其功能并不能像有的学者所说的那样，“可以完全被罚金刑所涵盖”。因此，我们不应该轻言废除它。

对于没收财产刑的修改，应该适当收缩没收财产刑的适用对象和适用范围，适当改变没收财产刑立法设置的粗疏，以增强可操作性，增强科处没收财产刑的灵活性，这将是未来没收财产刑改革的重点。具体设想如下。

（1）在总则中完善。首先，规定禁止没收的财产范围，一方面，明确指出哪些财产不可没收；另一方面，规定在非“死刑和无期徒刑”的场合，禁止设置和适用没收全部财产，只能没收犯罪分子的部分财产。至于在部分没收时具体的没收对象，法律是无法事先明确列举的，只能由司法人员衡平全案之后，自由斟酌。其次，尽管附加刑既可独立适用，也可以附加适用，但在现行刑法的立法来看，“没收财产刑”却是只能附加适用。这种立法现状需要改变，因为无论是将没收财产刑用于抑制罪犯的贪利性，还是用于对罪犯的经济基础彻底摧毁、彻底否定的威慑功能，没收财产刑都能够也应该单独地承担起刑罚的使命。故建议将没收财产“既可单独适用，也可附加适用”切切实实地规定在立法中。

（2）在分则中完善。第一，鉴于没收财产刑是附加刑中的重刑，因此建议，没收财产刑只能适用于严重的犯罪，包括全部的危害国家安全的犯罪和其他严重的普通犯罪。第二，对于全部的危害国家安全罪、黑社会性质的犯罪、恐怖活动犯罪的“可以并处没收财产刑的”立法规定，予以保留，以发挥其对罪犯彻底否定的威慑功能；对于其他严重的贪利性犯罪，如走私犯罪、毒品犯罪、环境犯罪等，仅在应当判处 10 年以上有期徒刑、无期徒刑或死刑时才配置，对法定刑为 10 年以下有期徒刑的一般贪利性犯罪不宜配置没收财产刑。第三，对于普通犯罪中的非贪利性犯罪，现行立法设置死刑或者无期徒刑并且附加罚金刑的，可以修改规定为“可以附加罚金刑或者没收财产”，以便司法环节便宜从事。第四，关于没收财产刑的设置，一般不设单处，以“得处”为原则，尽量不规定“强制处”。只是对主刑为无期徒刑或死刑的，才能规定强制并科没收财产刑。

经过上述完善，在今后立法者修改环境犯罪时，就可以按照上述建议，“谨慎”地增加配置没收财产刑，以有力打击破坏环境资源犯罪行为、发挥刑罚的威慑效用。

4. 关于刑罚辅助性措施的附加刑化问题

这里的刑罚辅助性措施，是指对环境犯罪人所采取的刑罚之外的其他非刑罚处理措施，在外延上就是前文所说的非刑罚处理方法（包括保安处分和非刑罚处罚方法）。由于本文主张将职业禁止定位为附加刑，又鉴于环境犯罪的生产生活附随性，其道德谴责性相对较弱，这些特点为恢复性辅助措施地采用提供了很大空间，故这里着重讨论恢复性环境法益的非刑事制裁措施的附加刑化问题。

有学者主张，将恢复环境的手段上升为刑罚措施。[①] 笔者十分理解和赞赏对环境犯罪尽可能地运用恢复性制裁措施，尽可能地恢复犯罪所破坏的生态环境，同时对于犯罪人减免刑罚的科处。但是，如果主张将恢复性环境治理措施上升为附加刑，在目前我国的环境刑法还不是单行刑法的情况下，不具有可行性。因为附加刑的增设是牵一发而动全身，环境犯罪毕竟是全部犯罪大系统的一小部分，由于环境犯罪而增加的附加刑能不能适合其他犯罪不无疑问。所以，虽然论者愿望良好，但其可行性不大。

三、短期自由刑和罚金刑的易科制度

1. 短期自由刑易科罚金制度

短期自由刑最大的不足：不但对罪犯的改造效果不明显并且易使罪犯受到监狱的交叉感染。为克服这些不足，有些国家或者地区的刑法规定，受短期自由行宣告者，在一定的情况下，允许变更科处为罚金。当然，具体的易科比例法律只能规定一个弹性标准，在科处时司法人员可以根据犯罪人罪行轻重及其经济状况等具体确定罚金的数量。我国台湾地区刑事方面的规定就要求，犯轻罪者，因身体、教育、职业或家庭等原因，执行显有困难时，允许以 1 元以上 3 元以下折算一日易科罚金。

短期自由刑在一定的条件下易科为罚金，就可以克服短期自由刑的交叉感染的弊端。

2. 罚金易科自由刑和罚金易科自由劳动制度

罚金刑的适用，最大难题是执行难。为此，一些国家刑法规定了罚金易科自由刑制度，如《意大利刑法典》第 136 条的规定；有些国家刑法允许罚金易科自由劳动，如《瑞士联邦刑法典》第 49 条的规定。这两种易科制度的区别是，前者易科为“短期自由刑”，后者易科为“自由状态下的劳动”。一般情况下，对于有能力缴纳罚金而恶意欠缴的犯罪分子，规

---

① 郭建安，张桂荣.环境犯罪与环境刑法[M].北京：群众出版社，2006：454.

定罚金刑可以易科为短期自由刑，以加强威慑；对于确实没有能力缴纳罚金的犯罪分子则指令其从事一定自由劳动，如进行植树造林的活动等。罚金易科自由刑或者自由劳动，旨在督责罚金的缴纳，或者通过将罚金易科为自由刑或者自由劳动使犯罪人切实承担相应的刑事责任。

环境犯罪是多与经济活动密切关联的犯罪，正因为此，在环境犯罪中罚金刑被广泛配置。所以，罚金易科制度有利于督促环境犯罪者履行判决，把对环境犯罪的惩治落到实处。

四、犯罪复原制度及其环境犯罪的立法设置

（一）犯罪复原制度概念和特点

笔者曾经主张借鉴我国古代的保辜制度，设立犯罪复原制度。所谓犯罪复原制度是指在某些犯罪既遂之后，直至司法机关立案前，采取积极的将功补过态度和措施，对其犯罪行为所造成的社会危害进行有效的修复、补救，对被害人进行有效的慰抚，因而应当给予犯罪人从轻、减轻或者免除处罚的制度。这一制度有如下特点。

1. 犯罪复原只能发生在犯罪既遂之后（即“事后”）直至司法机关立案前。因为如果是在犯罪既遂之前，则“在犯罪过程中，自动放弃犯罪或者自动有效地防止犯罪结果发生的，是犯罪中止”（刑法第 24 条）。而且，考虑到一旦司法机关立案，就标志着“公力救助程序”开始，故对这里的犯罪后果的恢复原状应限定在司法机关立案之前，以区别于“刑事诉讼中的积极退赃”。

2. 犯罪复原必须以对被害法益进行有效的修复或者补救为成立条件。如果对于被害法益没有产生有效的修复、补救，则不能成立犯罪复原。当然，这里的恢复或者补救，可以是完全的，也可以是部分的。不过，如果恢复的程度很小，难以呈现出一定的可感知性，就不能认为定为“有效的”修复或者补救。

3. 犯罪复原以犯罪者本人亲自实施或者委托他人积极进行有效的修复、补救为其成立条件。如果不是基于犯罪人积极努力的法益恢复，则不是这里的犯罪复原。

4. 关于犯罪复原制度的适用范围要不要加以限定。笔者的认识有曲折的过程：曾经主张将其适用仅限于轻罪。但经过仔细考虑后认为，宜扩大该制度的适用范围：可适用于所有的犯罪。因为犯罪的内涵包括客观危害、主观恶性和人身危险性。犯罪既遂之后，行为人积极努力以弥补被侵害的法益，是客观危害减少，表明了行为人的主观恶性和人身危险性的降

低，因而，基于报应和预防的刑罚目的，都有理由宽宥犯罪人——从轻减轻或者免除刑罚。

（5）犯罪复原制度是与自首、坦白、累犯等相并列的量刑制度。犯罪复原事实一旦存在，经司法机关认定，便构成法定的“应当给予从轻、减轻或者免除处罚”理由，而不允许将其视为“酌定”量刑情节。否则，有可能达不到创立犯罪复原制度的目的。

主张刑法创设犯罪复原制度具有充分的合理性根据。不仅如此，而且我国现行刑法分则和司法解释都有着犯罪复原制度的胚胎。如我国“战时缓刑”制度规定：在战时，对被判处轻刑且没有现实危险而宣告缓刑的犯罪军人，允许其戴罪立功，当其确有立功表现时就可以撤销原判刑罚，不再以犯罪论处。有逃税行为，“经税务机关依法下达追缴通知后，补缴应纳税款，缴纳滞纳金，已受行政处罚的，不予追究刑事责任”。“非法种植罂粟或者其他毒品原植物，在收获前自动铲除的，可以免除处罚。”“行贿人在被追诉前主动交待行贿行为的，可以从轻或者减轻处罚。”有非法吸收公众存款或者变相吸收公众存款行为，“在提起公诉前积极退赃退赔，减少损害结果发生的，可以从轻或者减轻处罚”。有挪用单位资金行为，“在提起公诉前将挪用的资金退还的，可以从轻或者减轻处罚。其中，犯罪较轻的，可以减轻或者免除处罚”。有拒不支付劳动报酬行为，“尚未造成严重后果，在提起公诉前支付劳动者的劳动报酬，并依法承担相应赔偿责任的，可以减轻或者免除处罚”。“介绍贿赂人在被追诉前主动交待介绍贿赂行为的，可以减轻处罚或者免除处罚。”

司法解释层面也有很多例子，如《最高人民法院关于审理交通肇事刑事案件具体应用法律若干问题的解释》规定，无论是入罪标准还是“有其他特别恶劣情节”的认定，都是以肇事人无能力赔偿的数额为标准。也就是说，即使交通肇事行为造成了巨大的财产损害，但只要犯罪者足额赔偿被害人，就不再作为犯罪处理。

（二）犯罪复原制度的地位和立法表述

1. 犯罪复原制度在刑法中的地位

不难看出，犯罪复原制度既不同于既遂之后的自首、立功或者坦白等法定情节，也不同于立案后的“积极退赃”等酌定情节，从而有其独立的价值。鉴于一般情况下犯罪发生的纵向轴为：准备阶段——实行阶段——犯罪的完成。如果在犯罪完成之后，行为人积极恢复被害法益，使被害法益的恢复呈现出恢复形态的，则按照前述标准成立犯罪复原形态。因此，犯罪复原制度是与自首、立功或者坦白等并列的量刑制度。相应地，在立法体系上应放在刑法总则“第四章刑罚的具体运用”中。

犯罪复原制度与恢复性司法，既具有内在的一致性，但又有所不同。恢复性司法是指在第三方参与下，通过在犯罪一方和被害一方之间建立一种对话机制，让犯罪人主动承担法律责任以消解双方冲突，从而化解矛盾，修复受损社会关系的一种司法活动。其出发点不是从抽象的国家层面来处理犯罪造成的伤害：不是“把犯罪者与国家的对立因而被害人退居幕后——被害人的利益往往被漠视或者忽视”，而是“把被害人推到前台，在犯罪一方和被害一方之间建立一种对话机制，谋求被害人利益的赔偿或者有效补偿，同时注重对犯罪人复归社会，修复受损害的社会关系；在涉及对犯罪人的惩罚时，被害人的意见是要考虑的最重要内容”。可见，犯罪复原制度与恢复性司法在理念上有共同之处：都强化被害人在刑事诉讼中的地位，注重被害人的利益的赔偿或者有效补偿；但是，犯罪复原制度的创制属于立法范畴，它虽然有助于恢复性司法的推进，但立法创制犯罪复原制度属于“前”司法问题。

目前我国刑法分则和对具体犯罪的法律适用的司法解释，都有犯罪复原制度的雏形或者胚胎，但是总则中却没有明确规定，因而亟须在总则中作出一般规定以便对刑法分则条文和司法解释规范有所统领。

2. 犯罪复原制度的立法设计

在具体的设计上，一是在刑法第 67 条之前增加一条作为第 67 条之一：犯罪既遂之后，司法机关立案前，犯罪人采取积极的措施对其犯罪行为所造成的社会危害进行有效的修复、补救，对被害人进行有效的慰抚，符合犯罪复原的，应当从轻、减轻或者免除处罚。二是在刑法分则相应条文中可作出注意性规定：本（章、节）罪（或者犯前款犯罪）准用犯罪复原制度。①

（三）犯罪复原制度对于环境犯罪的治理具有特别的价值

1. 与“开发利用者负担原则”和“谁污染谁治理原则”的旨趣相投

“开发利用者负担原则”和“谁污染谁治理原则”是环境法基本原则，我国环境法律法规都十分注重采取环境恢复措施。“开发利用者负担原则”是指开发利用生态环境和自然资源的单位和个人，包括向环境排放污染物的单位和个人，应当对保护生态环境和自然资源承担责任，负担因其活动产生的环境污染、生态破坏和资源退化所造成的损失，并且治理环境污染、整治生态破坏和养护自然资源，或者支付因此所发生的费用。“谁污

① 当然，刑法上犯罪复原制度的设立之后，相应地要求在刑事诉讼法上也应该有配套的制度跟进。

染谁治理原则”具体包括谁利用谁补偿、谁开发谁保护、谁破坏谁恢复等内容。“谁污染谁治理”的环境政策意在抑制资源的开发与利用活动具有的外部不经济性。在商品的生产过程中存在着社会成本与私人成本的不一致，两种成本之差即构成外部性。这种外部性是指某些个人或企业的经济行为影响了其他人或企业，却没有为之承担应有的成本费用的现象，环境资源的利用具有外部不经济性。企业自己生产产品，却把污染排放到环境中而不去处理污染物，以减少生产成本。这样，企业的生产成本降低了，却导致了资源开发利用活动的外部不经济性：环境污染和环境破坏，社会为此付出了代价。“谁污染谁治理”作为我国的一项重要的环境政策，正是为了抑制这种外部不经济性。

我国环境法律法规贯彻了“开发利用者负担原则”和“谁污染谁治理原则”，规定了大量的排除危害和限期治理、责令补救和恢复环境等措施。如《环保法》第 41 条第 1 款，《大气污染防治法》第 62 条，《水污染防治法》第 74 条、第 76 条、第 83 条等。

2. 企业科技优势地位决定了责令企业采取恢复性措施的可行性和经济性

当今科技的重要地位决定着企业的兴衰存亡。为了获得竞争优势，企业极力进行科技创新并把创新成果作为商业秘密而保有，故企业往往掌握着大量的科技秘密：从原料的选取、生产加工到成品的配送流通，一直到产品售后，企业拥有着排他的知识独占。藤木博士曾经指出，在多数环境犯罪中，企业掌握着证明犯罪的关键证据，即便是拥有很大侦查权限的国家，对企业一方来说，也不好说是强者。① 在这里，论者指出对于污染行为的发生机理和污染犯罪的证据证明，强大的国家也不比企业强势，其意在论证污染环境犯罪案件应该实行举证责任倒置制度。我们完全可以从中得到启示：“解铃还是系铃人。”一般而言，谁造成了污染，谁就有能力治理；而其他主体，包括强大的国家，在治理特定的污染这一问题上，与污染企业科技优势相比也不是“强者”。如果把一个企业造成的环境污染和资源破坏，让其他企业、政府机关或个人来处置，就远不如让肇事者自己治理更具有可行性和经济性。

3. 惩治环境犯罪旨在一般预防的刑罚目的，决定了犯罪复原制度的合理性

犯罪是具有刑事责任能力的行为人运用社会（尤其是统治阶级）不认

① 藤木英雄.公害犯罪[M].丛选功等,译,北京:中国政法大学出版社,1992:53.

可且不能容忍的方式满足自己的需要，严重侵犯了法律所保护的社会主流价值，依法应当受到相应的刑罚惩罚的行为。[①] 行为人实施犯罪行为往往是自己的强烈欲求导致其理性难以抑制自己的畸形需要，于是冲破了社会规范的底线和客观条件的限制，不择手段、不计后果地采取行动。外在诱因是环境条件，一定的环境条件促使特定行为动机（如一个背着包裹的熟睡者进入盗窃者的视线，促使盗窃动机的产生；又如在一个偏僻的地方一个行走的人出现在盗窃者面前，很可能促使他产生抢劫的行为动机）[②]，犯罪动机是激发行为人实施犯罪行为的内驱力。内因外因相互结合，产生了实施盗窃的行为动机，进而形成特定的犯罪意识和意志，在这一主观心态的支配之下，行为人实施了犯罪行为。

立法威慑能够抑制行为的行为动机之产生，在其行为之前就打消犯罪念头；事后的刑罚惩治（刑罚的本质是一种痛苦）能够强化行为人的规范观念，矫治其人格缺陷，促进其进一步社会化，以免今后再次重蹈覆辙。环境犯罪不同于一般刑事犯罪，有其自身的特点（见本书导论部分）。由这些特点所决定，对环境犯罪施以刑罚制裁，旨在一般预防。公害刑事制裁法的实际作用，主要在于威吓，而非惩罚。[③] 以刑法制裁侵害环境行为，在于强化、支持民法及行政管制法的规定，而并非必然以制裁犯罪的实害结果为主要目的。之所以如此，主要是因为环境危害后果是难以计量的，环境危害结果的严重性巨大，以致难以以刑抵罪。而且，环境犯罪的“善恶”两面性决定了其较低的道德谴责性。所以，对环境犯罪的惩罚意在维护行政法律的有效性，以刑罚制裁侵害环境的行为，其目的在于强化、支持民法及行政管制法规范的有效运行（如禁止某些行为之实施），而并非必然以禁绝犯罪（罪行）的危害结果为主要目的。既然如此，国家允许犯罪者积极采取措施恢复被害的环境法益，并因而减轻其刑事责任，就是一个“双赢”的举措。

4. 司法实践基于恢复性司法的理念对环境犯罪案件的处理效果良好

在传统的刑事司法模式下，国家动用人力、物力和财力惩治犯罪，犯罪者被判刑送进监狱改造（其改造的效果并不理想），被害人的损失难以得到弥补。这样的结局是：国家、犯罪人和被害人三方都不合算。于是，注意保护被害人权益之恢复的司法理念应运而生。恢复性司法是能动的司法：犯罪人主动承担责任，修复受损的被害法益，因而受害人利益（既包

---

① 梅传强.犯罪心理生成机制研究[D].西南政法大学博士学位论文(2004-4)，摘要部分：2.

② 罗大华.犯罪心理学[M].北京：中国政法大学出版社，2003：88-91.

③ 郑昆山.环境刑法之基础理论[M].台北：五南图书出版公司，1999：125.

括物质财产方面，也包括精神人格方面）得到的救济、补偿较为充分，犯罪人由于恢复了被害法益也得到宽宥处理，国家的监狱也少关押了罪犯，从而节俭了财政支出和人力、物力。

近年来，与我国和谐社会建设进程相适应，恢复性司法在我国的司法实践中也被一定程度地试用。许多检察院和法院运用酌定不起诉制度和辩诉交易制度，通过犯罪人一方的积极赔付，与被害人达成谅解的刑事和解，给予“不起诉”或者“从轻或者减轻处罚”，处理了许多环境犯罪案件、交通肇事案、伤害案件等。例如，1990 年黑龙江省苇河林区法院对张氏二兄弟盗伐林木案在判处主刑和赔偿损失的同时，还判处犯罪人植造赔偿林落叶松五亩（1000 株），扶育 3 年，成活率要求达 90％以上；2002 年 4 月，四川省古蔺县黎××毁林案，县法院判令其缓刑并承担在被毁林地上栽种树木；2002 年 12 月，湖南省临武县人民法院对滥伐林木犯王×英判处有期徒刑 3 年，缓刑 4 年，同时责令其在缓刑期内种植 3024 棵树；2007 年 12 月贵州省清镇市法院判处郎×友盗伐林木案有期徒刑 1 年、罚金 1000 元，同时责令其在案发地种树 145 棵；2009 年 7 月无锡滨湖区人民法院审理的非法捕捞水产品罪案件，该案中刘某某等 4 人在无锡市蠡湖西侧附近水域利用丝网进行非法捕鱼，共捕捞鱼计 756 斤，价值人民币 5670 元。鉴于 4 名被告人归案后如实供述犯罪事实、坦白认罪、悔罪，法院予以从轻处罚，在判处刑罚同时还责令 4 人购买鱼苗，在法院的监督下将价值 8000 元的鱼苗放养至无锡市蠡湖水域，等等。这些案件的判决都注重恢复被破坏环境的非刑罚制裁措施的运用，获到了很好的社会效益。恢复性司法的理念，从实质上看，与犯罪复原制度在重视法益恢复上具有一定的共通性。

笔者建议，针对环境犯罪，建议增设责令犯罪人补种树木、恢复植被、恢复草原、恢复湿地、恢复山体或者矿场等环境恢复性制裁措施。在没有正式立法的背景下，司法机关可以先行先试，能动司法，然后总结经验，以便为犯罪复原制度的正式立法提供第一手资料。

第三节　环境犯罪民事制裁和行政法律制裁的性质及其适用

刑法上，关于追究犯罪的民事责任和行政法律责任集中规定在刑法第 36 条和第 37 条。正确理解这两个条文，也有助于解决环境犯罪的民事责任和行政法律责任的性质问题。不过，我国刑法学一般认为第 36 条、第

37 条的规定是实现刑事责任的方式。这是错误的认识。从责任的性质上看，第 36 条、第 37 条规定的法律制裁并非“追究刑事责任的方式”；从立法技术上，该规定不是法律拟制而是注意性规定。由于第 36 条是刑事附带民事赔偿，对其性质异议不大，所以这里以对第 37 条的分析为主展开论证。

一、第 37 条规定的制裁性质之辨析

刑法第 37 条规定：“对于犯罪情节轻微不需要判处刑罚的，可以免予刑事处罚，但是可以根据案件的不同情况，予以训诫或者责令具结悔过、赔礼道歉、赔偿损失，或者由主管部门予以行政处罚或者行政处分。”这里的“训诫”是指司法机关对于情节轻微的犯罪分子，认为不需要判处刑罚而决定用口头批评的方式当庭进行训诫（即批评、谴责，责令犯罪人改正）的刑事制裁方法。[①] 这里的“责令具结悔过”是指对于犯罪情节轻微的犯罪人，司法机关责令犯罪人用书面方式保证悔改，不再犯罪。这里的“责令赔礼道歉”是指司法机关责令犯罪人公开向被害人承认罪错，表示歉意，并保证今后不再侵犯被害人的合法权益。这里的“责令赔偿损失”是指由于犯罪行为侵害了被害人的合法权益，司法机关责令被告人给予被害人一定经济赔偿的处理方法。这里的“由主管部门予以行政处罚或者行政处分”，是指司法机关根据案件情况，向行政主管部门提出对犯罪人予以一定行政处罚或者行政处分的司法建议，由主管部门具体实施处理的方法。

问题的关键是：如何理解这里的“法律制裁方法”的性质？

（一）这里的法律制裁并非“追究刑事责任的方式”

刑法第 37 条规定的制裁措施应概括为“非刑罚处罚方法”。因为民事制裁、行政法律制裁，甚至纪律处分、社团单位处分等都是对其违法行为的因果报应，是回顾性的“劳动报酬”。这一“劳动报酬”不同于作为刑事制裁之一的保安处分。保安处分是针对基于犯罪行为而展现出的行为人之人身危险性的前瞻性矫治措施（即狭义的非刑罚“处理”方法或者非刑罚“制裁”方法）。为了理顺非刑罚处罚方法、保安处分、非刑罚处理方法这三个概念之间的逻辑关系，我们可把非刑罚处罚方法和保安处分（即狭义的非刑罚“处理”方法或者非刑罚“制裁”方法），称为广义的非刑

① 最高人民法院 1964 年 1 月 18 日在《关于训诫的批复》中指出：在口头训诫时，应当根据案件的具体情况，一方面严肃地指出犯罪人的违法犯罪行为，分析其危害性，并责令他努力改正，今后不再重犯；另一方面也要讲明被告人的犯罪行为尚属轻微，可不给予刑事处分。

罚处理方法或者非刑罚制裁方法。

由此，那种将“保安处分”混淆同于“非刑罚处罚方法”的见解是不可取的。而且，也不应当把第 37 条的法律制裁当作追究刑事责任的方式。刑法学界流行的观点“对犯罪者科处以第 37 条规定的法律制裁方法也是追究刑事责任的一种方式”①，也是错误的。实际上，对犯罪者施以民事制裁、行政法律制裁等法律制裁方法，是追究因其犯罪行为而产生的民事责任或者行政法律责任，而与“对犯罪者科处保安处分”有着严格的区别。保安处分是前瞻性的预防性措施，刑法第 37 条规定的“非刑罚处罚方法”是回顾性的惩罚和报应，因而二者是有差别的。所以，第 37 条规定的法律制裁既不是刑罚也不是保安处分，亦即不是追究刑事责任的方式。但是，有的人无视这种差别，把刑法第 17 条第 4 款规定的“因不满 16 周岁不予刑事处罚的，责令他的家长或者监护人加以管教；在必要的时候，也可以由政府收容教养”与刑法第 37 条规定的“非刑罚处罚方法”视为相同，认为广义上目前我国刑法规定的非刑罚处罚有七种。

刑事政策上，犯罪的防治对策分为犯罪的预防和抑止。就“抑止”的措施而言，包括刑事制裁、民事制裁、行政法律制裁和道德谴责，其中最重要的是刑事制裁。这就是说，可以对犯罪者施以刑罚制裁为主、其他制裁或谴责措施为补充的多种制裁措施。现行刑法第 37 条也明确指出“非刑罚处理方法”属于“免予刑事处罚”。因此，传统刑法理论的见解实际上是认为“犯罪只产生刑事责任因而只给予刑事制裁的”，但这一观点既没有法律依据，也没有理论根据。

民事违法只产生民事责任，应该对民事违法者予以民事制裁；行政违法除了产生行政法律责任外，还可能产生民事责任，应该对行政违法者予以行政法律制裁和必要的民事制裁，通过行政诉讼附带民事诉讼加以解决。犯罪除了主要产生刑事责任外，还可能产生行政法律责任或者民事法律责任。所以，在对犯罪者主要地给予刑事制裁（刑罚和保安处分）的同时，还要依法给予必要的行政法律制裁或者民事法律制裁。传统刑法理论的观点实质就是“民事责任、行政法律责任一旦与犯罪相联系，就变成了刑事责任；行政法律制裁和民事法律制裁一旦与犯罪相联系，就变成了刑事制裁”。这种理解显然是错误的，其错误的潜台词是：犯罪只产生刑事责任，而不产生其他法律责任，因而对犯罪所有法律制裁都是追究刑事责任。

---

① 高铭暄，马克昌.刑法学：第 7 版[M].北京：高等教育出版社，2016：351.

在具体的案件中，尤其是在定罪免除刑事处罚的情况下，法院根据具体的案情给犯罪者施以民事制裁或者行政法律制裁等非刑事制裁——训诫或者责令具结悔过、赔礼道歉、判处赔偿损失、责令赔偿损失，或者作出司法建议由主管部门予以行政处罚和行政处分①。强调这些法律制裁是防止对犯罪案件只盯着刑事责任（刑罚和保安处分）而忽视了犯罪可能产生的其他法律责任，所以这些制裁方法的实质仍然是为了追究民事责任和行政法律责任而采取的法律制裁措施，其特殊性只不过在于它们是处置犯罪事实而产生的民事责任和行政法律责任而已。

（二）第 37 条立法不是法律拟制而是注意性规定

1. 立法上的法律拟制和注意性规定

注意规定是在刑法已经作了相应规定的情况下，为了强调并提示司法人员注意，再次重复地予以立法规定。它有两个基本特征：（1）注意规定的设置，并不改变相关规定的内容，只是对相关规定内容的重申和强调。即使不设置注意规定，也存在相应的法律适用根据，因而应按相关规定处理；（2）注意规定只具有提示性，其表述的内容与相关规定的内容完全相同，因而不会导致将原本不符合相关规定的行为也按相关规定论处。

法律拟制，即类比立法。其实质是将原本不完全符合某项规定的东西也类比为符合该规定，并按该规定予以处理。② 法律之所以设置法律拟制，主要是基于两方面的理由：首先是拟制者与被拟制者的情形基本相同，具有类比性；其次是避免重复立法，节省立法资源；最后是加强立法威慑效用，减少证明责任，提高诉讼效率也是设置法律拟制的重要原因。

既然犯罪事实内在地包含民事法律责任或者行政法律责任，那么现行刑法第 37 条的规定就属于注意性规定：即使不作规定，司法者照样应该追究犯罪者的民事法律责任或者行政法律责任。立法特地作出规定，旨在提醒司法人员要注意采用上述常见的民事制裁或者行政法律制裁方法，而不能一旦不判处其刑事制裁就一放了之。

2. 定位于“注意性规定”的法律意义

许多学者都误把现行刑法第 37 条理解成一项新创设的制度（即法律拟制），在此基础上，认为“第 37 条规定的非刑罚处罚方法种类偏少，且

① 企业对职工的行政处分主要分为警告、记过、记大过、降级、撤职、开除留用查看和开除共 7 种；国家对其工作人员的行政处分，包括警告、记过、记大过、降级、降职、撤职、开除留用查看和开除共 8 种。

② 张明楷.刑法分则的解释原理[M].北京：中国人民大学出版社，2004：255.

适用性不强”等，提出了扩充“非刑罚处罚方法”的建议。还有的学者主张把“非刑罚处罚方法”转化成附加刑。[①] 这都是不正确的见解。

既然刑法第37条规定不是法律拟制而是注意性规定，那么，司法人员对于一个具体的犯罪案件决定给予民事制裁或者行政法律制裁的时候，就不宜再局限于刑法第37条规定的制裁方法，而是有权依照有关的法律采用或者建议采取民事制裁措施和行政法律制裁措施。

犯罪除了产生刑事责任之外，同时还产生了民事责任或者行政法律责任。所以，对于一个犯罪事实，无论是民事责任[②]的停止侵害、排除妨碍、消除危险、返还财产、恢复原状、赔偿损失、消除影响、恢复名誉、赔礼道歉，还是行政处罚中的警告、没收违法所得、没收非法财物、责令停产停业、吊销许可证或者吊销执照等法律制裁措施，在“禁止重复评价”和遵循“一事不二罚”的前提下都是允许适用的。这就是说，刑事法官、检察官要充分理解刑法的综合法[③]性质，明白自己的神圣使命，在刑事案件处理中要胸怀国家的整个法律体系，不但有权适用刑法，而且也有权适用有关的民法和行政法规定。况且，如果主张扩大“非刑罚处罚方法”，就意味着把所有的民事制裁措施和行政法律制裁措施都再重复地规定到刑法中，甚至有的主张把“非刑罚处罚方法”晋升为附加刑，这样的话，势必把刑法变成包罗万象的“大杂烩”。然而，企图使刑法“无所不包”“无所不能”，这在世界刑法发展历史上都是不可能的，也是没有必要的，更是不能实现的。

二、环境犯罪之民事制裁和行政法律制裁的强化适用

本书立足于刑法教义学的立场和方法，认为关于民事责任和行政法律责任的追究，就是在力所能及的范围内对现行法律关于环境犯罪民事制裁和行政法律制裁方法的强化适用。

既然刑法第37条立法是注意性规定，那么，司法人员对于一个具体的环境犯罪案件所可能给予的民事制裁或者行政法律制裁，就无需局限于刑法第37条所规定的制裁方法，而是有权直接依照有关的环境资源民事法律法规、行政法律法规采用或者建议采用更为广泛的、适当的民事制裁

---

① 蒋兰香.环境犯罪基本理论研究[M].北京:知识产权出版社,2008:323.

② 当然基于民法的权利之法和私法意思自治原则,检察官和刑事法官对民法的使用、对民事责任的追究,要以被害人的起诉为前提。不能违背告诉乃受理的司法原则。

③ 刑法并不是简单的部门法,而是综合法,也就是说,不要简单地认为,刑法与民法或行政法是并列的关系。

措施和行政法律制裁措施。千万不能囿于自己的刑事犯罪定罪判刑的职责，只盯着定罪判刑，犯本位主义而疏忽了对犯罪所产生的民事法律责任、行政法律责任的追究问题。

实际上，我国的环境资源法律法规已经大量规定了赔偿损失、缴纳排污费、支付消除排污费、责令恢复所破坏的环境等多种民事制裁措施，以及限期治理、停业整顿、吊销许可证或营业执照、行政罚款、对主管人员和直接责任人员的行政处分等多种行政处罚和行政处分。刑事办案人员有权直接依据相应的法律法规作出民事制裁决定，或者通过司法建议责成有关主管部门（行政机关）予以行政处罚或者行政处分。例如，《中华人民共和国固体废物污染环境防治法》第78条、第79条、第80条、第81条和第82条就有罚款、责令承担固体废物处置费用、限期治理、责令停业或者关闭等规定。2003年通过的《中华人民共和国放射性污染防治法》第50条、第51条、52条、53条、第54条都有关于责令行为人限期改正或者消除危害、恢复环境的规定。1994年9月2日国务院第24次常务会议讨论通过，1994年10月9日发布、2017年10月7日修订的《中华人民共和国自然保护区条例》第35条规定了责令停止违法行为、限期恢复原状或者采取其他补救措施等。

基于环境犯罪的特点，对环境犯罪的处理应强调“限期治理”“责令补救”等恢复性制裁措施的适用。在目前附加刑比较单一的立法背景下，除了科处惩罚性的行政处罚外，要注意采用补救性行政处罚：限期治理或者责令补救，是法院在判决时责令行为人对污染或破坏的环境，采用力所能及的除污、恢复、再建等行为，以消除现有的危害，并防止危害后果持续作用的各种补救性措施的总称。在明白司法人员已经有权依法适用有关的民事制裁措施或者行政制裁措施的基础上，针对环境犯罪的特点，在司法实践中确实有必要强调限期治理、责令补救等恢复性非刑罚处理方法的运用。近年来，司法实践中也不断采取诸如“责令植树造林多少棵，并保证一定的成活率”“责令从事一定的恢复环境劳动”等措施。

不过，由于民事制裁与刑事制裁立法目的的差别，所以，二者不具有竞合性。而刑事制裁与行政法律制裁，由于在立法目的上都具有“预防再犯”的共同一面①，因而存在制裁手段的竞合和功能的相似性，所以司法

① 前文已述，严格意义上，行政法与刑法所具有的“预防”立法目的是有差异的：前者的预防目的局限在推动行政法的实施，不再违反行政法；后者立足于保护国家的整体法秩序，以预防犯罪者再次实施犯罪行为(再次破坏国家整体法秩序)。

实践中存在折抵问题。所以，在建议具体的环境犯罪给予行政法律制裁方法时，要注意正确处理这一竞合关系，尤其要区分作为刑事制裁的保安处分和行政法律制裁措施之间的竞合关系，以免违背“一事不二罚”原则，给犯罪者施以过剩的法律制裁。

参考文献

[德]埃里希·希尔根多夫.德国刑法学(从传统到现代)[M].江溯等译,北京大学出版社,2015.

[德]汉斯·海因里希·耶塞克,托马斯·魏根特.德国刑法教科书(总论)[M].徐久生译,北京:中国法制出版社,2001.

[德]克劳斯·罗克辛.德国刑法学总论[M].王世洲译,北京:法律出版社,2005.

[德]李斯特,施密特.德国刑法教科书[M].徐久生译,北京:法律出版社,2006.

[德]乌尔斯·金德霍伊泽尔.刑法总论教科书[M]. 蔡桂生译,北京大学出版社,2015.

[日]大谷实.刑法讲义总论[M].黎宏译,北京:中国人民大学出版社,2008.

[日]前田雅英.刑法总论讲义[M].曾文科译,北京大学出版社,2017.

[英]J.C.史密斯,B.霍根.英国刑法[M].李贵芳等译,北京:法律出版社,2000.

[英]道格拉斯·N.胡萨克.刑法哲学[M].谢望原等译,北京:中国人民公安大学出版社,2004.

蔡道通.经济犯罪"兜底条款"的限制解释[J].国家检察官学院学报,2016(3).

蔡军.刍议入罪慎行与严密法网二律背反之化解[J].江西社会科学,2013(6).

蔡守秋等.环境法的伦理基础:可持续发展观[J].现代法学,2001(4).

常纪文.我国野生动物走私的法治现状、问题与建议[J].中国生态文明,2020(1).

陈洪兵.再论"不必严格区分法条竞合与想象竞合[J].国外社会科学前沿,2020(5).

陈家林.刑法中的构成要件保护范围理论研究[J].湖南社会科学,2015(2).

陈建旭.日本环境犯罪的刑法理论发展[J].北方法学,2013(1).

陈泉生,秘明杰.环境公益代表之环保组织运行体制研究[J].中国社会科学院研究生院学报,2015(1).

陈世伟.犯罪学的绿色视角:西方绿色犯罪学的发生、发展及借鉴[J].国外社会科学,2016(3).

陈晓明.环境刑法论纲[J].法治研究,2015(2).

陈兴良.构成要件:犯罪论体系核心概念的反拨与再造[J].法学研究,2011(2)。

陈兴良.民法对刑法的影响与刑法对民法的回应[J].法商研究,2021(2).

陈兴良.四要件犯罪构成的结构性缺失及其颠覆[J].现代法学,2009(6)。

陈兴良.刑法教义学与刑事政策的关系[J].载梁根林.刑法教义学与价值判断[C].北京大学出版社,2016.

陈泽宪.关于我国刑法学研究转型的思考[J].法学研究,2013(1).

陈泽宪,李少平,黄京平.当代中国的社会转型与刑法调整[M].北京:中国公安大学出版社,2013.

陈忠林.现行犯罪构成理论共性比较[J]现代法学,2010(1).

陈忠林.刑法散得集Ⅱ[M].重庆大学出版社,2012.

储槐植,高维俭.犯罪构成理论结构比较论略[J].现代法学,2009(6).

戴玉忠,刘明祥.犯罪与行政违法行为的界限及惩罚机制的协调[M].北京大学出版社,2008.

邓子滨.犯罪论的体系更迭与学派之争[J].法学研究,2013(1).

翟中东.论社区劳动刑在中国的立法问题[J].辽宁师范大学学报(社会科学版),2020(1).

董邦俊.环境法与环境刑法衔接问题思考[J].法学论坛,2014(2).

董玉庭.刑法条文的规范张力[J].知与行,2016(10).

杜澎.环境刑法的基本原理[D].西南政法大学博士学位论文(2006-9).

段启俊.重大环境污染事故犯罪的立法完善[J].学术界,2008(2).

敦宁,冯军.环境犯罪"三元化"制裁体系之建构[J].河北大学学报(哲学社会科学版),2015(4).

樊文.犯罪控制的惩罚主义及其效果[J].法学研究,2011(3).

方泉.犯罪论体系的演变[M].北京:中国人民公安大学出版社,2008.

冯军.犯罪化的思考[J].法学研究,2008(3).

冯军等.环境污染犯罪治理问题研究[M].北京:法律出版社,2019.

冯军，敦宁.环境犯罪刑事治理机制[M].北京：法律出版社，2018.

冯卫国.刑法中不作为之作为义务来源再探讨[J].法治研究，2011(6).

付立庆.犯罪概念的分层含义与阶层犯罪论体系的再宣扬[J].法学评论，2015(2)。

付立忠.反思环境刑法学的学科根基及相关问题[J].中国人民公安大学学报(社会科学版)，2011(2).

高鸿钧，马剑银.社会理论之法：解读与评析[M].北京：清华大学出版社.2006.

高铭暄.对主张以三阶层犯罪成立体系取代我国通行犯罪构成理论者的回应[J].刑法论丛，2009(3)。

高铭暄等.论环境犯罪附加刑的目的、价值与完善[J].甘肃社会科学，2021(1).

高维俭等.非法占用农用地罪的适用[J].人民司法(应用)，2018(31).

巩固.私权还是公益？环境法学核心范畴探析”[J].浙江工商大学学学报，2009(6)。

郭建安，张桂荣.环境犯罪与环境刑法[M].北京：群众出版社，2006.

郭泽强.主观主义与中国刑法关系论纲——认真对待刑法主观主义[J].环球法律评论，2005(4)。

韩轶.环境犯罪刑事法规制的立法与归责[J].社会科学辑刊，2018(02).

何群.法定犯视野下的污染环境罪研究[M].北京：知识产权出版社，2021.

何荣功.经济自由与经济刑法正当性的体系思考[J].法学评论，2014(6).

侯艳芳.环境犯罪构成研究[D].山东大学博士学位论文(2009-7).

侯艳芳.环境资源犯罪常规性治理研究[M].北京大学出版社，2017.

胡学相.人格刑法理论对我国刑事政策的借鉴[J].预防青少年犯罪研究，2014(5).

胡雁云.环境犯罪及其刑事政策研究[M].北京：法律出版社，2018.

黄华生等.我国刑事被害人救助制度的回顾与展望[J].江西科技师范大学学报，2019(1).

黄京平.修正后刑法及相关司法解释的溯及力判断规则[J].中国检察官，2016(7).

黄明儒.论刑法的修改形式[J].法学论坛，2011(3).

黄伟明.论刑罚本位立场之倡导[J].法治研究，2013(2).

黄晓亮.论间接结果及其扩张刑罚功能之限制[J].法商研究,2016(2).

贾济东,赵秉志.我国犯罪构成理论体系之完善[J].法商研究,2014(3).

贾凌.刑事一体化问题研究述评[J].刑法论丛,2009(4).

贾学胜.美国对环境犯罪的刑法规制及其启示[J].暨南大学学报,2014(4).

贾宇.刑法学(上册总论)[M].北京:高等教育出版社,2019.

贾宇等.论法定犯罪目的的实质[J].法律科学,2010(4).

姜俊山.风险社会语境下的环境犯罪立法研究[D].吉林大学博士学位论文(2010-5).

姜俊山.论污染环境罪之立法完善[J].法学杂志,2014(3).

蒋兰香.规范刑法学视野下非法狩猎罪司法解释的基本逻辑[J].法学论坛,2019(6).

蒋兰香.环境犯罪基本理论研究[M].北京:知识产权出版社,2008.

焦艳鹏.论生态文明建设中刑法与环境法的协调[J].重庆大学学报(社会科学版),2016(3).

金泽刚.论结果加重犯的因果关系[J].东方法学,2013(4).

赖早兴等.行政法与刑法的界限:从模糊到清晰[J].湘潭大学学报(哲学社会科学版),2018(5).

劳东燕.功能主义刑法解释的体系性控制[J].清华法学,2020(2).

劳东燕.滥用职权罪客观要件的教义学解读 [J].法律科学,2019(4).

雷鑫.生态现代化语境下的环境刑事责任研究[M].北京:知识产权出版社,2010.

冷罗生.刑法将修 "达摩克利斯之剑"已悬——刑法修正案(八)(草案)的主要动机与要点释疑[J].环境保护,2010(20).

黎宏.我国犯罪构成体系不必重构[J].法学研究,2006(1).

黎宏.组织体刑事责任论及其应用[J].法学研究,2020(2).

李邦友等.论犯罪构成视野中社会危害性的重构[J].昆明理工大学学报(社会科学版),2009(5).

李恩慈.刑事责任的二元评价[J].法学杂志,2005(5).

李凤梅.刑法立法拟制研究[J].北京师范大学学报(社会科学版),2013(4).

李兰英等.论民生刑法的边界[J].江西社会科学,2017(7).

李立众.刑法解释的应有观念[J].国家检察官学院学报. 2015(5).

李荣.我国刑罚体系外资格刑的整合[J].法学论坛,2007(2),.

李卫红等.《联合国反腐败公约》中的"影响力交易"与中国刑法的对接

[J].天津法学,2020(2).

李翔.论刑法修正与刑罚结构调整[J].华东政法大学学报,2016(4).

李晓明.论刑法与行政刑法的并立[J].法学杂志,2017(2).

利子平,章洁.刑事禁止令之性质探究[J].南昌工程学院学报,2015(5).

利子平.我国附属刑法与刑法典衔接模式的反思与重构[J].法治研究,2014(1).

梁根林.当代刑法新思潮——刑法教义学与价值判断[M].北京大学出版社,2016.

梁根林.犯罪论体系与刑法学科建构[J].法学研究,2013(1).

林维.刑法中从业禁止研究[J].江西警察学院学报,2016(1).

林维.真正身份犯之共犯问题展开[J].法学家,2013(6).

林亚刚等.不纯正不作为犯等价性考量的具体标准研究[J].贵州警官职业学院学报,2014(6).

刘德法等.论多次犯[J].法治研究,2011(9).

刘金刚.环境的刑法保护研究[D].吉林大学博士学位论文(2006-7)

刘军.该当与危险:新型刑罚目的对量刑的影响[J].中国法学,2014(2).

刘岭岭.环境刑法伦理基础之反思[J].法学论坛,2009(5).

刘明祥.不能用行为共同说解释我国刑法中的共同犯罪[J].法律科学,2017(1).

刘明祥.再释被教唆的人没有犯被教唆的罪[J].法学,2014(12).

刘仁文,焦旭鹏.风险刑法的社会基础[J].法学论坛,2014(3).

刘仁文等.论我国资本刑法的完善[J].河南社会科学,2017(05).

刘士心.论可罚的违法性[J].中国刑事法杂志,2009(3).

刘树德.罪状解构——刑事法解释的展开[M].北京:法律出版社,2002.

刘霜.我国共犯处罚原则的反思与重构[J].现代法学,2018(06).

刘涛.刑事不法与行政不法论[D].中国人民大学博士学位论文(2007-7).

刘文燕等.我国环境犯罪刑罚问题研究[J].黑龙江省政法管理干部学院学报,2010(1).

刘宪权.刑事立法应力戒情绪[J].法学评论,2016(1).

刘宪权等.刑法中的法律拟制与注意规定区分新论[J].北京社会科学,2014(3).

刘晓莉,贾国发.生态犯罪立法论要[J].东北师范大学学报,2006(2).

刘孝敏.法益的体系性位置与功能[J].法学研究,2007(1).

刘艳红.实质犯罪论[M].北京:中国人民大学出版社,2014.

刘艳红.我国应该停止犯罪化的刑事立法[J].法学,2011(11).

刘远.规范 vs 法益:基于《刑法》第 13 条的司法逻辑分析[J].甘肃政法学院学报,2011(3).

刘之雄.环境刑法的整体思维与制度设计[J].法学论坛,2009(5).

刘志伟.《刑法修正案(九)》的犯罪化立法问题[J].华东政法大学学报,2016(2).

柳忠卫.中国共同犯罪立法模式的归属与选择[J].政法论丛,2017(02).

楼佰坤.论犯罪行为系统化研究的范围与方法[J].江汉论坛,2015(5).

卢建平.犯罪门槛下降及其对刑法体系的挑战[J].法学评论,2014(6).

卢建平.风险社会的刑事政策与刑法[J].法学论坛,2011(4).

卢勤忠.程序性构成要件要素概念的提倡[J].法律科学,2016(6).

陆诗忠.论抽象危险犯理论研究中的若干认识误区[J].河南大学学报(社会科学版),2016(3).

路军.我国刑法犯罪量化要件研究[D].吉林大学博士学位论文(2006-10).

吕欣.环境刑法的反思与重构——以新型环境伦理为视角[D].山东大学博士学位论文(2008-5).

吕忠梅等.在习近平法治思想指引下建设生态文明法治体系[J].法学论坛,2021(2).

马荣春.犯罪论体系的甄别:人权性、构造性与统领性[J].东方法学,2016(3).

马松建等.新形势下我国环境危险犯立法探析[J].中州学刊,2013(8).

马章民等.生态安全的刑法保护及立法完善[J].河北法学,2014(6).

梅传强等.刑法中兜底条款的解释规则[J].重庆大学学报(社会科学版),2021(03).

莫洪宪,彭文华.德、日犯罪论体系之利弊分析[J].刑法论丛,2009(3).

莫洪宪等.犯罪后正行为模式的功能主义形塑[J].刑法论丛,2019(03).

莫开勤等.无被害人犯罪研究[J].保定学院学报,2015(5).

聂立泽.结果加重犯罪责关系新论[J].河南社会科学,2011(6).

牛忠志,张霞.非法进口废物犯罪的立法完善研究[J].山东社会科学,2016(1).

欧锦雄.犯罪的定义对犯罪构成边界之限制[J].法商研究,2016(2).

欧阳本祺.论行政犯违法判断的独立性[J].行政法学研究.2019(04).

彭凤莲.刑事政策的精神:惩治犯罪与促进社会发展的统一[J].法学杂志,2012(6).

彭文华.犯罪的价值判断与行为的归罪模式[J].法学,2016(8).

齐文远.刑法应对社会风险之有所为与有所不为[J].法商研究,2011(4).

齐文远.修订刑法应避免过度犯罪化倾向[J].法商研究,2016(3).

钱小平.环境法益与环境犯罪司法解释之应然立场[J].社会科学,2014(8).

钱叶六.期待可能性理论的引入及限定性适用[J].法学研究,2016(1).

秦鹏,李国庆.论污染环境罪主观面的修正构成解释和适用[J].重庆大学学报(社会科学版),2016(2).

曲伶俐.三阶层犯罪论体系的理性检视与合理借鉴[J].求索,2011(5).

曲新久.区分扩张解释与类推适用的路径新探[J].法学家,2012(1).

屈学武.中国刑法上的罪量要素存废评析[J].政治与法律,2013(1).

屈耀伦.试论环境犯罪的刑法完善[J].兰州文理学院学报,2016(1).

阮方民,周振晓等.擅自抽取巨量地下水是否构成犯罪[J].人民检察,2008(1).

阮齐林.中国刑法学犯罪论体系之完善[J].法学研究,2013(1).

石经海等.何以以刑制罪:罪、责、刑相适应原则的定罪意义[J].社会科学战线,2015(2).

时延安等.《刑法修正案(十一)》评注与案例[M].北京:中国法制出版社,2021.

舒洪水等.法益在现代刑法中的困境与发展[J].政治与法律,2009(7).

苏永生.污染环境罪的罪过形式研究[J].法商研究,2016(2).

孙昌军等.刑法人格主义的检讨与革新[J].西南政法大学学报,2006(1).

孙国祥.行政犯违法性判断的从属性和独立性研究[J].法学家,2017(1).

孙万怀.风险刑法的现实风险与控制[J].法律科学(西北政法大学学报),2013(6).

孙燕山.中国社会转型期刑事政策调整特点探析[J].河北学刊,2014(6).

孙佑海.明确环境司法依据 从严打击环境犯罪[J].政策,2013(15).

唐稷尧,詹坚强.三阶层犯罪论体系与犯罪构成体系[J].法律科学,2011(6).

田宏杰.行政犯的法律属性及其责任[J].法学家,2013(3).

童德华等.风险社会的刑法的三个基本面相[J].山东警察学院学报,2011(3).

童伟华.日本刑法中违法性判断的一元论与相对论述评[J].河北法学,2009(11).

万志鹏.没收财产刑废止论[J].安徽大学学报(哲学社会科学版),2008(5).

汪劲.环境法律的理念与价值追求——环境立法目的论[M].北京:法律

出版社,2000.

汪明亮.过剩犯罪化的道德恐慌视角分析[J].法治研究,2014(9).

王安异.我国经济刑法的立法根据质疑[J].中国刑事法杂志,2011(5).

王充.论构成要件的属性问题——违法有责类型说的提倡[J].法律科学,2016(2).

王利宾.我国环境犯罪诸问题的反思[J].辽宁行政学院学报,2010(2).

王利荣.论量刑的合理性[D].西南政法大学博士学位论文(2007-7).

王鹏祥.单位犯罪的立法缺陷及其完善[J].法学杂志,2009(5).

王尚新.关于刑法情节显著轻微规定的思考[J].法学研究,2001(5).

王世洲.刑法信条学中的若干基本概念及其理论位置[J].政法论坛,2011(01).

王文华.重大环境污染事故罪构成要件研究[J].河北法学,2009(9).

王秀梅等.论环境刑法的概念与特性[J].人民检察,2008(5).

王勇.环境犯罪立法:理念转换与趋势前瞻[J].当代法学,2014(3).

王占启.中国刑法现代化的基本模式构建[J].法学杂志.2019(9).

王政勋.论客观解释立场与罪刑法定原则[J].法律科学,2011(1).

王志祥.犯罪构成的定量因素论纲[J].河北法学,2007(4).

王志远,张玮琦.刑法因果关系问题的诠释学分析[J].云南民族大学学报(哲学社会科学版),2021(1).

魏昌东.中国经济刑法法益追问与立法选择[J].政法论坛,2016(6).

魏东.我国传统犯罪构成理论的实质合理性与逻辑自洽性[J].人民检察,2011(11)。

吴邲光等.刑法中的被害人基本理论界定[J].广西社会科学,2011(3).

吴大华等.风险社会语境下环境犯罪的立法思考[J].中国社会科学院研究生院学报,2013(6)。

吴殿朝.刑法视野中的环境问题[J].中州大学学报,2005(1).

吴献萍.环境犯罪与环境刑法[M].北京:知识产权出版社,2010.

吴献萍等.环境犯罪立法特色与机制评析[J].环境保护,2018(11).

吴占英.制度的支点:坦白制度价值纠问[J].政法论丛,2017(5).

夏勇.风险社会中的风险辨析——刑法学研究中风险误区之澄清[J].中外法学,2014(2).

鲜铁可.新刑法中的危险犯[M].北京:中国检察出版社,1998.

向朝阳等.论恢复犯量刑法定化的理论根基[J].前沿,2011(7).

肖洪.论刑法的调整对象[M].北京:中国检察出版社,2008.

肖中华.刑事法治的希望不在修正而在解释[J].法治研究,2016(2).

谢望原.刑法中的没收制度[J].中国刑事法杂志,2009(6).

邢志人.经济犯罪明知共犯的解释适用[J].辽宁大学学报(哲学社会科学版),2015(4).

熊永明.建言增设新罪现象的反思[J].法学论坛,2015(3).

徐岱等.论中国特色法治体系下刑法观念的冲突与均衡[J].社会科学战线,2020(9).

徐松林等.以刑制罪——一种逆向刑事裁判路径[J].法治社会,2016(2).

徐祥民.习近平生态文明法治思想的基本命题:环境保护优先[J].中国政法大学学报,2021(3).

徐祥民等.环境权:环境法学的基础研究[M].北京大学出版社,2004.

许发民.二层次四要件犯罪构成论[J].法律科学(西北政法学院学报),2007(4).

许发民.论刑法客观解释论应当缓行[J].刑法论丛,2010(03).

宣炳昭.犯罪阶层体系方法论探源[J].西安财经学院学报,2008(6).

严励.广义刑事政策视角下的刑事政策横向结构分析[J].北方法学,2011(3).

颜九红.非法猎捕、杀害珍贵、濒危野生动物罪若干问题初探[J].北京政法职业学院学报,2017(5).

杨兴培.犯罪构成原论[M].北京大学出版社,2014.

杨兴培.犯罪客体:一个巨大而空洞的价值符号[J].中国刑事法杂志,2006(6).

叶良芳.法条何以会竞合?[J].法律科学,2014(1).

叶小琴.长江大保护中治理非法采砂犯罪的多元共治法律机制[J].环境保护,2020(1).

阴建峰等.刑变罚恒”的价值背离及其重塑[J].法学杂志,2016(2).

游伟等.环境刑法的伦理属性及其立法选择[J].华东政法大学学报,2009(4).

于改之等.刑事立法:在目的和手段之间[J].现代法学,2016(2).

喻海松.《关于办理非法采矿、破坏性采矿刑事案件适用法律若干问题的解释》的理解与适用[J].人民司法(应用),2017(4).

袁彬.刑法与相关部门法的关系模式及其反思[J].中南大学学报(社会科学版),2015(1).

臧冬斌.刑法保障机能与保护机能的立法调整和司法实现[J].法学家，2002(3).

曾粤兴，于涛.刑罚的伦理分析[J].法治研究，2011(8).

曾粤兴，周兆进.环境犯罪单位资格刑立法探析[J].科技与法律，2015(2).

张爱艳.刑事责任能力本质之新解[J].兰州学刊，2011(5).

张福德.美国环境犯罪严格刑事责任的演化与评析[J].北方法学.2013(1).

张红艳.环境犯罪的基本问题研究[J].河南师范大学学报(哲学社会科学版)，2009(5).

张继钢.风险社会下环境犯罪研究[M].北京：中国检察出版社，2019.

张明楷.法益保护与比例原则[J].中国社会科学，2017(7).

张明楷.论实质的法益概念[J].法学家，2021(1).

张明楷.污染环境罪的争议问题[J].法学评论，2018(2).

张绍谦.论重大环境污染事故罪主观方面的两个基本问题[J].中州学刊，2009(3).

张天虹.我国环境犯罪的刑事法应对[J].晋中学院学报，2015(4).

张霞.生态安全犯罪的实证研究及问题反思[J].中国法律评论，2020(5).

张霞.中外生态犯罪比较研究[M].济南：山东人民出版社，2013.

张心向.犯罪构成之三维形态解读[J].法学杂志，2011(4).

张旭.我国环境犯罪立法的梳理与前瞻[J].东北师范大学学报(哲学社会科学版)，2016(1).

张亚平.环境风险的刑法应对[J].河南大学学报(社会科学版)，2015(2).

张永红等.双重身份者犯罪身份的认定[J].湘江法律评论，2015(1).

张远煌.论犯罪学犯罪概念与刑法犯罪概念的区别[J].河南公安高等专科学校学报，2008(6).

张智辉等.行政处罚与刑事处罚的衔接[J].人民检察，2010(9).

张梓太.构建我国深海海底资源勘探开发法律体系的思考[J].中州学刊，2017(11).

赵丙贵.结果加重犯的本然、实然和应然[J].当代法学，2019(1).

赵秉志，彭文华.文化模式与犯罪构成模式[J].法学研究，2011(5).

赵秉志，王志祥.中国犯罪构成理论的发展历程与未来走向[J].刑法论丛，2009(3).

赵秉志.《刑法修正案(十一)》理解与适用[M].北京：中国人民大学出版社，2021.

赵秉志.高铭暄刑法思想述评[M].北京大学出版社，2013.

赵秉志.环境犯罪及其立法完善研究[M].北京师范大学出版社,2011.

赵微.海事违法涉罪案件行刑衔接的障碍与对策研究[J].江汉论坛,2021(5).

赵星.环境犯罪论[M].北京:中国公安大学出版社,2011.

郑丽萍.轻罪重罪之法定界分[J].中国法学,2013(2).

周东平.西方环境犯罪学:理论、实践及借鉴意义[J].厦门大学学报(哲学社会科学版),2014(3).

周光权.犯罪构成要件理论的论证及其长远影响[J].政治与法律,2017(3).

周光权.刑法各论[M].北京:中国人民大学出版社,2016.

周光权.刑法总论[M].北京:中国人民大学出版社,2016.

周珂等.修改《野生动物保护法》的理念与路径[J].环境保护,2020(3).

周少华.刑法规范的语言表达及其法治意义[J]政治与法律,2016(4).

周详等.论污染环境罪的罪过形式:"故意说"之提倡与贯彻[J].南京工业大学学报(社会科学版),2021(1).

周长军.刑法教义学与犯罪论体系的分野[J].政法论丛,2009(3).

朱建华.刑法学研究提要[M].北京:法律出版社,2013.

庄劲.递进的犯罪构成体系:不可能之任务[J].法律科学(西北政法大学学报)[J].2015(5).

左坚卫.论现代企业制度对防控企业刑事风险的价值[J].云南社会科学,2016(4).

Allum F, Gilmour S. Routledge handbook of transnational organized crime [M]. Abingdon: Routledge, 2012.

Armitage R, Ekblom P, 2019. Rebuilding crime prevention through environmental design: strengthening the links with crime science [J]. Crime Science Series, 20: 55-78.

Avi B, 2008. Crime-Environment relationships and environmental justice [J]. Seattle Journal for Social Justice, 6:15-22.

CAROLE G, EDMUND F, McGarrell, Brandon S, 2015. Intelligence-led policing and transnational environmental crime: a process evaluation European [J]. Journal of Criminology, 12(2): 242-259.

Crowe, Timothy D. Crime prevention through environmental design: a framework for Ireland [M]. Oxford: Butterworth-Heinemann, 2000.

KLAS S et. al, 2014. Conceptualizing maritime environmental and natural resources law enforcement—The case of illegal fishing [J].

Environmental Development, 11:112-122.

OZYMY J, JARRELL M, 2015. Wielding the green stick: criminal enforcement at the EPA under the Bush and Obama administrations [J]. Environmental Politics, 24(1):38-56.

Paul S. A practical approach to environmental law [M]. York: Oxford University Press, 2009.

South N, Brisman A, 2020. Remembering roger matthews (1948-2020) and editors' introduction to "new times" and "environmental crimes" [J]. Critical criminology, 28: 303-307.

Stoecker S, Shakirova R. Environmental crime and corruption in Russia: federal and regional perspectives [M]. Landon: Routledge, 2013.

Whitfort A, 2019. Wildlife crime and animal victims: improving access to environmental justice in Hong Kong [J]. Journal of International Wildlife Law & Policy, 22:203-230.

